ルソーと人食い　近代の「虚構」を考える

ルソーと人食い

近代の「虚構」を考える

冨田晃
Akira TOMITA

共和国

目次

凡例

一、引用文は現代表記で統一した。
一、引用文中の〔 〕は、筆者による補足である。
一、文献について、原書の刊行年やノンブルは算用数字で、邦訳は漢数字で示した。
一、客観的な歴史理解に資するため、差別にかかわる歴史的用語が含まれる場合がある。

はじめに

S. Jean
Coopers
S. Martin
S. Bartholome
Vieque
Peters
Saba
Eustache
St.
Barbuda
Christophe
Ste Croix
Carlosfuerte
Tierrabaxa
S. Johns-town
Antigoa
Nieves
Falmuth
Redonda
Monserrat
LA GUADELOU
F. S. Pierre
F. de la Magdelene
Ste Marie
P. de Guadeloupe
Marie galan
les Saints
la Dominique
la Trinite
Predicador
LA MART
I. S. Pierre
Ft Royal
Pte des S
P. Antigue
Ste Lucie
la Bar
Speightis
Bridgs-town
Oistins-town
S Vincent
de Caribes
Beconia
Is de Paxaros
la Grenade
Granadillas
las Siete Edades
Blanca
LA MARGUERITE
Frayles
Testigos
Tab
cola
Verde
Bouche du Dragon
Cubagua
Coche
S. Joseph
C des 3 Pointes
Is Caribes
Pte de la
P. de Araya
R. de S. Thiago
G. de Cariaco
Golfe de Paria
LA TRINI
Cumana
Pte de Lavan
COMANA
Soldad

ジャン＝ジャック・ルソーが一七七八年に亡くなり、フランス革命が一七八九年に勃発した。ルソーが『社会契約論』の冒頭に掲げた「人間は生まれつき自由だが、いたるところで鎖につながれている」が革命のスローガンとなり、ルソーの主張である「自由」「平等」「友愛」を掲げた「人権宣言」が出された。革命政府は、ルソーの墓を掘り起こし、栄誉の殿堂パンテオンに祀った。

フランス革命は、身分制から解放された人々に「国民」という共同体意識を与えた。政治的な単位と文化的な単位を一致させようとする「ナショナリズム」と、それを具現化する「国民国家」が誕生した。革命は、新世界に飛び火し、フランス領ハイチや、スペイン領アメリカの国々が独立した。フランスによる「革命の輸出」は「文明の輸出」でもあった。フランスで築かれた「自由」「平等」「国民国家」の理念は、「人間の普遍的な価値」とみなされるようになり、十九世紀以降の世界を支配するパラダイムになった。現在、地球のほぼすべての地表を、二〇〇ほどの「国民国家」が覆いつくし、そして分断している。

世界のそれぞれの「国民国家」は、国家をささえる人材を養成するために、「国語」の識字を中心においた一定年限の普通教育を義務としている。識字能力を「人間」の基準としたルソーの思想が「普遍性」を獲得したのだ。現在、世界人口の約九〇%が識字者とされ、ユネスコは、すべての人の識字の獲得を目指している。

ルソーが「人間になるための準備」とした「自然の教育」や「消極的教育」は、現在では幼児教育において「普遍性」を獲得している。ルソーの教育思想は、カント、ヘーゲル、ペスタロッチ、フレーベルらに引き継がれ、フレーベルは、子どもが安全かつ自由に遊ぶことができる場としての「幼稚園」を設立した。現在の幼児教育の基本理念は、身体、精神、感覚、感性を「自然」に育くむとともに、識字教育は積極的にはおこなわないという、ルソーの教育思想に基づくものである。そして、このことが「人間になるために」、就学児への「国語教育の徹底」を生んでいる。

十九世紀から二十世紀にかけて、南極を除く地球上のほぼすべての地表が、「国民国家」とその植民地になった。大国の植民地では、宗主国の「国語教育」を核にした同化政策がおこなわれ、植民地の言語は消滅していった。こうして世界中で、「強い」文化が「弱い」文化を飲み込む文化帝国主義が広がった。日本でも「国語教育」の推進によって各地の方言は失われ、アイヌ語を母語とする人はいなくなった。

歴史学者のE・H・カーは、「歴史とは、歴史家と事実との相互作用の不断の過程であり、現在と過去との間の尽きることを知らぬ対話なのであります」(一九六二、四〇頁

〔1961〕）と述べている。ルソー研究は、三〇〇年近くの蓄積があり膨大である。日本においては、明治時代から脈々と研究が継続されている。一方、日本におけるルソーの教育思想研究に限って言えば、どれだけ「尽きることを知らぬ対話」ができているのか、私は教育関係者の一人として心許ない。日本においてルソーの教育論を扱った研究の多くが、あたかも神が説いた聖典を読む信者のようにルソーが書きつけた文字から何かを学びとろうとするものであり、ルソーという人間が、なぜ、どのような状況のなかで、それらの文字を書きつけるに至ったかを分析する研究があまりに少ない。

筆者は、一九八九年に中米ホンジュラスで出会ったガリフナ人に興味をもち、以来、ガリフナ人を対象にした文化研究をライフワークにしている。研究をすすめるうちに、ガリフナの祖先にあたる小アンティルのカリブ人に興味をもつようになり、自らのフィールドに小アンティルを加えるとともに、十七世紀を生きたフランス宣教師のジャン＝バティスト・デュ・テルトルが一六五四年に刊行した『アメリカのセント・クリストファー、グアドループ、マルチニックなどの島々の博物誌』が、フランス国立図書館にあることを知った。それはこの地域に関する最初期の文字記録であり、その後、消滅してしまったカリブ海先住民の諸習慣を現代人が知りえる貴重な史料である。私はいつかパリの図書館に籠ってこの本と格闘しよう、とフランス語の勉強をはじめた。

ある日、パソコンの画面にテルトル神父の『博物誌』が映し出された。フランス国立図書館がウェブに全ページを公開したのだ。フランス人留学生の協力を得て古いフランス語を訳出していくうちに、この博物誌の読者にルソーがいることに気が付いた。こうしてルソーの著作を読むことになった私は、ルソーが記す「カライブ人」に驚いた。私がごく普通に友人としてつきあっている人々を、ルソーは「未開人」と呼び、言語も社会ももたないというのだ。私は、なぜ、ルソーがこのようなことをいうのか不思議に思った。そしてそのもとを遡っていくと、先代にあたるモンテーニュは、彼らをヨーロッパにはびこる悪や不平等と対極にある「人間の理想」と称揚し、さらに先代のコロンブスは、彼らを「一つ目の人食い人種」としていた。私はかつてのヨーロッパ人のあまりの想像力に啞然とするとともに、どうして彼らはこのような想像をし、周囲はそれを信じたのかに興味をもった。

歴史学者のハラリは、生物のなかで人間だけが「虚構」をつくり、それを共有することを人間の最大の特徴とみなした。なにもルソーやモンテーニュやコロンブスに限らずとも、人間は、絶えず「虚構」を生み出し、それを共有している。

ルソーはときに「子どもの発見者」と呼ばれる。本来は切れ目のない人間の生涯を「子ども」と「大人」に分けることは、何もルソーに限らずとも、世界のさまざまな文化でおこなわれてきたことである。また、「子どもは人間ではない」とみなすことも、ルソーに限らず、世界の多くの文化でおこなわれてきた。嬰児殺しを「殺人」とみなさない社会や、子どもの死に葬送儀礼をおこなわない社会は、世界のあちこちにある。「子ども」を「大人」とどのように分けるのか、また「子ども」を「人間」とみなすのか、といったことは、それぞれの文化、社会がどのように「虚構」を構成するかによって決まることである。

本書は、カリブの「人食い人種」と、ルソーの「子どもの発見」という近代によって生み出され、近代というものを形づくってきた二つの「虚構」に注目し、それらの発生と定着の過程、そして、両者の関係を明らかにすることにより、近代という時代に潜む暴力の本質を示そうとしている。

序章
問い、視点、方法

S. Jean
Coopers
S. Martin
Vieque
Peters
S. Bartholome
Saba
Eustache
St. Christophe
Barbuda
Ste. Croix
Carlosfuerte
Tierrabaxa
St. Johns-town
Nieves
Falmuth
Antigoa
Redonda
Monserrat
LA GUADELO
F. S. Pierre
F. de la Magdelene
Ste. Marie
P. de Guadeloupe
Marie gala
les Saints
la Dominique
la Trinite
Predicador
LA MAR
I. S. Pierre
Ft. Royal
Pte. des
P. Antigue
Ste. Lucie
la Ba
Speightst
Bridgs-town
Oistins-town
S Vincent
de Caribes
Beconia
Is. de Paxaros
la Grenade
Granadillas
las Siete Edades
Blanca
LA MARGUERITE
Frayles
Testigos
Cola
Verde
Cubagua
Coche
Is. Caribos
C des 3 Pointes
Bouche du Dragon
S Joseph
Pta. de Araya
G. de Cariaco
Cumana
Golfe de Paria
COMANA
LA TRIN
Pte. de Lavan

一、ルソーへの問い、「子どもは人間でない」

人間は、昆虫のように変態しない。人間の生涯における生物としての変化は、誕生から成人し老いて死に至るまで、切れ目のない連続したものである。一方、人間は、本来は分けられていないことであっても、それを分けることによって、物事を理解したり、利用したりする。イスラエルの歴史学者ユヴァル・ノア・ハラリ（Yuval Noah Harari, 1976- ）は、人間の特徴を、生物のなかで人間だけが「虚構」をつくり、それを共有する「認知革命」を経たことだという（二〇一六［2011］）。人間が生み出した「虚構」のなかでも特に、約七万年前に生まれた「言語」と約五〇〇〇年前に生まれた「文字」は、その後の人間のありように大きな影響を与えた。

生物としては切れ目のない人間の生涯を、「子ども」と「大人」に分けることがある。おそらく世界のあらゆる言語に「子ども」の意味をもつ単語がある。日本の戦国時代に発達した元服のように、戦争を前提においた社会では、戦闘集団に加入するための通過儀礼を発達させて、「子ども」と「大人」を分けた。現代においては、選挙、徴税、教育、労働、刑罰といった近代社会の法や制度が「子ども」と「大人」を分けている。

　十八世紀フランス語圏の思想家ジャン＝ジャック・ルソー（Jean-Jacques Rousseau, 1712-78）は、ときに「子どもの発見者」と呼ばれる。ルソーの時代、ヨーロッパ世界における主たる通過儀礼は洗礼と結婚であり、「子ども」と「大人」の境界はあいまいとしていた。そして、身分や職業に応じて、大人がもつべきとされることをできるだけ早く子どもに身に着けさせることが「良い教育」とされていた。

　ルソーは、四十九歳の頃、自らの教育思想を架空の少年の成長に託して描いた『エミール、または教育について』（*Émile, ou de l'Éducation*, 1762、以下『エミール』）を出版した。

　ルソーの教育思想の最大の革新性は、かつての教育思想が特定の身分や職業のためだったのに対し、すべての人をhomme（人間）にすることを目的にした点だといわれる。ルソーが今日、「近代教育思想の祖」と呼ばれるゆえんである。ルソーは「人間よ、人間的であれ、それがあなたがたの第一の義務だ」（一九六二、一〇一頁）といって、人

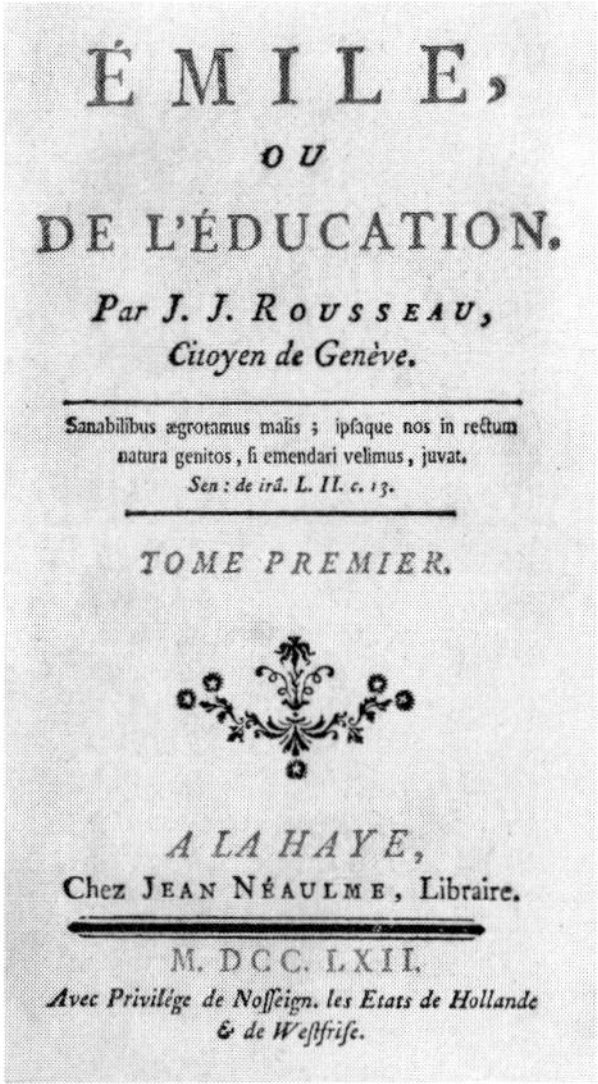
ÉMILE,
OU
DE L'ÉDUCATION.
Par J. J. ROUSSEAU,
Citoyen de Genève.
Sanabilibus ægrotamus malis ; ipsaque nos in rectum natura genitos, si emendari velimus, juvat.
Sen : de irâ. L. II. c. 13.
TOME PREMIER.
A LA HAYE,
Chez JEAN NÉAULME, Libraire.
M. DCC. LXII.
Avec Privilége de Nosseign. les Etats de Hollande & de Westfrise.

ルソー『エミール』（1762年）表紙。

間が人間的であることの大切さを説いた。

「人間」と「社会」について考えつづけたルソーの思想は、『学問芸術論』［1750］、『人間不平等起源論』［1755］、『社会契約論』［1762］、『エミール』［1762］などの著作に結実し、現在につづく「国民国家」と「近代教育」の成立の原動力になった。

ルソーの教育論のなかでも、特に後世に影響を与えたのが、幼児教育においてである。ルソーは『エミール』を通じて、子どもとは子ども固有の心と体を持った存在であり、子どもは子どもとして充実させることが大切だ、と説いた。ルソーは、幼児教育のあり方として、人間が生まれながらに持つ「自然」を重視し、「自然の教育」や、教育を急がない「消極的教育」を提唱した。ルソーの幼児教育の思想は、カント（Immanuel Kant, 1724-1804）、ヘーゲル（Georg Wilhelm Friedrich Hegel, 1770-1831）、ペスタロッチ（Johann Heinrich Pestalozzi, 1746-1827）、フレーベル（Friedrich Wilhelm August Fröbel, 1782-1852）らに引き継がれ、フレーベルは、子どもが安全かつ自由に遊ぶことができる場としての「幼稚園」を設立した。

日本における『エミール』の定本の一つになっている『エミール』岩波文庫版（今野一雄訳）をみる。以下が、ルソーの「子どもの発見」の主旨とされる『エミール』の「序」の有名な一文である。


人は子どもというものを知らない。子どもについてまちがった観念をもっているので、議論を進めれば進めるほど迷路にはいりこむ。このうえなく賢明な人々でさえ、大人〔homme〕が知らなければならないことに熱中して、子どもにはなにが学べるかを考えない。かれらは子どものうちに大人〔homme〕をもとめ、大人〔homme〕になるまえに子どもがどういうものであるかを考えない。

（ルソー一九六二、一八頁。〔 〕内はフランス語原文）

いかに多くの人がこの文を読み、ルソーの真意を摑もうとしてきたのだろう。しかしである。この文には、ルソーの真意から離れた意訳が含まれている。

ルソーが「個人の成長」を構想した『エミール』は、その七年前にルソーが「人間の歴史」を構想した『人間不平等起源論』の続篇と呼べるものである。

『人間不平等起源論』と『エミール』には homme（人間）、naturel（自然）、enfant / enfance（子ども／子ども期）、sauvage（野生／未開）といった共通の頻出語がある。『人間不平等起源論』プレイヤード版をデジタル化した Les Échos du Maquis 版〔2011〕および『エミール』プレイヤード版をデジタル化した La Gaya Scienza 版〔2012〕をみると、各用語の使用回数は『人間不平等起源論』では、homme が三七〇回、naturel が八五回、enfant / enfance が六〇回、sauvage が七一回であり、『エミール』では、homme が一三六〇回、naturel が二二一回、enfant / enfance が九二一回、sauvage が三〇回である。homme は、ルソーの著作における最頻出語であり、ルソーが homme を使って何を表わしていたかを知ることがルソーの思想の本質に迫ることになる。

フランス語の homme は英語の man にあたる単語であり、字義は「人（間）」「男（性）」であり、「大人」ではない。『エミール』岩波文庫版（上中下、一九六二‐四）では、原著における homme の大半が「人間」と訳されている。また homme naturel が「自然人」、autre homme が「他人」と訳されているように「〇〇人」と訳されていることもある。また、例えば「ひとたび女性〔femme〕が母にかえれば、やがて男性〔homme〕はふたたび父となり、夫となる」（上巻四〇頁、以下の頁数は同書より）というように、homme を「男（性）」と訳しているところもある。「男（性）」と訳された homme はその近くに対比としての femme（女性）がある。「人間」と訳された homme を「男」と訳すと「男が知らなければならないこと」、「かれらは子どものうちに男をもとめ男になるまえ」と、従来の理解とはまったく異なるルソー像がみえてくる。このジェンダーの問題は、きわめて重大ではあるが本書の手に余るため、これ以上は触れない。一方 homme が、字義にない「大人」と訳されている箇所が少なからずある。

『エミール』で homme が「人間」と訳されているところは、例えば以下である。

「あらゆる有用なことのなかでもいちばん有用なこと、つまり人間をつくる技術はまだ忘れられている」（一八頁）

「わたしとしては、人間が生まれるあらゆるところで、わたしの提案することを人間に

たいして行なえればそれでいい」（二二頁）
「万物をつくる者の手をはなれるときすべてはよいものであるが、人間の手にうつるとすべてが悪くなる」（二三頁）
「植物は栽培によってつくられ、人間は教育によってつくられる」（二四頁）
「この発展をいかに利用すべきかを教えるのは人間の教育である」（同前）
「植物がさらに伸びていくと、その伸びかたはふたたび鉛直になる。人間の傾向も同じことだ」（二五頁）
「外国人はたんなる人間にすぎない」（二七頁）
「人間の教育は、誕生とともにはじまる」（七一頁）

「人間が生まれるあらゆるところ」や「人間の教育は、誕生とともにはじまる」からもわかるように、ここでの homme は、いずれも「子ども」を含んだ「人間」を示している。そして、この場合の homme に「大人」という意味がないことは、上記の「人間」を「大人」に置き換えた「大人が生まれるあらゆるところ」や「外国人はたんなる大人にすぎない」では、意味をなさないことからも理解できる（傍点引用者）。

一方、homme が「大人」と訳された箇所がある。「大人」と訳されている箇所の原語には homme のほかにも grand（大きい）や viril（壮年）もあるが、「大人」と訳された grand はあまりなく、その場合は、精神的ではなく、身体的、年齢的な「大人」を意味している。そして、virilが「大人」と訳されているのは一箇所である。「大人」と訳された箇所のほとんどの原語がhommeである。

「大人」と訳されたhommeの近くには「子ども」(enfance / enfant)がある。一般に「大人」という概念は、「人間」の二分法における「子ども」の反対概念として使われる。だから訳者は、「子ども」(enfance / enfant)の対比として使用されたhommeを「大人」と訳出したのだ。これは「子ども」の反対概念を「大人」とする常識に配慮したことによる意訳である。「子ども」の反対概念として使われたhommeを「大人」と訳出することは、『エミール』の戦後の各邦訳、戸部松実訳(中央公論社、一九六六)、長尾十三二+梅根悟+勝田守一訳(明治図書出版、一九六七)、平岡昇訳(河出書房、一九六九)、樋口謹一訳(白水社、一九八二)、永杉喜輔+押村襄+宮本文好+永杉喜輔訳(玉川大学出版部、一九八二)でも共通している。そして、このhommeを「大人」と訳出する「常識に配慮した意訳」が、ルソーの思想の理解を阻んできたのである。「大人」と訳されたhommeを、他のhommeと同様に「人間」と訳すことによって、ルソーが記した原文をより忠実に理解することができる。

『エミール』岩波文庫版におけるhommeが「大人」と訳されていた主だった箇所を「人間」と並置して記すと次のようになる。

「かれらは子どものうちに〈大人/人間〉をもとめ、〈大人/人間〉になるまえに子ご

もがどういうものであるかを考えない」（一八頁）

「人は子どもの身をまもることばかり考えているが、それでは十分でない。〈大人／人間〉になったとき」（三三頁）

「弱い子ども時代をいつまでもつづけさせて〈大人／人間〉になったときに苦労させるのは」（四一頁）

「子どもは〈大人／人間〉が耐えられないような変化にも耐える」（四三頁）

「この〈大人／人間〉とも子どもともつかないものは」（六九頁）

「慎重に、すこしずつ順を追ってやれば、〈大人／人間〉でも子どもでもあらゆることにたいして大胆にすることができる」（七五頁）

「〈大人／人間〉にくらべたばあいの子どもの弱さ」（一一二頁）

「自然は子どもが〈大人／人間〉になるまえに子どもであることを望んでいる」（一二五頁）

「寓話は〈大人／人間〉を教えることはできるが、子どもにはなまの真実を語らなければならない」（一七三頁）

「子どもは〈大人／人間〉より小さい。子どもは〈大人／人間〉の体力も理性ももっていない」（同前二一八頁）

上記の homme を「人間」としたものが、ルソーの真意により近い和訳となる。ここに挙げた「この人間とも子どもともつかない」、「人間にくらべたばあいの子ども」、「自然は子どもが人間になるまえに子どもであることを望んでいる」、「人間になるまえに子どもが」、「子どもは人間より小さい」などからも分かるように、これらの箇所においては、ルソーは、「子ども」をhomme「人間」に含めていない。つまり、ルソーは、「子ども」を、「大人」の反対概念ではなく、「人間」の反対概念としたのである。

先に挙げた『エミール』の「序」の一文のhommeを「人間」とすると次のようになる。

> 人は子どもというものを知らない。子どもについてまちがった観念をもっているので、議論を進めれば進めるほど迷路にはいりこむ。このうえなく賢明な人々でさえ、人間が知らなければならないことに熱中して、子どもにはなにが学べるかを考えない。かれらは子どものうちに人間をもとめ、人間になるまえに子どもがどういうものであるかを考えない。（傍点引用者）

これが、『エミール』に書かれた幼児教育についての要旨である。この文を読むと、従来の理解とは、ずいぶん異なったルソーの「子どもの発見」がみえてくる。ルソーは、「子ども」を「人間」になる前の存在ととらえていたのだ。

ルソーは、「人間が生まれるあらゆるところ」のように、あるときは「人間」のなかに「子ども」を含めながらも、また、あるときは「人間にくらべたばあいの子ども」や「自然は子どもが人間になるまえに」といって「子どもは人間でない」としている。むろん、ルソーは生物学的に「子どもは人間である」ことは分かっていた。では、なぜ、ルソーは、「子どもは人間でない」とし、「子ども」を「人間」になる前の存在としたのだろうか。そして、ルソーにとって「人間」は何を意味しているのだろうか。これが、本書の「問い」である。

二、文化の三角測量

自らの文化を理解することは難しい。人の認識は、自らを包む文化のなかで養われる。だから、自らの文化を理解しようとしても、大概のことが「当たり前」となり、その文化の特徴に気づくことはできない。ある文化を理解するためには、それとは異なった文化からの視点が必要である。二十世紀になって確立した「比較文化」とは、ある文化を異なる文化から観察することによって得られる「気づき」を意識的に取り入れる研究手法である。「比較文化」では、複数文化間の「相違点」や「共通点」を見つけ出すことによって各々の「文化の特徴」や「人間の特徴」を明らかにすることを目指す。

『旧約聖書』に「神は人間に、こういった〔……〕海の魚、空の鳥、地の上を這う生き物をすべて支配せよ」（「創世記」第一章二八）と記されている。キリスト教思想を基盤におくヨーロッパ社会では、人間は特別な存在であり、他の動物を人間が支配することは「当たり前」であり、そのことを、ことさらヨーロッパ社会の特徴とみなすことはない。一方、動物界も含める人間の輪廻転生を説く仏教や、あらゆるものを神とみなすアニミズムを基盤とする神道の立場から、ヨーロッパ社会を眺めると、人間が動物を支配するというヨーロッパ社会の「当たり前」な思想が、奇異で特異なものに感じられる。このように、ヨーロッパではない文化の視点から、ヨーロッパ文化を観察することにより、ヨーロッパ文化の特徴である「人間中心（至上）主義」を明らかにすることができる。

なぜ、ルソーは、「子どもは人間でない」とし、「子ども」を「人間」になる前の存在としたのだろうか。そして、ルソーにとって「人間」は何を意味しているのだろうか、を「問い」とする本書が、理解をめざす対象は、ルソーの教育思想とルソーに至るヨーロッパ思想の系譜である。片や、本書は、日本で生まれ育ち日本語を母語とする筆者によって日本語で書かれている。そして、日本語で書かれている本書の読者は、必然的に日本語理解者に限られ、日本語理解者のほとんどが日本人という現実がある。本書は、この現実に鑑み、日本文化を一つの基準として「比較文化」をおこなっている。本書は、日本での事象や日本語の言い回しなどを、たびたび取り上げながら、日本文化との「相違点」や「共通点」を見つけ出すことによって、ヨーロッパ社会と、そこで築かれたルソーの教育思想の特徴を明らかにする。

後述するように、ヨーロッパ社会は、古代ギリシャの時代から、あらたに出会う他者を「野蛮」とみなすことによって、「文明」という自己アイデンティティを形成してきた。ただし、自らを「文明」とし、他者を「野蛮」とする「自文化中心主義」は、なにも、ヨーロッパ社会だけにみられる特徴ではなく、古代中国では、四方にすむ周辺民族を「野蛮人」呼ばわりしてきたし、十六世紀頃の日本では、ヨーロッパ人を「南蛮人」と呼んでいた。

人間は、自らの文化と異なる文化に出会うと、無意識的に、その評価を、自らの文化を基準におこなう。また、人間は「誇り」を持ちたがる。「誇り」は人間の精神を支えるものであり、それなしで生きていくことは難しい。そして、人間は、「誇り」を得るために、自らを「正しい」とみなし、他者を「間違ったもの」とみなしたがる。こうした人間の自己中心性は、自我をもつ人間の特徴である。また、集団をつくることによって今日まで生き延びてきた人間は、集団への帰属を重んじたがる。こうして、自分たちの文化を「正しい」とみなし、他者集団の文化を「間違った」ものとみなす「自文化中心主義」が生じる。「自文化中心主義」は、ナショナリズムや人種意識などと結びつきながら、差別、排斥、戦争、暴力、虐殺など、人類史に数多の禍根を残してきた。

人類が「自文化中心主義」が引き起こす数々の悲劇を経験するなかで、二十世紀初頭、文化人類学者のフランツ・ボアズ（Franz Boas, 1858-1942）は、それぞれの文化には、それぞれの価値体系があり、互いに対等な存在とみなすべきだと主張した。ボアズの提唱は「文化相対主義」と名付けられ、文化人類学の主流の思想となった。一方、人間は、自らの文化を基準に、他者の文化を評価したがるものであり、よほど、意識的にならないと「文化相対主義」を貫くことはむずかしい。そして、「文化相対主義」のもとでは、現在の世界を秩序づけている「人権」「平和」「平等」といった基本的な価値概念ですら、「人間の普遍的な価値」とみなすことができなくなる。

「比較文化」は、まず、自らの文化を基準に他者の文化を理解しようとすることからはじまるが、それでは危険な「自文化中心主義」に陥りやすい。また、比較によって何かを理解するためには、何を比較基準にするか、この点こそが真理を得るために重要なことであるはずだが、それを、偶然生まれ落ちた土地の国なるものにするのはあまりに非科学的である。そして、ある一点から見た対象とは、その違いの方向や距離をはかりづらい。

文化人類学者の川田順造は、文化人類学の価値として「文化の三角測量」というものを挙げている。

人間が作る文化を認識することは常に主観的でしかあり得ず、完全な客観性は望み得ない。であるとすれば、文化の科学である文化人類学における文化の認識は、その主観性を何らかの形で補正する手段をもつべきだ。一つの方法は、他の主観Bとの照合によって主観Aを相対化し、その主観性の位置を定めることだ。その場合、主観Bの他に更に別の主観Cが参照点としてあれば、主観Aを相対化しその位置を定めることもより容易で確かなものになるだろうし、同じことは主観B、Cについても言えるはずだ。

（川田二〇〇六、三三九頁）

文化人類学の特徴に、異文化空間に長期にわたり住みつき、現地社会の構造を読み解く、というものがある。つまり、生まれ育った社会とは別の社会を調査者の深いところに与えるのが文化人類学なのである。こうして複数の基準となる社会をもつことによって対象を多角的に分析する「文化の三角測量」をおこなうことにより、対象を相対化し、認識を深く正確に理解することができる、と川田は説くのである。

筆者は、青年期に、ラテンアメリカ諸国の一つである中米のホンジュラス共和国に暮らし、そこでガリフナという少数民族と出会い、その文化に興味をもち、ガリフナ文化の研究をはじめるとともに、ガリフナの音楽舞踊グループを立ち上げたり、ブジェイと呼ばれるガリフナのシャーマンと暮らしたり、米国に移住したガリフナの家族と暮らしたりした。

また、本書を書き始めるきっかけは、二〇一六年頃にはじめた十七世紀のカリブ海小アンティルの博物誌の翻訳作業にある。そして筆者は現在、総合大学教育学部の教員職にあり、二人の子をもつ親として生きている。本書は、筆者が生まれ育った日本に加えて、ラテンアメリカという地域、ガリフナという民族、十七世紀におけるカリブ海諸島の状況、日本の教育界、親としての経験……と複数の比較基準を用いることにより、ルソーの教育論とそれに至るヨーロッパ思想の系譜を相対化しようとするものである。

三、カリブ、カニバル、カライブ

十七世紀頃にフランス語に定着した「カライブ caraibe」とは、一四九二年のコロンブスの「発見」以来、スペイン語として広がっていた地域名や民族名をあらわす「カリブ carib」および、「人食い」の習俗をあらわす「カニバル canibal」の両方の意味をもつ言葉であり、カリブ海小アンティル諸島に住んでいた民族名に由来する。「カリブ」と「カニバル」は数多くの表記の揺れをともないつつ、妄想と実態とが相乱れながら渾然一体に使われてきた。以下、本書では、カリブ海小アンティルに実在した民族を「カリブ人」、ヨーロッパ人の心象に想像された民族を「カニバル人」、十七世紀以降のフランス語による場合は「カライブ人」とする。

ルソーの著作には「カライブ人」がしばしば登場する。ルソーは、「すべての現存の諸民族のなかで今日まで自然状態をもっともよく保存している民族であるカライブ人は、その恋愛においてもっとも平静であり、嫉妬にかられることもきわめて稀である」(ルソー 一九三三、七八頁)といって、「カライブ人」を実在の民族としながらも、人間性を超越した存在として描いている。ルソーは、実際の「カリブ人」に会ったことはなく、先代の旅行家や思想家の著作から情報を得ながら自らの「カライブ人」を思い描いた。

海外でみかける日本語のタトゥーが、日本人からすると、おかしなものであることはよくある。ゴッホやモネが日本画をまねて描いた絵画は、日本画とは別物だと大概の日本人は感じる。マルコ・ポーロ（Marco Polo, 1254?-1324）の『東方見聞録』［1300?］には、日本について「この国ではいたる所に黄金が見つかるものだから、国人は誰でも莫大な黄金を所有している」（一九七一、一三〇頁）と記されている。しかし、それを読む日本人が、かつて日本では誰でも莫大な黄金を所有していたと思うことはない。一方、海外の日本語タトゥーは日本人がみるとおかしなものであろうとも、それが存在する社会の中では、おかしなものとはみなされていない。また、ゴッホやモネが描いたジャポニスム絵画が、どれほどに日本画と別なものであるかを、欧米人に理解してもらうのは難しい。そして、マルコ・ポーロの『東方見聞録』を読んだコロンブスは、黄金を求めてジパングへの航海に出た。子どもたちが描く宇宙人が「自由画」であるように、参照すべき事実のないところでおこなわれる想像は宙を浮遊する。

　ゴッホやモネが日本画をまねて描いたジャポニスム絵画を理解するためには、ヨーロッパの絵画史の文脈のなかでの分析とともに、日本画との「相違点」や「共通点」に気づくことが大切である。この作業は、日本画になじみのないヨーロッパ人にとっては難しいことであるが、ヨーロッパ絵画と日本画の両方に囲まれて生活する日本人にとっては、さほど難しいことではない。同じように、ルソーが思い描いた「カライブ人」を理解するためには、ルソー以前のヨーロッパ人が思い描いた「カライブ（カニバル）人」

との関係とともに、ルソーが依拠した情報や、実際のカリブ人との関係をもふくめて考察する必要がある。

ルソー研究には三〇〇年を超える歴史があり、その蓄積は膨大である。ルソーの代表作には『人間不平等起源論』『社会契約論』『エミール』『新エロイーズ』『告白』などがあり、文学が『新エロイーズ』『告白』を、政治思想史が『人間不平等起源論』『社会契約論』を、教育学が『エミール』を、フランス思想史がルソーという個人を、とそれぞれ異なった学問分野においてルソー研究がすすめられてきた。こうしたルソー研究のなかには、本書と同じく、ルソーが思い描いた「自然人」「未開人」「カライブ人」に対象を絞って考察したものも少なからずある。ただし、こうした従来のルソー研究のほとんどが、ルソーが生きたヨーロッパ社会の枠のなかで考察したものであり、ルソーが「カライブ人」の情報源としたカリブ海域の博物誌や、実際の「カリブ人」との関係のなかで、ルソーがどのように自らの思想を形成していったのか、その過程を検討した研究はこれまでなかった。

ルソーは、『人間不平等起源論』において、「哲学上の思考実験」の措定として「自然人」を設定した。ルソーは、「自然人」に近い状態にあるとする人々を「未開人」とし、実在する「未開の民族」を求めて、先代たちの旅行記をあたった。ルソーは、「未開の民族」のなかでも特にモンテーニュが「神の手からつくられたばかりの人々」とした「カニバル（カライブ）人」の記録に依拠した。

ルソーが「カライブ人」の参照元としたものの一つが十七世紀フランス人宣教師によるカリブ海小アンティル諸島に関する最初期の文字記録であるジャン＝バティスト・デュ・テルトル『アメリカのセント・クリストファー、グアドループ、マルチニックなどの島々の博物誌』（Jean-Baptiste du Tertre, *Histoire générale des îles Saint-Christophe, de la Guadeloupe, de la Martinique et autres de l'Amérique*, 1654、二〇二〇a、二〇二〇b。以下『テルトル神父の博物誌』）である。一七五五年に発表されたルソーの『人間不平等起源論』の典拠として『テルトル神父の博物誌』があることは従来から知られていた。しかし、これまで日本語訳はおろか現代フランス語訳もなかったため、ルソーの思想に具体的にどのようにかかわったのか明らかではなかった。筆者は、『テルトル神父の博物誌』の翻訳をすすめるうちに、テルトル神父の記述とルソーの解釈にあるズレが気になるようになり、そのズレは、いかなる「力」によって生じたのか考察するようになった。そこで本書では、ルソーが「カライブ人」の情報源の一つとした『テルトル神父の博物誌』とルソーの著作との関係を明らかにするとともに、現代におけるカリブ海小アンティルおよびアマゾン〜オリノコ川流域のカリブ人に関する知見、カリブ海小アンティルのカリブ人の子孫であるガリフナ人に関する筆者のこれまでの研究成果、と従来のルソー研究にはなかった新たな比較基準を加えて、ルソーの「子どもの発見」の相対化を図る。

パレスチナ系アメリカ人の文学研究者エドワード・サイード（Edward Said, 1935-2003）は、主著『オリエンタリズム』［1978］において、「西洋の東洋に対する思考と支配の様式」

としてオリエンタリズムを定義し、これを批判した。「西洋」と「東洋」とが二元的に対置されるオリエンタリズムの思考様式においては、東洋は常に「後進性」「官能性」「不変性」「受動性」などのマイナス・イメージがわりあてられ、西洋はこれとは反対のイメージをみずからにわりあてることによって、「文明」という自己アイデンティティを形成した。それは、「未開」な世界を文明化しなければならないという、ヨーロッパ社会の植民地主義を正当化するものとして機能してきた。本書は、サイードが確立したポストコロニアル理論を継承するものであり、ヨーロッパのカリブ/カニバルに対する思考と支配の様式を扱う。そして、『テルトル神父の博物誌』とルソーの著作の間にあるズレを引き起こした力こそが、近代という時代の暴力であり、その暴力の起点の一つにルソーがいることを明らかにする。

四、真理の闇とアプリオリな観察

日本の大学の教職課程の必修科目である教職実習は、まず、第三者的な立場で教室の後ろに立ち、授業者と学習者のやりとりを記録して、それを分析することによってそこで何がおきているのかを理解する授業観察にはじまる。また、文化人類学や社会学のフィールドノート、動植物学の観察日記、化学実験における実験ノート、医師がつけるカルテなど、観察することと、記録をつけることが、学問分野を超えて、真理に近づくための基本とされている。

今日、流通している教育学や保育学の概説書には、必ずルソーの教育思想の要約が記載されている。また、こうした概説書のなかには「子どもを詳細に観察したルソー」や「ルソーは長年の子どもの観察から」などと、ルソーの「子どもの観察」を高く評価しているものが少なからずある。

保育現場での経験の長い原田明美は、「先人達の思想から学ぶ」と副題をつけた論文において、ルソーの『エミール』の印象的な言葉を挙げつつ「彼の子どもへの観察力・洞察力のすばらしさに感心する」、「何より子どもをしっかり観察している点は脱帽する」(二〇一八、一二二頁)という。「洞察」とは、物事の「本質」を見抜くことである。ベテランの保育関係者をも脱帽させるルソーの「観察」とは、そして、ルソーが見抜いたという子どもの「本質」とは、一体いかなるものなのだろうか。

ルソーは、『エミール』の「序」において、自著に対する自らの姿勢を次のように表明する。


わたしの方法がすべて空想的でまちがいだらけとしても、人はかならずわたしが観察したことから利益をひきだせるようにした。なにをしなければならないかについては、わたしは全然みそこなっているかもしれない。しかし、はたらきかけるべき主体については、私は十分に観察したつもりだ。とにかく、まずなによりもあなたがたの生徒をもっとよく研究することだ。あなたがたが生徒を知らないということは、まったく確実なのだから。そこで、こうした見地に立ってこの書物を読まれるなら、あなたがたにとって、これは無用な書物だとはわたしは思わない。

（ルソー一九六二、一八－九頁）

ルソーは、自分は充分に子どもを「観察」したので、これまで他の人が知ることのできなかった子どもの「真理」を得ることができた、というのである。ただし、ルソーは、子どもの観察記録を残していない。また、ルソーの教育者としての実践経験は、『エミール』を書く二十年ほど前に短期間だけ家庭教師を務めたことがある程度であり、自らの五人の子は育てることなく孤児院におくっている。

『旧約聖書』「創世記」の冒頭は「初めに、神は天地を創造された」ではじまる。この言葉は、その内容に関する観察記録があるわけではないが、ヨーロッパ社会は、長らくそれを「真実」とみなしてきた。「血液型がA型の人は几帳面である」という言説がある。この言説の内容に科学的な根拠はないが、それでも人は、「確かにそんな気がする」と思う。言説と「思い当たり」とが結びつくと、人はその言説に「真実味」を感じる。同じように「黒人はリズム感がいい」という言説がある。リズムに見事にのったダンスを踊るアフリカ系の人をテレビなどでみたことがあると、「確かにそんな気がする」と、この言葉に「真実味」を感じる。つまり「黒人はリズム感がいいから見事にダンスを踊る」と観察をアプリオリに意味づけるのだ。「黒人はリズム感がいい」は対象をポジティブに語ったものなので、そうでない場合があっても、さほどの害はないが、言説の内容がネガティブだと、事は深刻である。ルソーが生きた十八世紀に、その規模と残忍さおいて頂点に達していた「近代奴隷制」は、「黒人」をネガティブに語るいくつもの言説が支えていた。

人は、人に自らの願望を投影したがる。相手に好意の感情があると、相手のすべてがポジティブに感じられるが、何かのきっかけで相手に敵意が芽生えると、相手のすべてがネガティブに感じる。人は自身の心のなかで世界を主観的に構成するのである。こうして「黒人」は、ときに「リズム感がいい」と褒め立てられたり、反対に「粗暴だ」と愚弄されたりしてきたのである。「黒人はリズム感がいい」や「黒人は粗暴だ」は言説として存在することは事実であるが、それらの言説の内容は事実ではない。

リンゴの落下は目に見えるが、リンゴを落下させている万有引力は目にみえない。リンゴの落下は観察可能な「事実」であり、「事実」の背後でそれをさせているのが「真理」である。筆者は、リンゴの落下を見たことはあるが、そのことを太陽や惑星の観察記録と照らし合わせて考察したことはない。筆者は、筆者が生きる時代の常識にもとづいて万有引力を「真理」と呼んでいるに過ぎない。

聖書が語る世界観が常識をつくる社会では、「神」は、目には見えなくとも否定することの許されない「真実」である。ある精神状態の者にとって、「愛」は自らの心のなかに確かに存在する「真実」である。「真理」「真実」「本質」「原理」とは、客観的に観察可能なものではなく、観察可能なものを背後で決定づけている「何か」のことである。そして、その「何か」の客観性に疑義が生じると、それは「偏見」「先入観」「信仰」「宗教」「思想」「哲学」などと呼ばれることになる。「真理」を得る方法として「実証」が重視されるようになったのは、ルソーの没後、十九世紀になってからのことである。

ルソーの言葉を『エミール』（岩波文庫版上巻）からいくつか拾ってみる。

「人は、子どもというものを知らない」（一八頁）

「万物をつくる者の手をはなれるときすべてはよいものであるが、人間の手にうつるとすべてが悪くなる」（二三頁）

「植物は栽培によってつくられ、人間は教育によってつくられる」（二四頁）、

「生きること、それは呼吸することではない。活動することだ」（三三頁）

「わたしたちの知恵と称するものはすべて卑屈な偏見にすぎない」（三三頁）

原田明美は、ルソーの言葉のなかでも特に「子どもの遊びを、楽しみを、その好ましい本能を、好意をもって見まもるのだ」（ルソー同一〇一頁）の一節が「現代にも生きる、いや現代だからこそ大切にしなければならない言葉」（原田二〇一八、一二二頁）なのだという。ルソーのこの言葉に日本の教育界の一つのパラダイムとなった「児童中心主義」の

源流をみることができる。

ルソーの言葉には、短く言い切った表現で結論を示しているものが多い。そして、ルソーの言葉には、前後の文脈を読んでも、論拠のないものや議論が飛躍しているものが多い。「神は天地を創造された」や「黒人はリズム感がいい」と同じく、短く言い切った言葉は、論拠を示さずとも、時代の常識、個人の願望、経験にもとづく気づき、権威者の言葉などと結びつくことによって、人は、その言葉に「真実味」を感じる。つまり、実際とは無関係に、物事は、社会の状況や、各自のこころの状況によって「真実味」を獲得することがあるのだ。そして「真実味」は、ときに「社会的事実」となって、現実の社会を形づくる。かくして、日々、子どもを「観察」しているはずの教師が、ルソーの言葉に接すると、自らの「観察」では見逃していた子どもの「本質」を、ルソーは、すでに見抜いていたのだと感じて、ルソーの「観察力」に「脱帽」するのである。

教育学者の松下良平は、「空想かつ融通無碍の超権威として教育のさまざまなイデオロギー的実践を正当化してきた子ども中心主義の教育理念〔……〕を徹底的に懐疑してみること」、「『子どもの主体的・能動的・自発性を発揮させる』『子どもの体験や活動を活かす』『一人ひとりの興味・関心・意欲を尊重する』といった子ども中心主義的言語がもっている空虚や欺瞞を自覚し、そのような言語によって教育の理念や実践を正当化しようとするのをやめること」（二〇〇三、一六四‐五頁）を求めている。本書は、アプリオリな観察によって捏造された「子どもの発見」という「真理」を解体することを目的の一つにしている。

五、人食い研究史とW・アレンズの『人喰いの神話』

ルソーは、「子どもは人間でない」とし、「子ども」を「人間」になる前の存在とみなした、それは、なぜか。そして、ルソーにとって「人間」とは何を意味しているのだろうか、これが、本書の「問い」である。この「問い」のもとに、本書は、「人食い」を扱う。なぜなら、ルソーが、コロンブス以来「人食い人種」だとみなされてきた「カニバル人」をもとに、自らの「子ども」像を構想したからである。ルソーによって「発見」されたという「子ども」とは、「子ども」と「自然」を一つのものとしてとらえ、それを「人間」や「文明」と対比させることによって導き出された概念である。ルソーは『エミール』に先立つ『人間不平等起源論』において「すべての現存の諸民族のなかで今日まで自然状態をもっともよく保存している民族であるカライブ人」(一九三三、七八頁)と述べている。ルソーの「子どもの発見」を考察するためには、ルソーが生きた十八世紀中頃のフランスに至る「カニバル」をめぐる認識の経緯をたどる必要がある。

人は、自らの死を想像することに恐怖をいだく。また「食べる」とは、自らが生きるために、生あるものを殺し自らに取り込むことである。日本には、子どもを怖がらせる定型句に「鬼が食べちゃうぞ」がある。また、イギリス民話の「ジャックと豆の木」の

「人食い巨人」や、ドイツ民話の「ヘンゼルとグレーテル」の「子どもを食べる魔女」のように、なにも、日本に限らずとも、世界のあらゆる地域の民話に「人食い人種」は登場する。人は、人によって自らが食べられることに強い恐怖を抱く。だから日本の「鬼」にしろ、ヨーロッパの「巨人」や「魔女」にしろ、「人食い人種」は、粗暴で恐ろしいものの象徴として存在している。そして、恐怖映画がエンターテインメントのジャンルを形成しているように、恐怖は人の興味をそそる。そして人は、人の興味をそそる話をすることを好む。

平時における一般の食料として人が人を食べるという文化は、これまで世界のどこにもなかったことが、既に明らかにされている。そして、この点において異論を唱える研究者はいない。また、食料不足の極限状態や、個人の精神状態による「人食い」は、時代にかかわらず、時折発生している。一方、その社会のなかで正常で合法的な行為として認められていたり、一定の状況や条件のもとでの義務や権利とされたりしている「人食い」、つまり「人食い人種」と呼ばれうる「人食い」の記録は、おとぎ話、神話、民話のレベルのものを除くと、大航海時代を中心にした探検家や宣教師の報告のなかに集中する。そして、こうした「世界の果て」の記録をみると、「人食い人種」たちは、ヨーロッパ社会と接触すると、まもなくそれをやめている。

ヨーロッパの学問において扱われてきた「人食い人種」に関する主な史料には、一五〇〇年頃のカリブ海諸島におけるコロンブスの報告、一五二〇年代のコルテスによるメキシコの人身供儀に関する報告、一五五〇年頃のブラジルのトゥピナンバ人に関する報告、時代は下って十八世紀後半の南太平洋におけるキャプテン・クックの報告などがある。

「人食い」が学問上の研究対象となる発端は、ダーウィンの「進化論 Evolution Theory」および、それと相互に影響しながら生じた「社会進化論 Social Evolution Theory」にある。一八五九年、イギリスの生物学者チャールズ・ダーウィン（Charles Darwin, 1809-82）が「生物は変化する」という『種の起源』（*On the Origin of Species*）を著した。すると、イギリスの哲学者ハーバート・スペンサー（Herbert Spencer, 1820-1903）が、生物と同じく社会も変化すると「社会進化論」を打ち出した。そしてダーウィンがスペンサーの「進化」の語を取り入れたのが一八七二年の『種の起源』第六版である。「社会進化論」は、ルソーをはじめとする十八世紀の思想家たちが「哲学上の思考実験」として構想した「未開」から「文明」へという進歩主義的な歴史観に「真実味」を与えた。そしてヨーロッパ社会は、文字をもたない社会の人たちを「未開人（野生人）sauvage」と呼んだのである。

十九世紀後半になると、ダーウィンの「進化論」の影響のもと、『旧約聖書』の「創世記」は、実際とは異なることが明らかになり、では、実際の人間の過去はどうだったのか、という問いが立てられるようになった。

一八七〇年代、イギリスのエドワード・タイラー（Edward Tylor, 1832-1917）が『原始文化』（*Primitive Culture*, 1871）を、米国のルイス・モーガン（Lewis Henry Morgan, 1818-81）が『古

代社会』(*Ancient Society*, 1877)を著した。タイラーとモーガンは、「文明」である欧米社会の「過去」を「未開」と同一視し、世界の「未開人」のそれぞれの事例を、過去から現代への時間軸のなかに位置づけて「社会進化論」を精緻化した。こうして、「人間の過去」を知る方法として、かねてから「未開」の特徴とみなされていた「人食い」「一夫多妻」「偶像崇拝」「呪術」などが、当時、黎明期にあった文化人類学の主要な研究テーマになった。

近代学問における「人食い」研究の嚆矢は、ドイツのリヒャルト・アンドレ(Richard Andree, 1835-1912)が、世界各地の「人食い」報告を集め、地域別に分類した『アントロポファジー——民族誌的研究』(*Die Anthropophagie: Eine Ethnographische Studie*, 1887)にある。一八九五年には、オランダのロドルフ・シュタインメッツ(Rudolf Steinmetz, 1862-1940)が、「誰を食べるのか」のもとに「族内人食い」「族外人食い」という分類法を編み出した(Steinmetz, 1895)。

タイラーの『原始社会』の影響を受けたイギリスのジェームズ・フレイザー(James Frazer, 1854-1941)は、世界各地の民話、神話、儀礼、習慣を万集し、解説を加えた『金枝篇』(*The Golden Bough*, 1890-1936)の執筆をライフワークとした。フレイザーは、最晩年に出版した『金枝篇 余論』(*Aftermath: A Supplement to the Golden Bough*, 1936)の「肉食の類感呪術」の章で、次のように記している。

野生人は一般に、人間や動物の肉を食べることによって、その性格と能力を得られるものと信じている。例えばオーストラリアの先住民については こう言われている。「友人であろうと敵であろうと、死んだ戦士の身体の軟らかい所の一部を切り取って、それを食べるのがならわしである。そうすることによって死んだ戦士の勇敢な性質は部族の間に保存され、その戦士の霊魂が祖先の猟場に移っても、霊魂がその勇敢な性質の全てまで持ち去ることはないと信じられているのだ」。同じようにイギリス領ニューギニアのナマウ部族は、ある男が他人を合法的に、すなわち戦闘で殺して、その肉を食べた時は、殺された者の霊魂が勝者の身体に入り、彼の戦闘能力を高めると考えていた。ここからカニバリズムの必要が彼らの間に起こったのである。

（フレイザー二〇一七、二七五頁）

この文章の続きは、フィリピンやカリフォルニアの先住民たちの同じような事例である。このように、フレイザーは、世界各地の「未開人（野生人）」の「人食い」の報告を列挙し、それらがおこなわれる理由を、宗教性と結びつけて「その性格と能力を得られるものと信じているから」と考えた。このフレイザーの見立ては、本書で後述する十六世紀の思想家モンテーニュが示した「復讐のために人食い」を発展したものである。フレイザーは、イギリスで初の社会（文化）人類学講座を開設し、タイラーとモーガンが先鞭をつけた文化人類学を一つの学問分野として確立した。そして、「人食い人種はいた」とするフレイザーの「前提」と、対象民族の宗教観に関連づける「説明」が、今日まで続く「人食い研究」の基盤となった。

ナチス政権下のドイツで、エドヴァルト・フォルハルト（Edward Volhard, 1900-45）が『カニバリズム』（*Kannibalismus*, 1939）を著し、「なぜ食べるのか」という動機にもとづく「人食い」の分類をおこなった。フレイザーやフォルハルトにはじまる「なぜ人は人を食べるのか」という宗教観の考察は、文化人類学のみならず、宗教学や哲学といった隣接する人文科学から、医学、栄養学、生態学といった自然科学の領域まで、さまざま分野の研究者たちを惹きつけるようになった。

十九世紀後半から二十世紀前半にかけて、現在から四万年以上前のネアンデルタール人の遺跡からは切断され刻み目のはいった人骨が、四十万年以上前の北京原人の遺跡からは砕かれ穴をあけられた人骨が、発見された。そして、少なくない研究者たちがそれを「人食いの証拠」とみなし、何らかの宗教的儀礼とともに「人食い」がおこなわれていたものとみなした。こうした人骨は、確かに人間が人間の遺体になにかしらの意味を感じとり、それを加工したことを示している。しかし、それをもって「人食いの証拠」とするのには、あまりに無理がある。こうした拙速な議論が生まれ社会化される背景には、「古代人」を「未開人」と同一視する「社会進化論」が根底にある。スペンサー、タイラー、モーガン、アンドレ、フォルハルトといった欧米の研究者たちは、「人食い」とは「未開人」や「古代人」といった「かれら」のことであって、自分たちのことではないと考えていた。

例えば、一九二一年に革命下のロシアで撮影された「人食い」の写真があったとしても、ヨーロッパで報告される「人食い」は、食料不足の極限状態か、個人の精神状態によるものとされて、「文化」を対象とする文化人類学の考察対象からは外された。そして、「世界の果て」の新たな「人食い人種」の報告があらわれないなかで、それまで考察されてきた宗教観にもとづく「人食いの動機」は、いつまでも推測の域にあり、検証されることはなかった。

十九世紀から二十世紀にかけて欧米諸国による植民地支配が地球上のすべての地表を覆いつくすなかで「最期の秘境」とみなされたのがニューギニアであった。ニューギニアには、「首狩り」の習俗がある。「首狩り」は、かつては世界各地でおこなわれ、日本では十五、六世紀の戦国時代に盛んにおこなわれたし、十八世紀末のフランスでは、数多の首がギロチンに処された。

第二次世界大戦の後、欧米の研究者たちがニューギニア島に入るようになり、この土地の風土病として「クールー病 kuru」を報告した。ニューギニアには十七世紀の宣教師の報告以来、数々の「人食い」の報告があった。そして、「人食い」の報告が減少するとともに、「クールー病」の症例も減少していった。人類学者や医学者による現地調査がおこなわれ、「クールー病」は、「人食い」が原因であるとする説が定説化した。

こうしたなか、米国の文化人類学者ウィリアム・アレンズ（William Arens, 1940-2019）が

『人喰いの神話』（一九八二、*The Man-Eating Myth*, 1979）を著し、学術界に一石を投じた。アレンズは、それまで「人食い」の「証拠」とみなされてきた、コロンブスらによるカリブ海諸島の記録、初期のブラジル植民者の記録、さらに北米、メキシコ、アフリカ、そして「クールー病」の現場となったニューギニアの「人食い」の報告を批判的に分析し、その多くが聞き書きであり、実際の目撃譚とみなしうる信憑性の高い記録がみあたらないことに気づいた。彼は従来の「人はなぜ人を食べるのか」という議論が、人食い人種はいたという間違った前提のもとにおこなわれてきた恣意的な推論であると批判した。このアレンズの批判は、その挑発的な書きぶりもあって研究者たちの反発を生んだ。まず、史料を再検証した研究者たちは、史料の信憑性は決して低くなく充分に信頼できるものとみなし、人食い人種はいなかったとする間違った前提のもとになされた恣意的な推論だ、とアレンズにたいして反論した（Abler, 1980; Forsyth, 1983; 1985）。また、アレンズをきっかけに活気づいた「人食い」研究に、フランスの文明論者ジャック・アタリ（Jacques Atrali, 1943- ）や米国の唯物論者で生態人類学者のマーヴィン・ハリス（Marvin Harris, 1927-2001）など、さまざまな知識人が、独自な「人食い論」を展開するようになった（アタリ 一九八四。ハリス 一九九〇）。

　長い間、研究上の前提とされてきた「人食い人種はいた」に対する、アレンズの疑問の答えは、現在も出ていない。現在の研究者たちのおおよその理解は、人食い人種はまったくなかったと言い切ることは難しいが、かつて考えられていたほどでもなさそうだ、といったところであろう。

六、レヴィ＝ストロースの「われらみな食人種」

「人食い」を学術的に考察するには、まず「食べる」とは何かを定義する必要がある。しかし「食べる」の意味はあいまいでしかない。「なめる」「のむ」「口にする」は「食べる」に含まれるのか、胃に管をいれて食料をおくることは「食べる」ことなのか、など「食べる」の意味を定めることは難しい。また、日本語の「食べていける」は、実際の「食」よりも、「収入」のことの意味している。また、いくら「食べちゃいたいほど可愛い」相手でも、実際に相手を食べる人はまずいない。そして、「面を食らう」「気に食わない」「冷や飯を食う」という言い回しもある。「食べる」はその定義が難しいとともに実際と比喩や象徴との境もあいまいである。アレンズは、二十世紀におけるニューギニアの「人食い」ついて次のように語る。

クールーが、調理の不充分な人間を食べることによって感染するという仮説には、この他にも問題が存在する。女と子供だけが人喰いであるという原住民の見解を、無批判に受け入れるよりも、これは女性について象徴的に語っているのではないかと問うてみる方が、妥当なのではないだろうか。この地域の文化は異性間の敵愾心と対立で名を馳せており、〔……〕文化に関する資料のあるものは、額面どおりに受け取るよりも、象徴分析に付した方がよい〔……〕フォレ族の見解によれば、クールーはある種の妖術のために起こる。そして、二つの典型的な事例についてインフォーマントの語るところは、ひとつの「様式化された型」を明らかにする。それは、近隣の敵対する集団に嫁入りした女性が、夫の村で妖術によって殺され、「殺人者たちに食われる」というものである。悪事をなす者と食人とを、超自然的に結び付けて見る例は、ニューギニアの他地域でも、世界各地にも、広く分布している。だからこれを実際に人間のなした行為の証拠と見なすことはできない。

（アレンズ一九八二、一四八‐五〇頁）

アレンズは、上述に関する事例の「殺人」と「人食い」は、象徴的におこなわれたことであって、実際におこなわれたことではないという。実際に「殺人」と「人食い」がおこなわれたかどうかはともかくとして、少なくとも象徴的には、「殺人」と「人食い」がおこなわれたといえよう。例えば、「社会的殺人」や「レイプは心の殺人」という言い回しがあったり、「嬰児殺し」や「姥捨て」が「殺人」とはみなされない文化があったり、呪い殺すことは殺人なのか、自殺幇助《ほうじょ》は殺人なのかという問いにはっきりした答えがないように、「人食い」とおなじく「殺人」もまた、実際と比喩や象徴との境があいまいである。

日本のいくつかの地域に、「骨噛み」といって、大切な人の遺骨を噛んだり、遺灰を口にしたりする習俗がある。民俗学者の近藤雅樹は、兵庫県淡路島、愛媛県大島、愛知県三河地方、新潟県糸魚川市における現代の事例を示している（二〇一二）。また、かつて沖縄の島では葬儀に参加するときに「人を食いにいく」や「骨を噛りにいく」と挨拶していた（国分一九七〇、池間一九七二）。

葬儀とは、これまで自らと同じ家族や社会の構成員だった者を別な世界へと送り出す通過儀礼である。文化人類学者のヴィクター・ターナー（Victor Witter Turner, 1920-83）は『儀礼の過程』（*The Ritual Process*, 1969）において、成人儀礼や葬儀などの「通過儀礼」では、日常の秩序を消失した「コミュニタス」を経ることによって、次の状態へと移行を確実にし、社会は再構築されるという。ターナーの議論に従うならば、「骨噛み」では、日常ではやってはいけない「人食い」を、葬儀において象徴的におこなうことによって、成員の死によって不安定化した社会を、新たな安定へと導いていると解釈することができる。また、南米大陸北東部アマゾン〜オリノコ川流域には、親族の遺灰を溶かして飲む儀礼をおこなう先住民集団がいくつかあり、彼らの「人食い」も、日本の「骨噛み」と同様の意味があるものと解釈ができよう。

埋葬の起源は、言語より早く、約十万年前という。人間は人間になったそのときから、人の亡骸に超自然的な意味を感じとり葬送儀礼をおこなってきた。葬送儀礼をおこなわない文化は世界のどこにもない。葬送儀礼は、残された者たちの記憶に死者を取り込むためにおこなわれる。日本の葬式や年忌では、故人の思い出が語られ、人々はそれを聞く。人間は、象徴的に死者を自身に取り込む、つまり「人を食べる」ために葬送儀礼をおこなうのだ。日本の「骨噛み」や、アマゾン〜オリノコ川流域の先住民がおこなう遺灰の嚥下は、一般には「象徴的」なレベルでおこなわれる故人の「人食い」を、より「実際」の「食」に近い形で、おこなう習俗だといえよう。

フランスの文化人類学者クロード・レヴィ＝ストロース（Claude Lévi-Strauss, 1908-2009）は、「われらみな食人種」というタイトルの論文を書き、こう述べる。

カニバリズムの概念の定義はそこにしかできないかとの疑いがもたれるほど、その様式はたいへん変化に富み、現実的な機能、あるいは想定される機能もかなり多岐にわたっている。ひとたびカニバリズムを把握しようとすれば、カニバリズムは雲散霧消し、散漫なものになってしまう。カニバリズムそのものが客観的な対象をもっているわけではないのである。それは自民族中心主義的なカテゴリーであり、カニバリズムを禁じる社会にとってのみ存在する。

（レヴィ＝ストロース二〇〇八、二五三頁）

つまり「人食い」は、それをするという社会のなかにあるのではなく、それを禁止する社会が想像する「野蛮」として存在するのである。また、あらゆる社会が、単なる食料として人が人を食べることを禁止している。つまり、「人食い」とは、他者に「野蛮」のレッテルを貼り付けるための言説なのである。

レヴィ＝ストロースは、「われらみな食人種」という。本書において筆者は、「人間とは、儀礼的もしくは象徴的に、人間を食べる存在である」、つまり「人間はすべて人食いである」とする立場をとる。「人間はすべて人食いである」は「人間はすべて文明人／野蛮人である」と同じほどに無意味である。だが、本書では、あえて「人間はすべて人食いである」とする立場をとることにより、現在も係争中の論争「人食い人種はいたのか」の問いを無効化する。本書が目ざしていることは「人食いの実際」を知ることではなく、「人食いの言説」を通じてルソーの教育思想とその背景としてのヨーロッパ思想の系譜を相対化することなのだから。

以下、本書で扱う「人食い」は、あくまで「人食いをめぐる言説」であり、なかでもルソーが示した「カライブ人」につながる言説に絞り込まれている。

七、人食いを語りたがる文化

日本語の言い回しに、「人でなし」「人を食う」「人を食い物にする」がある。「人でなし」は「人間としてやってはいけないおこないをする者」の意味であり、「人を食う」は「人を小馬鹿にしたような言動をとること」の意味であり、「人を食い物にする」は、

「自らの利益のために他人を悪用すること」の意味である。「人でなし」「人を食う」「人を食い物にする」の意味は似通っており、三者を合わせると「人を小馬鹿にしたようなる言動をとる人や、人を自らの利益のために悪用するような人は、人間としてやってはいけないおこないをする人でなしである」となる。日本において「人食い」は人間としてやってはいけないことの象徴なのだ。だからこそ、「骨噛み」の習俗にみられるように、葬儀という通過儀礼において、象徴的にであれ「人食い」をすることが、日常の秩序の破壊となり、その後の社会を再構築する力になるのである。そして、日本民話の世界には、鬼、山姥《やまんば》、飛縁魔《ひのえんま》、足長、牛鬼、釣瓶落《つるべおとし》、魍魎《もうりょう》など、数々の人食い妖怪がいる。「人食い」に関するいくつもの言い回しや、民話の世界に「人食い妖怪」が多数存在する日本は、「人食いを語りたがる文化」といえよう。

古代ギリシャでは、黒海のむこうに「人食い人種」がいるものと考えられていた。キリスト教が国教になる前のローマ帝国では、キリスト教徒は肉と血を共食する「人食い人種」だとみなされて迫害された。一三〇〇年頃に発表されたマルコ・ポーロの『東方見聞録』には、日本について「しかしこの一件だけは是非とも知っておいてもらいたいからお話しするが、チパング諸島の偶像教徒は、自分たちの仲間でない人間を捕虜にした場合、もしその捕虜が身代金を支払いえなければ、彼等はその友人・親戚のすべてに『どうかおいで下さい。わが家でいっしょに会食しましょう』と招待状を発し、かの捕虜を殺して――むろんそれを料理してであるが――皆でその肉を会食する。彼等は人肉がごの肉にもましてうまいと考えているのである」（一九七一、一三九-四〇頁）と記されている。そして、大航海時代の探検家や宣教師は、世界のあちこちの「人食い人種」を報告し、ヨーロッパの巷では、探検家や宣教師の「人食い人種」の報告に端を発する噂話が人気を博した。また、ヨーロッパ各地の民話には、日本に劣らず、人食い鬼、人食い魔女、吸血鬼が登場する。日本とともに、ヨーロッパ社会もまた「人食いを語りたがる文化」といえよう。

学術界において、従来の暗黙の前提「人食い人種はいた」に疑問を呈したアレンズは、普遍的なのは、人食い人種がいるのではなく、他者を人食い人種と考える現象があることだ、という。

全ての文化、下位文化、宗教、宗派、秘密結社、その他およそありとあらゆる人間集団が、食人者のレッテルを、一度は誰かに貼られている、ということ。そうしてみると、顧みられないが現代的なひとつの人類学的問題が、より明瞭な姿を現してくる。普遍的なのは、食人行為そのものではない。むしろ、「他者」を食人者と考える現象である。重要な問題は、人間が人間の肉を食べる理由ではない。むしろ、ある集団が他集団を食人者と規定する理由である。

（アレンズ一九八二、一八六頁）

アレンズは、二十世紀におけるアフリカやニューギニアの「人食い」報告を読み解くなかで、「われわれは食べないが隣の部族のやつらは食べる」、「われわれは食べないが妖術者は食べる」、「われわれは食べないが大昔の祖先たちは食べていた」という語りのパターンがあることに気づく。ニューギニアもまた「人食いを語りたがる文化」のようである。そして、ニューギニアの「人食いを語りたがる文化」に接触した欧米人が、興味津々に語ったのが、ニューギニアの「人食い」に関する報告である。ニューギニアに「人食い」の事実があったかどうかは分からないが、ニューギニアにおいて「人食いを語りたがる文化」と「人食いを語りたがる文化」が接触したことは間違いない。そして、接触に際し、大きな役割をもつのが、両者をつなぐ存在であるインフォーマント（情報提供者）である。

フィリピンの山岳民族を研究する歴史学者の弘末雅士は『人喰いの社会史』（二〇一四）において、「人食い」言説形成の要となったインフォーマントに注目し、「人食いを語ることの意味」を考察した。弘末は「食人は人を殺す方法の一つにほかならず、残忍なイメージを抱かれるがゆえに、他方でその語りは、人々の棲み分けや共存を促すために展開した」（二〇一四、一九三頁）という。日本でも、ヨーロッパでも、そしておそらく世界中で「人食い」は、おぞましいこととみなされている。だからこそ「人食いの語り」は、人のこころに強烈なイメージを喚起するものとして、ときに人々の棲み分けや共存を促したり、対立や憎しみをあおったりと、社会を操作する政治的目的のために使われてきたのである。

八、人食い言説の非対称性

アレンズの『人喰いの神話』は、それまで暗黙の前提とされてきた「人食い人種はいた」を否定したものとして研究者たちに受け取られて論争を巻き起こした。ただし、アレンズの議論の核心は「人食い人種はいなかった」ではない。アレンズが問いかけたのは、「人食い」言説形成の問題であり、「人食い」言説の政治性・非対称性の問題である。文化人類学者のアレンズはアフリカでの調査中、「吸血鬼」とみなされている現地の人々から、自身が「吸血鬼」とみなされていることを知る。アメリカ人のアレンズをアフリカの人々が「吸血鬼」とみなしたことを学術界に報告しても、学術界が「アメリカ人」を「吸血鬼」とみなすことはない。アレンズは、学術界における言説形成の非対称性を告発する。

私達自身の文化伝統を代表する者達についてこの種のことを信ずる者がいても、それは即座に、偏見であり人種差別であるとして斥けられる。しかし、あらかじめ私達とは異なる範疇に属するとされる他民族を対象として類似の意見が説かれるとき、それはさらに一層の学問的検討を要する事実であると見なされる。例えば、多くのアフリカ人がヨーロッパ人は食人者であるとか、良くない目的のために人血を用いるとか信じていても、それはアフリカ人の無知のしるしであると解釈される。そして、アフリカ人による食人が「事実」であるのは、これと表裏の関係をなしている。アフリカ人が文明の諸基準を心得ぬため、このようなことが起るのだと考えられるからである。

（アレンズ一九八二、二四頁）

「食べちゃいたいほど可愛い」相手を、実際に食べる人はまずいないが、まったくいないわけではない。二十世紀以降で知られている「人食い」の例として、一九一八年の「米国デュマル号遭難事故」、一九四四年の日本の北海道における「ひかりごけ事件」、一九四五年の日本軍が米兵を食べたとされる「小笠原事件」、文化大革命下の中国で起きた一九六八年頃の「広西虐殺」、一九七二年の「ウルグアイ空軍機五七一号事故」、一九八一年の「パリ人肉事件」、一九八八〜九年の「東京・埼玉連続幼女誘拐殺人事件」などがある。

一般に、「米国デュマル号遭難事故」「ひかりごけ事件」「ウルグアイ空軍機五七一号事故」は食料不足による極限状態による出来事。「小笠原事件」「広西虐殺」は恐怖心にとりつかれた人々による集団的狂気。「パリ人肉事件」「東京・埼玉連続幼女誘拐殺人事件」は、個人の精神状態により「食べちゃいたいほど可愛い相手を、実際に食べちゃった例」とみなされている。いずれの場合も、その社会のなかで容認された「人食い」、つまり「人食い人種」とみなされることはなく、これらの出来事をきっかけに「〇〇人は人食い人種だ」という言説が形成されることはなかった。

ルソーが生きた十八世紀のフランス社会に、直接影響を与えていた「人食い人種」の報告は、それより二世紀ほど前の一五〇〇年頃から十六世紀半ばにかけてのカリブ海諸島、メキシコ、ブラジルの報告であり、そのなかでも、実際の目撃譚の可能性を若干たりともつものは、おそらく十点を超えない。一方、十六世紀のフランスでおこなわれた「ユグノー戦争」(一五六二〜九八)の記録には信憑性の高い「人食い」の報告があるにもかかわらず、ヨーロッパ社会は、「われわれは人食い人種ではない」とし、「世界の果てには人食い人種がいる」と考えていた。ここに、ヨーロッパ人がする「人食い」は、食料不足の極限状態もしくは個人の精神状態に理由があるとみなす一方で、「未開人」がする「人食い」は、その真偽を疑うこともなく、その社会の文化や宗教に理由を求めようとする「人食い言説」の「非対称性」がある。

カリブ海地域を研究フィールドとする文化人類学者の鈴木慎一郎は、『文化人類学事典』(二〇〇九)の「真正性」の項目のなかで、カリブ海小アンティルの「人食い」にかかわる次の話題を提供している。

ディズニー映画『パイレーツ・オブ・カリビアン』(二〇〇六版)においてドミニカ国のカリブ人が「人食い人種」を演じると、内外から批判が噴出した。するとそのカリブ人は、「ジョニー・デップが海賊の役をやるからといって、それで彼がほんものの海賊になるわけではないだろ」と応えた。鈴木はいう、「真正性が期待される度合いに関して、両者の間には非対称性がある。この点は、一般に力関係の構造において劣位に置かれた者ほど、真正性を期待され、そして優位にある者ほど、諸属性からは自由な主体としてふるまうことができる、という問題として捉えることができる」(二〇〇九、二三三頁)と。

本書は、「人食い」を考える際、鈴木が指摘する「非対称性」に注目する。ただし、事はそれほど単純ではない。現代のカリブ人が英語で話した声は、レコーダーに記録され文字に起こされたが、本書が扱う十八世紀以前のカリブ人は、文字をもたず、また、彼らの言葉がわかるヨーロッパ人はほとんどいなかったのである。

九、植民地史料の批判的分析

ヨーロッパ人による「他者」の記録を読解するときに注意しなければならないことは、そこには著者の直接体験に限らず、著者による解釈、妄想、期待、誇張、支援者や読者への誇示や忖度、常識への迎合、既存知識の参照、営利追求などが忍び込んでいることである。小説という虚構の物語が文学ジャンルとして確立したのは十八世紀以降のことである。それまでは旧・新約の『聖書』をはじめ、古代ギリシャのプラトンが書いた「アトランティス」、トマス・モアの『ユートピア』[1516]、セルバンテスの『ドン・キホーテ』[1605]、デフォーの『ロビンソン・クルーソー』[1719]、スウィフトの『ガリバー旅行記』〔1726〕など、数々の空想の物語が事実として読まれていた。また、古代ギリシャから連なる博物誌の系譜や、大航海時代の記録群も、虚実が入り混じり、事実と妄想の境があいまいとしている。そうした事実ではない記述は、著者によるものもあるが、アメリゴ・ヴェスプッチの『新世界』〔1503〕や『四回の航海』〔1505-6〕のように、その本で一儲けを企む出版関係者が手を加えたものも少なくない。また、対象が無文字社会の場合は、ヨーロッパ側からの記録しか残されなかった。新世界では例外的に文字をもっていたマヤ文化があったが、マヤ文字が書かれた鹿皮の書は、征服したスペインが「異端の書」としてほぼすべてを焚書とし、焼き物や石碑に記された文字だけが残った。

アレンズの『人喰いの神話』〔1978〕の後、一九八六年にイギリス人スペイン語文学研究者ピーター・ヒューム（Peter Hulme, 1948-）が、『征服の修辞学――ヨーロッパとカリブ海先住民 1492-1797年』（一九九五、*Colonial Encounters: Europe and the Native Caribbean 1492-1797*, 1986）を著した。副タイトルにある「1492-1797」は、コロンブスの「発見」の「1492」であり、小アンティルのセント・ビンセント島から中米のホンジュラスに約二〇〇〇人のカリブ人（ガリフナ人）が強制移住させられた年の「1797」である。ヒュームは、「植民地言説」を「植民地経営において共通にみられた言語に基礎をおく実践の総体」（一九九五、二頁）と定義づけ、それを分析した。ヒュームは、自らの研究姿勢を「植民地権力の言説行為に逆らってテクストを読むという『批判』を続けること」（同六二頁）として、アレンズの批判的史料分析を継承し、また、研究対象を植民地期初期のカリブ海地域に絞り込んだ。

日本における、ヨーロッパ社会による植民地言説研究は、まずは、一次史料である大航海期の記録の日本語訳の作業が、日本におけるラテンアメリカ地域研究の創設者といえる増田義郎を中心とした一大プロジェクト『大航海時代叢書』岩波書店（全四十二冊、一九六五〜八七）にあり、各記録の分析が、同叢書の翻訳陣らによって始まった。なかでも教養書として書かれた増田義郎『新世界のユートピア』（一九七一）は、古代ギリシャにはじまりコロンブスを経て十六世紀半ばまでのスペインを中心にしたヨーロッパの「他者」認識の経緯がわかりやすくまとめられている。その後、増田の研究を発展させた落合一泰が論文「『アメリカ』の発明――ヨーロッパにおけるその視覚イメージをめぐって」（一九九三）においてヨーロッパ人が描いた図像を分析し、ヨーロッパが新世界にあてがった両極のイメージ「野蛮」と「高貴」の生成と消費の過程を明らかにした。また、ヒューム『征服の修辞学』の翻訳者である岩尾龍太郎が、論文「浮遊する食人記号――コロンブスの『日記』を読む」（一九九九）において、コロンブスの『航海日誌』における「カリブ／カニバル」の語の「シニフィアン（意味しているもの）」と「シニフィエ（意味されているもの）」の関係について記号学的な分析をしている。また、フランス思想史を専門とする竹田英尚が、『大航海時代叢書』の全冊を対象に「野蛮の言説」を分析した『文明と野蛮のディスクール』（二〇〇〇）を出している。竹田は、大航海時代の報告の特徴について次のように述べている。

外国は夢や欲望や感情を激しくそそぎこむ空間である。安楽と幸福をもとめてやまない心は、きびしい現実を忘却できない母国の外に、願望が一気にかなえられる楽園を存在させる。幸せな生活に直結するはずである資産への渇望は、どんな者にでも莫大な富と黄金が手に入る世界を想像させる。他方、夢や欲望の実現が不確かでもある不透明な彼方と未来は、不安と恐怖をかきたてもする。そして、慣れ親しんだ母国の外に、人々は奇怪で恐ろしい動物や妖怪や怪人を思い描く。

外国は、母国の日常生活で色あせ、弱まってゆく夢や欲望や感情を生き生きと蘇らせる。少しくらい誇張しようと、極端なことを言おうと、自分にたいしても他人にたいしても真実性が消え去らない。というよりもむしろ、外国に投影したときには、大きな説得力をおびてくる。したがって、よく知られていなかった遠い異国への探検者や旅行者が増え、見聞記が書かれるようになると、新しい事実がすこしずつ広まり、世界観がすこしずつ変わってゆく一方で、古い観念や幻想や思想がかえっていっそう強化されたりもする。

（竹田二〇〇〇、七七－八頁）

つまり、大航海時代の報告を研究の俎上にのせる際には、よほど気をつけないと、その時代の観念や作者の意図に翻弄されてしまい事実がわからなくなる、と竹田はいうのだ。近年では、中村隆之が『野蛮の言説』（二〇二〇）を著し、奴隷制、人種差別、進化論、社会進化論、植民地主義、ジェノサイド、優生学といった広い領域の問題を「野蛮」をキーワードにわかりやすく解説している。

以下、本書は、アレンズや竹田が指摘する言説形成の非対称性や事実を覆い隠すバイアスに留意しながら、増田、落合、岩尾、竹田、中村らの研究成果を参考にしつつ、古代ギリシャから十八世紀のルソーへと続く「野蛮」と「人食い」をめぐる言説の系譜を分析してゆく。

十、カリブ海域の民族状況

本書は、ルソーの「子どもの発見」を相対化するための予備作業として、第一章において、ルソーが生きた十八世紀中頃のフランスに至る「人食い人種・カニバル」をめぐる言説の経緯を確認する。そして、「カニバル」をめぐる言説の経緯を理解するためには、さらにその予備作業として「カニバル」の語源となった、カリブ海小アンティルのカリブ人について知る必要がある。

現生人類（ホモ・サピエンス）は、今から約二十万年前にアフリカで生まれ、六万年前になるとアフリカ大陸を出てユーラシア大陸に入った。約一万五〇〇〇年前に、陸続きであったベーリング海峡を渡り北アメリカ大陸に入り、約一万三〇〇〇年前になると南アメリカ大陸に到達した。

南北アメリカ大陸では、紀元前五〇〇〇年頃、トウモロコシなどによる農耕がおこなわれるようになり、アステカ、マヤ、インカといった文明へと発展していった。一方、南アメリカ大陸東部アマゾン川~オリノコ川の流域に移り住んだ人たちは、それまでの狩猟採集に加え、一万年前頃にキャッサバ芋の栽培をはじめた。キャッサバ芋には有毒種と無毒種があり、収穫量の多い有毒種を食用にするために芋をすり潰して水分を抜きせんべい状に焼き上げる毒抜き法が生まれた。そして、木やヤシで家屋をつくり、葦や木綿で編み物や織物をしてカゴや衣服をつくり、ハンモックを編んでそれに寝た。また、木の実の殻に種をいれてマラカスをつくったり、タバコを栽培しそれを吸ったりした。各村には祖先霊や精霊たちと交信するシャーマンがいて、タバコを用いて病気を治し、マラカスで唄や踊りを率いて祭礼を司《つかさど》った。アマゾン川~オリノコ川の流域のモンゴロイドをアラワク語族、カリブ語族、トゥピ語族、マクロ・ゲ語族に大別することができる。

カリブ海域に弓なりに連なるカリブ海諸島は、キューバ島、イスパニョーラ島などの比較的大きな島々とバハマ諸島からなる西半分の大アンティルと、火山性の多数の小島が並ぶ東半分の小アンティルに分けることができる。先スペイン期におけるカリブ海諸島の民族状況についてアーヴィング・ラウス『タイノ人』(二〇〇四[1992])をもとに概説する。

カリブ海諸島の最初の住民は、約七〇〇〇年前に、カリブ海諸島の西側の陸地、おそらく北米大陸のフロリダあたりかユカタン半島もしくは中米地峡からはいってきたものと考えられているグアナハタベイ人（guanahatabey）である。グアナハタベイは、大アンティル諸島のなかで拡散するが、小アンティル諸島には至らなかった。グアナハタベイの遺跡からは、石や骨や貝殻を削ったり、研磨したりした遺物は発見されているが、土器や陶器はみつかっていない。グアナハタベイは、後からやってきたアラワク人に追いやられコロンブスがカリブ海域にやってきた頃にはキューバ島の西端部にわずかながら生き残っていたが間もなく絶滅し、彼らがどのような文化をもっていたのか、ほとんどわかっていない。

小アンティルに最初にやってきた人類は、紀元前後に南米大陸北東部オリノコ川流域からカヌーにのって渡ってきたアラワク人（arawak）であった。アラワクとは、南米大陸の熱帯雨林帯に広く居住す

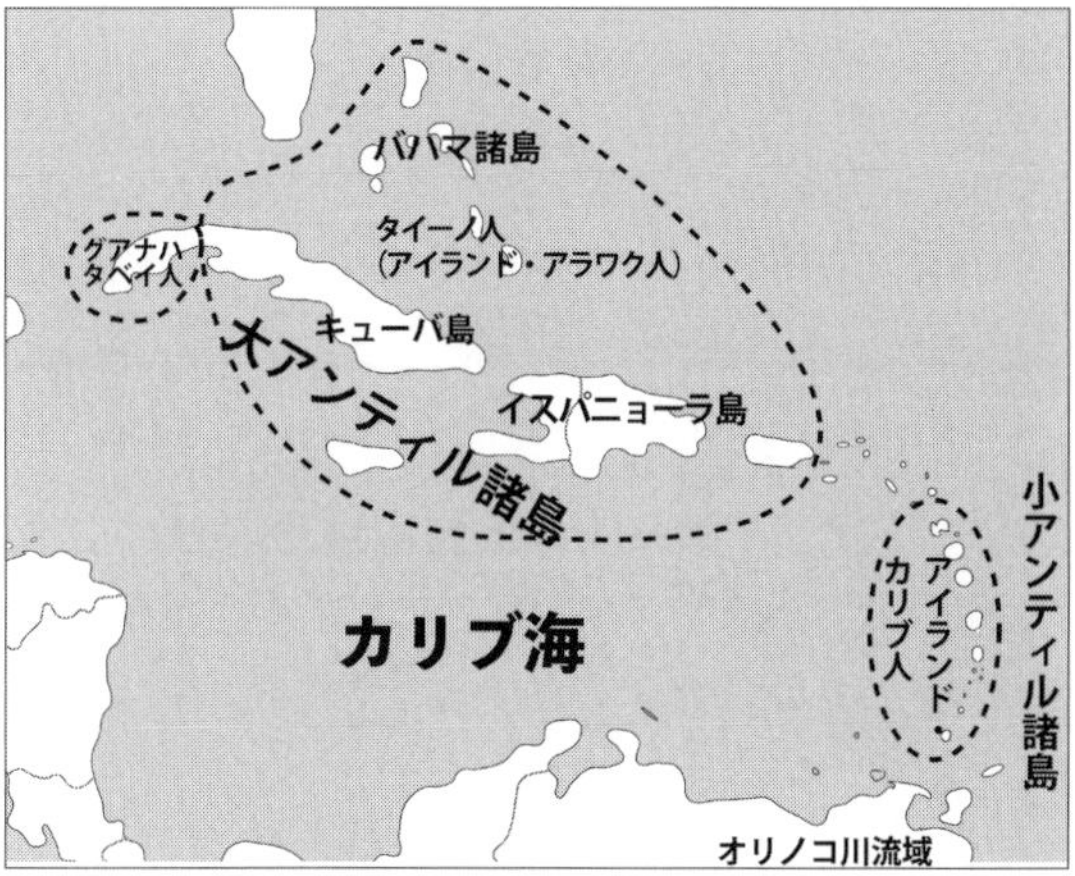

コロンブス到来時のカリブ海諸島の住民。
（ラウス『タイノ人』法政大学出版局、2004年、p.9を参照して筆者作成）

る言語族である。大陸部のアラワク人と、カリブ海諸島のアワラク人を区別するときは後者をタイノ（taino）もしくはアイランド・アラワク（island arawak）と呼ぶ。小アンティルを通過して大アンティルにやってきたアラワク人は先住のグアナハタベイを駆逐しながらカリブ海諸島に定住域を広げていった。島の内陸に集落をつくり、キャッサバ農耕を主な生業とし、首長制社会であった。カリブ海域にやってきたコロンブスが最初に出会ったのがアラワク人である。カリブ海諸島のアラワク人は、一四九二年のコロンブスの「発見」の後、スペイン人による酷使、虐殺や旧大陸からもちこまれた伝染病のため、まもなく激減し、十六世紀半ばにほぼ絶滅した。

アラワク人の後、紀元一四〇〇年頃から、同じくオリノコ川流域からカリブ海諸島に移動してきたのがカリブ人（carib）である。カリブ語族は、アラワク語族と並ぶ、南米大陸北東部の言語族である。カリブ人は、カヌーをつかった漁労を主な生業とする戦闘的な人々である。カヌーに乗った男性戦闘集団が、先住のアラワク人集落を襲って女性を奪った。カリブ人に捕まったアラワク女性はカリブ人の妻となり、生まれた子どもはカリブ人として育てられた。こうして、カリブ人という自己認識をもちながらもアラワク語を話す民族集団が形成された。二十世紀の人類学者は、大陸部に住むカリブ語を話すカリブ人と区別するときには、小アンティル諸島に住むカリブ人を「アイランド・カリブ island carib」と呼んだ。グアナハタベイをカリブ海諸島の「先住民」とすると、アラワク（アイランド・アラワク／タイノ）人が「征服者」であり、カリブ人（アイランド・カリブ）は、「征服者を征服した征服者」であった。そして、「征服者を征服した征服者を征服した」のがコロンブスにはじまるヨーロッパ人である。

「カニバル」の語源となったカリブ海小アンティルのカリブ人であるが、彼ら自身はどのように自らを称していたのだろうか。後に紹介する十七世紀のフランス人宣教師のテルトル神父は当地の先住民の自称をカリナゴ（kalinago）と記録している（Tertre, 1654, p. 401）。また、同時代の報告にカリナゴ（calinago）やカリポナ（caliponan）という記録もある（Rochefort, 1658, p. 325）。十八世紀にセント・ビンセント島を統治したイギリス人は、ガリベイ（galibei）と自称していたと記録している。そして、現在、南米大陸北東部に、carib, caribe, carina, kalinago, kalifouna, karihona, karipuna, carijona, galibi といったカリブ語族系の民族集団が存在している（Wilbert, 1994、綾部二〇〇〇）。また、現在、中米諸国のカリブ海沿岸にガリフナという民族がいる。一七九七年に小アンティルのセント・ビンセントから追放された約二〇〇〇人の人々の子孫である。人類学者のコンゼミウスは一九二八年の時点で彼らの自称を garifuna と記録している（Conzemuis, 1928, p. 184）。現代ガリフナ語で garifuna はガリフナ人の単数形およびガリフナ語・ガリフナ文化をあらわし、ガリナグ／ガリナゴ（garinagu / garinago）が、ガリフナ人の複数形および総称である（Cayetano, 1993, p. 48）。つまり、彼らは先スペイン期、南米大陸にいたときから現在まで同じ自称を継承しているのだ。表記に多くの変種があるのは、ガリフナ語におけるガリフナとガリナグの違いのような文法上の相違と口頭言語を文字化する際の表記の揺れによるものである。一説によると古いカリブ語において彼らの卓越したカゴづくりにもとづき「織る人」という意味があるという。いずれにせよ、カリブ人の自称の語源に「人食い」という意味はない。

十一、カニバリズムという差別用語

「カニバリズム cannibalism」という用語がある。コロンブスの時代から「人食い」の習俗およびそれをする人という意味が付けられていた「カニバル」という語に「主義」や「説」といった意味をもつ接尾語の「イズム」を加えたもので、オックスフォード英語辞典』(*Oxford English Dictionary*)によると一七九六年にイギリスの政治思想家エドマンド・バーク(Edmund Burke, 1729-97)がはじめて使用した。そして、十九世紀末から二十世紀はじめにかけて、シュタインメッツ、フレイザー、フォルハルトらがこの用語を使用したことによって「カニバリズム」は文化人類学や宗教学の学術用語となった。「人食い」の習俗をあらわす用語としては古代ギリシャのヘロドトスに由来する「アントロポファジ antropofagia」も使われることがあるが、口頭での言いやすさや、「アントロポロジー(人類学)」との混乱を避けることもあり「カニバリズム」のほうが定着している。「カニバリズム」は、現在では、学術用語の域を超えて、広く一般用語としても使用されている。

「差別用語」とは、人を、蔑み、排除する暴力性を持つ言葉のことである。ただし、明らかに、人を、蔑み、排除する暴力性を持つ言葉であり、実際に多くの人を傷つける「馬鹿」や「気持ち悪い」という言葉は、「差別用語」とはみなされない。「馬鹿」や「気持ち悪い」は、ある特定の人間（集団）を指し示すものではなく、一般性のある意味として使われるからである。「馬鹿」の文字が指し示す「馬」や「鹿」や想像の動物「馬鹿」は人間ではないので、「馬鹿」は「差別用語」ではないが、特定の民族集団との関連を想像させる「馬鹿チョン」は「差別用語」とみなされている。

米国では、スペイン語で「黒」を意味する「ニグロ」（negroの英語読みが「ニグロ」、スペイン語読みが「ネグロ」）は、相手を、蔑み、排除するための用語としての長年使用されたために「差別用語」とみなされているが、同じ字義の「ブラック」は、この用語が指し示すとされる人たちの「誇り」を表わす「エンパワーメント」の用語になっている。そして、二十世紀末以降のラテンアメリカでは、英語の「ブラック」をスペイン語に訳した「ネグロ」が、「エンパワーメント」の用語となり、それまでスペイン語圏で同じ人たちを示すときに使われてきた「モレーノmoreno」の使用が控えられるようになった。「モレーノ」の語源の「モーロ」は、八世紀以降にアフリカからイベリア半島に入ってきたイスラム教徒を意味する。そして、二十一世紀の現在、同じ人たちに関して、かつてはあまり意識されることのなかった祖先の故地にちなんだ「アフロ」や「アフリカーノ」という用語が社会運動などの場面で使われている。

コロンブスの「発見」から五〇〇年にあたる一九九二年を頂点に、「インディアン」「インディオ」は「差別用語」とみなされるようになり、「先住民」「ネイティヴ」「インディヘナ」といった用語に置き換った。「インディアン」「インディオ」は、そもそもコロンブスの「勘違い」に由来しているとともに、長年、この用語を使って実際に差別がおこなわれてきたことから、「差別用語」とされた。また、同じころ、ヨーロッパ人によって「ごもる人」という意味をつけられたアフリカの「ホッテントット」は自称にちなんだ「コイコイ」に、「茂みの人」という意味をつけられた同じくアフリカの「ブッシュマン」は自称にちなんだ「サン」に、そしてイギリス人によって「黒いカリブ人」という意味をつけられカリブ海小アンティルから中米域に移動した「ブラック・カリブ」は、そもそもの自称である「ガリフナ」に、その呼称が変更された。

コロンブスによってもたらされた「カニバル」という用語は、民族集団のカリブ人と関連づけられ、また、「野蛮」を象徴する「人食い」の意味が与えられて十六世紀のヨーロッパ諸語に定着した。「カニバル」の語源となったカリブ人は、現在、植民地期以前からの居住地であるドミニカ島に数千人、セント・ビンセント島に数百人、そしてセント・ビンセント島において黒人と混血し一七九七年に中米ホンジュラスへと移住した「ガリフナ」が中米諸国および米国に推計六〇万人、さらに、南米大陸北東部のアマゾン～オリノコ川流域には、いくつものカリブ語族の先住民集団が存在する。

もし、ある教師が生徒に「お前はネアンデルタール人以下だ」といったとすると、その教師は生徒を侮辱したとして非難されるだろうが、ネアンデルタール人を侮辱したとして非難されることはない。それは、ネアンデルタール人が、現在存在していないからである。「カニバリズム」という用語は、現在のところ「差別用語」とはみなされていない。それは、「カニバリズム」の語源となった人々を「馬」や「鹿」とおなじく、「人間でない」とみなしているか、もしくは、「ネアンデルタール人」と同じく「彼らはまはや存在していない」とみなされていることを意味する。現在を生きる人々の存在が無視されているのだ。一九七九年に『人喰いの神話』を著したアレンズは、「カニバリズム」という用語に潜むこうした「差別性」を意識してかどうかはわからないが、英語原文でのタイトルを *The Man-Eating Myth* としている。本書は、「カニバリズム」という用語に潜む、上記の「差別性」にかんがみ、元の文献でその言葉を使っているなど文脈上やむをえない場合をのぞき「カニバリズム」の使用を控えて、「人食い」と記すものとする。

十二、本書の構成と各章の要約

ルソーの『エミール』［1762］は、ルソーの教育思想を示したものである。ルソーは、「子どもは人間でない」とし、「子ども」を「人間」になる前の存在とした、それはなぜか。そして、ルソーにとって「人間」は何を意味しているのか、これが本書の問いである。序章では、この問いを解くための視点と方法を述べた。

以下、第一章「『人食い』言説の系譜」では、ヨーロッパが古代から世界の果てに住むものとして考えてきた、「人間」であって「人間」でない「野蛮な人食い人種」が、コロンブスの「発見」を契機に、新世界に実際に生きる人々に重ねられた経緯や、十六世紀のフランスの思想家モンテーニュが、人食いの習慣をもつとされる「カニバル（カライブ）人」を「理想の人間」とみなして、ヨーロッパ社会を批判する「高貴な野生人」言説を形成した過程を叙述する。

第二章では、ルソーの生い立ちとともに『人間不平等起源論』〔1755〕によって、かつてモンテーニュが「楽園の住人」として語った「カライブ人」を、「人間の起源」に近い「未開人」とみなして「人間の歴史」を構想した過程を叙述する。ルソーは「カライブ人」に関する根拠を十七世紀の『テルトル神父の博物誌』〔1654〕に求めた。ただし、ルソーによる史料の扱いは、自らの議論に都合のいいところだけを抜き出して変形する恣意的なものであった。ルソーは、『テルトル神父の博物誌』に書かれている現地住民の社会性、不平等性、残虐性、文学性、音楽性にかかわる話のいっさいを無視して、言語も社会ももたない「カライブ人」を描いた。

第三章では、ルソーが、何を考えながら教育論の『エミール』を書いたのかについて論じた。『エミール』は、『人間不平等起源論』で「哲学上の思考実験」として構想した「人間の歴史」を「個人の成長」になぞらえたものである。ルソーが「消極的な教育」

や「自然の教育」を説いたのは、イギリスの思想家ロックを批判し、その反論としての自説を打ち立てるためであった。ルソーが生きた十八世紀半ば、イギリスとフランスがヨーロッパの二大勢力として世界の覇権を激しく争っていた。ルソーは「十分な根拠」なんてものは自らのこころをみつめることで得られる実感があればそれで充分であると啖呵をきって、本来関係ないはずの「人間の歴史」と「個人の成長」を結びつけ、さらには、「実感がないという実感」をもとに、「人間の起源」の「自然人」と「乳児期」を重ねた。そして、パリに住む友人たちを「人食い人種」呼ばわりする「人を食った」態度を取った。

ルソーは晩年、妻と暮らしていたにもかかわらず「わたしは地上でたったひとりになってしまった」と記した。ルソーが、孤独ぶるのは、読み書きのできない妻が「文字の世界」に入れないことを知っていたからである。ルソーは、「文字の世界」を生きる「文字の人」であった。

第四章「カリブからの問い」では、コロンブス以来、ヨーロッパ社会が「人食い人種」が住むものとみなしたカリブ海地域からの視点を使って、ルソーが生きたヨーロッパ社会を逆照射する。ルソーは「カライブ人」を、言語も社会ももたない「未開人」とみなしたが、実際のカリブ人は言語をもっていたし、役割に応じた指導者が存在する社会を形成していた。ルソーが生きた十八世紀半ばのフランスと、カリブ海のカリブ人の違いは、言語や社会の有無ではなくて、文字の有無であり、定住型の農耕社会か移動型の狩猟採集社会かという違いである。定住型の農耕社会は、富や権力を文字によって固定化するが、移動型の狩猟採集社会の富と権力は流動的であり、文字を必要としない社会である。

ルソーは「未開」な土地でも「文明」を保ちつづける『ロビンソン・クルーソー』を高く評価し、子どもが読むべき唯一の本とした。ルソーによれば、「人間」は「自然」に帰ってはいけないし、もし帰ってしまったら、「人間」は「人間」でなくなるという。

実際のカリブ海史をみると、イギリス貴族として生まれ育ちながらも、カリブ人の酋長として生きた人物や、母語のカリブ語に加え、英語やフランス語の読み書きを身に着けてイギリスやフランスの植民者とたくみにわたりあったカリブ人の酋長がいる。一七九七年に、イギリス軍によって、カリブ海小アンティルのセント・ビンセント島から中米のホンジュラスへと「追放」されたガリフナ人は、文字に頼らずとも言語、音楽、宗教、踊り、儀礼、神話、民話などの集合的記憶によって、自分たちの民族アイデンティティを継承してきた。

ルソーは識字教育についてほとんど述べていない。ルソーは、十二歳くらいまでの少年期にあっては、文字をもたないで生きることこそが「子どもらしさ」だと考えた。文字をもつ前の子どもは無文字社会を生きている。無文字社会は、論理よりも、感覚や直感が重要な世界である。無文字社会では、身体と精神が一つになった一人一人の生きた「人間」こそが、コミュニケーションのメディアである。

ルソーは、無文字社会のこうした特徴を、「子どもらしさ」とみなした。ルソーの教育思想の中心は「自然の教育」と「消極的教育」である。ルソーがいう「自然」とは「文字のない世界」のことであり、「消極的」とは「文字を教えない」ことなのだ。一方、ルソーは「文字こそが文明であり、人間の証」とみなしていた。そして文字を持たない「未開人」を、「人間になる前の存在」とした。そして、ルソーは、「未開人」になぞらえて、「子ども」を「人間になる前の存在」とした。ルソーは、「人間の歴史」と「個人の成長」を一つのものとして捉え、「人間の歴史」を「自然人」→「未開人」→「人間」とし、「個人の成長」を「乳児」→「子ども」→「大人」として、「自然人」と「乳児」、「未開人」と「子ども」、「人間」と「大人」、を一つのものとして捉えたのである。

ルソーの時代、フランスがヨーロッパ随一の先進国であり大国であった。フランス語を母語にしていたルソーは、ジュネーブ共和国出身であったが、フランスに自己アイデンティティを重ねるようになった。ルソーは、フランス語の「文字の世界」に主体的に参加する自らが「文明人」「大人」「人間」であることを疑わなかった。ルソーは「文明人」「大人」「人間」である自らの「他者」として「未開人」や「子ども」をおいた。その態度は、自らの文化によって「世界」がつくられるべきだとする文化帝国主義である。

附章「日本のおかしなルソー」では、日本社会、特に教育界におけるルソーの援用の特殊性について論じている。日本ではルソーの思想を「自然に帰れ」や「子供の発見」と表わすことがある。ルソー自身は「自然に帰れ」とも「子どもを発見した」ともいっていないし、日本以外で、これらの言説はおよそない。ルソーの教育思想は、モンテーニュを引き継いだものであり、それを「子どもの発見」として語ることは妥当ではない。新教育運動のスローガンとして、「自然に帰れ」と「子どもの発見」は発生し、定着した。ルソーの「自然に帰れ」言説は、一九八六年の小林善彦の論文により消滅の道をたどったが、現在も高校・倫理の教科書にある。ルソーの「子どもの発見」言説は、現在一線に立つ教育学者たちは既にその誤謬性に気づいており、その使用を避けているが、教員採用試験においては、未だ存在している。そして、それは教育という権力装置の中で発生、定着し、そして閉じている。

第一章 「人食い」言説の系譜

一、野蛮と高貴

人間に限らずとも、すべての生物は、他の個体と出会うと相手が自らと同じ種か、違う種かに分けている。イヌはイヌと出会うとケンカをしたり、群れをつくったりするが、イヌがネコと出会っても、ケンカもしなければ群れもつくらない。一方、人間は、生物学的には一つの種であるイヌを、人間の都合のもとにさまざまな亜種に分類する。チワワとブルドックを分けているのは人間であり、イヌはイヌを亜種に分けない。そして、一つの種である人間を「人種」に分けたのは列強諸国の植民地主義と奴隷制であった。チワワもブルドックも黒人も白人も、人間がつくりだした「虚構」である。

人間は、相手が人間だと分かっていても、そのように認めないことがある。アマゾンの先住民にヤノマミ人がいる。「ヤノマミ」とは、彼らの民族自称であり彼らの言語で「人間」を意味する。ヤノマミは、ヤノマミだけを「人間」とみなすことによって、他集団との混交を避けて独自な文化を継承している。

そして、人間は、相手が人間だとわかっても、「人間でない」、あるいは、自分たちとは「別な人間」だとみなしたいときに、「野蛮 barbare」や「高貴 noble」といったレッテルを貼り付ける。

「人間でない」というレッテルはなにも集団に対してばかりでなく、個人に対しても使われる。例えば、日本語の「人でなし」は、相手が人間だと分かったうえで、人間とは思えない言動をする人への蔑称として使われる。そもそも人間でないイヌやネコに対して「人でなし」と呼ばないし、発話者が「人でなし」を自称することもない。こうして人間は、「人間でない」というレッテルを「人間」に貼りつけることによって、自分こそ「人間」だというアイデンティティを強化するとともに、「野蛮」だといって相手を蔑視したり、反対に畏敬すべき「高貴」にしたりして、「自分（たち）」とは違う「他者」を捏造してきた。そして「野蛮」と「高貴」は、反対概念であると同時に、互いに浸透し、ときに反転する。

日本民話の世界に生きる鬼たちは、人間のような見かけをしているが、人間にはない角《つの》があり、赤色か青色の皮膚をして人間のようで人間でない様相をしている。人里離れた山中に住み、人を食べる鬼は、「野蛮」の象徴であり悪しき者として、幼稚園などの節分祭りでは、豆を投げつけられて懲らしめられるが、懲らしめが終わると、お銚子者でありながらもどこか「高貴」を感じさせる「神」として園児たちに迎えられる。日本神話のスサノオは凶暴で悪事を働く一方で、大蛇を退治する善悪両面の特徴をもった

「神」である。その他にも、ギリシァ神話のヘルメスやプロメテウス、北米先住民のコヨーテやウサギなど、「善と悪」「破壊と生産」「賢者と愚者」など、反対概念の双方の特徴を合わせもつトリックスターが、世界各地の民話に登場する。

「非人」という身分を設けたのは日本の江戸幕府である。江戸幕府は、「神」に仕える者として寺社の境内など「高貴」な場で歌舞演芸をしてきた芸能者らを一般社会から切り離して社会構造の最底辺におくことによって「武士、百姓、町人」による「人間社会」の安定をはかった。また、日本では、第二次世界大戦終結まで、天皇を「現人神《あらひとがみ》」としてきた。現在も、「国家の象徴」とされている天皇には、職業の自由や参政権といった基本的人権がない。日本の天皇に限らずとも、カトリックのローマ教皇や、チベットのダライ・ラマなど、社会のなかで最も「高貴」な身分は「神」として崇められる一方で、人間としての基本的人権がない。

ジャンヌ・ダルク（Jeanne d'Arc, 1412?-31）は、英仏百年戦争（一三三九〜一四五三）において「神の使い」とみなされフランス軍を鼓舞するも、異端審問により「魔女」とされ、火刑に処された。そしてフランスが国家として体制を整えつつある一四五五年に復権すると、フランスの国家的ヒロインとみなされるようになり、一九二〇年にはカトリック教会が列聖した。一見、反対概念のような「野蛮」と「高貴」であるが、実は一つのものとして存在しており、互いに互いの意味を内包する両義性をもった概念である。そして「野蛮」が前面に出るか、「高貴」が前面に出るかは、その概念を扱う者が操作する。

二、東方の楽園と世界の果ての人食い人種

紀元前五世紀頃に編纂された『旧約聖書』中の「創世記」には、世界が生まれた七日間の後に最初の人間であるアダムとイブが暮らす「エデンの園」が記されている。

主なる神は東のかた、エデンに一つの園を設けて、その造った人をそこに置かれた。また主なる神は、見て美しく、食べるに良いすべての木を土からはえさせ、更に園の中央に命の木と、善悪を知る木とをはえさせられた。また一つの川がエデンから流れ出て園を潤し、そこから分れて四つの川となった。その第一の名はピソンといい、金のあるハビラの全地をめぐるもので、その地の金は良く、またそこはブドラクと、しまめのうとを産した。

（『旧約聖書』「創世記」第二章）

聖書は、東の彼方にある楽園では、労せずして食物を得ることができるとともに、そこには金があると記している。また、古代ギリシャの詩人ヘシオドス（Hesiodos, cicra 700AC）は、人間の歴史を、金、銀、銅、鉄に分けて、最初の金の時代では、永遠の春が続き、幸福と平和と正義に満ちているとした。

古代ギリシャでは都市国家がつくられ、都市とその近郊に定住する住民が「市民」と

され、成人男性による直接民主主義が発達した。ただし、平等であるべき「市民」の概念から、未成年者、女性、奴隷、異民族は除外されていた。

古代ギリシャでは周囲に暮らす異民族を「バルバロイ barbaroi」と呼んだ。彼らが話す意味不明な言語が「バルバル」と聞こえたからだという。ギリシャが、周囲の異民族による侵入と破壊を経験するうちに、「バルバル」は「粗野」や「未開」といった意味をもつ「野蛮」を表わすようになった。古代ギリシャでは、教育が普及し、詩の朗読と書き写しを中心とした識字教育がおこなわれた。そして、ギリシャ語だけが「言語」とみなされ、ギリシャ語で書かれた文献が「知」とされ、ギリシャ語の読み書きができる人を「人間」の中心におき、その周りに、読み書きはできなくともギリシャ語を話す人をおき、さらに周辺の「世界の果て」にギリシャ語を話さない「野蛮人」がいるとする世界観が構築された。

古代ギリシャのヘロドトス（Herodotos、生没年不詳）の『歴史』（*historiai*、紀元前五世紀）には、ギリシャの北東、黒海の北側、現在のウクライナに南から王族スキタイ、農民スキタイ、遊牧スキタイがいて、その奥の現在のキーウあたりに「アンドロパゴイ」が住むとしている。「アンドロ」が「人」、「パゴイ」が「食べる」の意味である。

> この先には広漠たる無人の荒野がつづいているが、この無人地帯を過ぎたところにアンドロパゴイ人が住んでいる。（ヘロドトス一九七三、一七頁）

アンドロパゴイ人の風習は世にも野蛮なもので、正義も守らねばなんの掟ももたない。遊牧民で、服装はスキュタイ人によく似たものを用い、独特の言語をもつ。ここに述べる民族の中では、彼らだけが人肉を喰う。（同前六三頁）

このように「人食い」は、「世界の果て」で、法も正義もなく荒野を移動しながら暮らす「人間であって人間でない野蛮人」のイメージを具体的に喚起するものとして使用された。

古代ローマの大プリニウス（Gaius Plinius Secundus, 23-79）による『博物誌』（*Naturalis Historia*, 77）には、ペガサスやユニコーンといった想像上の「怪物 monstre」が登場する。そして、十三世紀に至るまでヨーロッパ学問の権威とされたイシドール

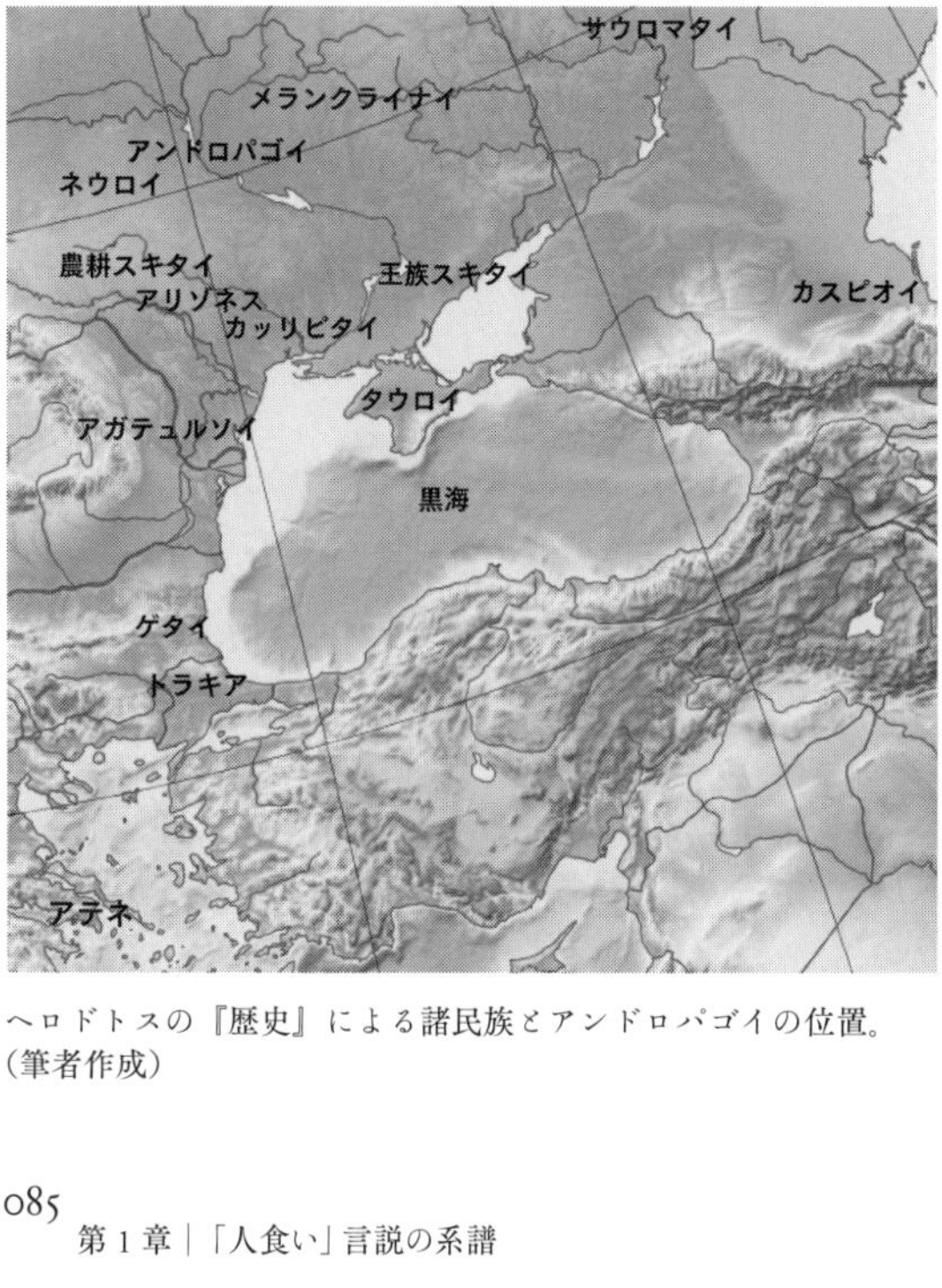

ヘロドトスの『歴史』による諸民族とアンドロパゴイの位置。（筆者作成）

ス（San Isidoro de Sevilla, circa 560-636）の『語源論』（*Etymologia*, 622?）には、「世界の果て」に住むという、胸に口と目がある人、犬頭人、一つ目といった、「人間であって、人間でない怪物」が登場する。そして、コロンブスが愛読書とした中世フランスの神学者ピエール・ダイイ（Pierre d'Aill, 1351-1420）の『世界像』（*Imago Mundi*, 1410）では、数々の「怪物」とともに、両親を殺して食べる「人食い人種」が登場する。

つまり、古代のギリシャやローマでは、自分たちこそが「文明」であり、自分たちから遠く離れた「世界の果て」に「人食い」の「野蛮人」や「怪物」が住み、そして、さらに、どこか遠くに「楽園」があるはずだと考えられていたのである。そして、この世界観は、中世を経て、十五世紀後半を生きたコロンブスへと引き継がれたのである。

三、キリスト教と人食い

ユダヤ教やキリスト教においても「人食い」は「人間性」から逸脱した「人間であって、人間でない」もののイメージとして使われてきた。ユダヤ教とキリスト教の共通の正典である紀元前五世紀頃に編纂された『旧約聖書』に「人食い」が登場する。

それでもなお、あなたがたがわたしに聞き従わず、わたしに逆らって歩むならば、わたしもあなたがたに逆らい、怒りをもって歩み、あなたがたの罪を七倍重く罰するであろう。あなたがたは自分のむすこの肉を食べ、また自分の娘の肉を食べるであろう。

(『旧約聖書』「レビ記」第二十六章)

「あなたの子をください。わたしたちは、きょうそれを食べ、あす、わたしの子を食べましょう」と言いました。それでわたしたちは、まずわたしの子を煮て食べましたが、次の日わたしが彼女にむかって「あなたの子をください。わたしたちはそれを食べましょう」と言いますと、彼女はその子を隠しました。

(同前「列王紀下」第六章)

前者は、「神に逆らうことへの罰」として「人食い」が描かれ、後者は、戦下の極限状態によって「人間性」を失ってしまった状態として「人食い」が描かれている。紀元一~二世紀に『新約聖書』が書かれ、ユダヤ教からキリスト教が分かれ出た。

イエスは彼らに言われた、よくよく言っておく。人の子の肉を食べず、また、その血を飲まなければ、あなたがたの内に命はない。わたしの肉を食べ、わたしの血を飲む者には、永遠の命があり、わたしはその人を終りの日によみがえらせるであろう。

(『新約聖書』「ヨハネによる福音書」第六章)

以来、キリスト教では、キリストの体と血の象徴としてのパンとワインを共食する儀式を大切に続けている。キリスト教信仰の核心には、最も「高貴」な存在であるキリストの肉と血を体内に取り込む「人食いの共食」がある。キリスト教が、ローマ帝国の異端であった紀元二世紀頃、ローマ皇帝やローマの神々への礼拝を拒否していたキリスト教徒は、人の体を食べ、人の血を飲む「野蛮な人食い人種」として迫害を受けていた(Benko, 1984)。

三九二年にローマ帝国の皇帝フラウィウス・テオドシウス(Flavius Theodosius, 347-395)は、キリスト教を国教とし、それ以外の宗教を禁止した。すると、ユダヤ教徒がキリスト教徒の子どもを誘拐し、その生き血を儀式に用いているという「血の中傷」の噂が広がり、ユダヤ教徒が迫害された。このように「人食い」は、飢餓、狂気、神聖、異端と、異なる意味でありながらも、いずれも「人間であって人間でないもの」の象徴として使われてきた。

キリスト教では、神は、「天地創造」において、「自然」を支配し、管理するものとして「人間」をつくったとしている。

神は、まず、光と闇、上と下、陸と海の区別をつくり、陸に植物をつくり、そして、動物をつくった。最後に神が自らと同じ姿に人間をつくった。そして神は人間に、こういった、産めよ、増えよ、地に満ちて地を従わせよ。海の魚、空の鳥、地の上を這う生き物をすべて支配せよ。

（『旧約聖書』「創世記」第一章二十八節）

神学者たちの間で「天地創造」はいつだったのか議論され、十七世紀になると紀元前四〇〇四年という説が有力になった。そして、「神」が最初の「人間」であるアダムに語りかけた言語を「起源の言語」とみなし、その「起源の言語」から実際にある数多の言語が派生したものと考えられた。

十三世紀、神聖ローマ皇帝のフリードリヒ二世（Friedrich II, 1194-1250）は、「起源の言語」を知るために、話しかけないで子どもを育てたら何語を話し出すか、という実験をおこなった。実験は被験者の死亡によって終わるが、このとき、「起源の言語」の候補とみなされたのがヘブライ語、ギリシャ語、ラテン語、アラビア語の四言語であった。いずれも「神の言葉を記した言語」である。ヘブライ語で『旧約聖書』が書かれ、ギリシャ語で『新約聖書』が書かれ、アラビア語で『コーラン』が書かれ、ラテン語はローマ帝国の公用語であった。『旧約聖書』『新約聖書』『コーラン』のなかで最も古い『旧約聖書』の言語であるヘブライ語を「起源の言語」とする説が有力とされ、「天地創造」のとき「神」から「起源の言語」を与えられた「人間」は、まもなくして「文字」をつくり『聖書』を記したのだと考えられた（五、二〇一四）。

四、マルコ・ポーロとマンデヴィルの東方

十三世紀、モンゴル帝国がヨーロッパに攻め入り、キリスト教世界の人々は、自分たちの世界の遠く離れたところにも人が住んでいることを思い知らされた。一三〇〇年頃に書かれたベネチアの商人マルコ・ポーロの旅行記『東方見聞録』により、世界のさまざまところに人間がいて、それぞれの習慣のもとに暮らしていることが伝えられた。東南アジア、ベンガル湾のアンダマン島について次のように記されている。

島民は嘘いつわりではなく全くほんとうに、頭も歯も眼もが犬に類している。頭部は特にそれがはなはだしくて、まるっきり猛犬そっくりである。〔……〕土人の性情は非常に残忍で、人をいけどりにすれば、それが同種族人でない限り、すべてそれを食ってしまう。

（ポーロ一九七一、一六三－四）

アジアの一角に、古代ギリシャから伝えられてきた「世界の果ての人食い犬頭人」がいるという。十四世紀終わりに木版画が開発されると、「世界の果て」に住むというさまざまな「怪物」が、図版になって世に出回った。

一三五七年頃『マンデヴィルの旅（東方旅行記）』（*Mandeville's Travels*）という本が出され、まもなくヨーロッパ各地でベストセラーになった。この本は、現在では、著者とされる

マンデヴィルは実在せず、旅行記や百科事典を読み漁ったあるフランス人が、多くの記述を想像とともにつなぎ合わせたものと考えられているが、当時の人々は、実見にもとづく旅行記として読んだ。この本には、東方に住むという、頭が犬の人々、頭のない人々、一つ目の巨人、大きな一本足の人々など、ヨーロッパが古代から想像してきたさまざまな「怪物」が登場する。

『マンデヴィルの旅』ではインド周辺のある島についてこのように記されている。

この島には、性質の邪悪な人々が住んでいて、父は息子を、息子は父を、夫は妻を、妻は夫を食べるのである。〔……〕僧侶と息子と病人の妻は、当人のところにやってきて、彼の口に布をあてて息をふさぎ、殺してしまう。そして、死んでしまうと、一同は死体を小さく切り刻んで、集められるだけの知人や僧侶を呼び集めて、おごそかに饗宴ひらき、死体をみんな食べる。そして、人肉をすっかり平らげてしまうと、一同は骨を全部かき集め、いともおごそかに、高らかに歌をうたって、埋葬する。

（マンデヴィル一九六四、一六六頁）

この本の著者は、「邪悪な人々」への妄想を膨らませ、マルコ・ポーロの『東方見聞録』にあるアンダマン島の「人食い犬頭人」や日本の「人食い」の話などを繋ぎ合わせて、このような記述にしたのだろう。

中世のヨーロッパでは、東方には、「野蛮」な「怪物」がいて、その、さらに先に「楽園」があるものと考えられていた。一方、西の大海の先には滝があり奈落に落ちるとされていた。

十五世紀、イタリアを中心にルネサンスが開花し、科学の精神が生まれ、羅針盤の発明などにより遠洋航海が可能になった。

そうしたなか、一四七四年、イタリアの天文学者トスカネリ（Paolo dal Pozzo Toscanelli, 1397-1482）は、ポルトガル、リスボンの大司教に書簡を送り、大西洋を西へ西へと行けば、ヨーロッパの東にあるインドやアジアに着くはずだという地球球体説を説くのだった。当時のイタリアの王たちは地中海貿易で潤っており、トスカネリの説への関心は低かった。

その頃のヨーロッパでは、東南アジアで生産される香辛料、特に肉の保存に欠かせないコショウへの需要が高まっていた。しかし、東南アジアで産出されるコショウをヨーロッパ人が手にいれるには、イスラム商人から買うしかなく、「黒い金《きん》」と呼ばれることがあるほどに高価だった。また、アジア諸国の東端にはマルコ・ポーロの『東方見聞録』で伝えられた黄金の国ジパング（日本）があるはずだった。ただし、海の果てには奈落があるとされていた当時、大洋の向こうを目指すには並はずれた勇気が必要だったし、探検隊を組織するには国家予算規模の資金がかかった。そこでトスカネリの地球球体説を知った一人の野心家が動き出した。ポルトガルで海図の製作や航海士をしていたイタリア出身のクリストファー・コロンブス（Cristóbal Colón, 1451?-1506）が、大西洋を西へと渡りインドやアジアへと向かう航海を計画し、支援者を捜した。コロンブスはマルコ・ポーロの『東方見聞録』や『マンデヴィルの旅』を読み込み、まだ見ぬ地への想像を膨らませたのである。

一四八八年、ポルトガルのバルトロメウ・ディアス（Bartolomeu Dias de Novais, 1450-1500）が、大西洋をアフリカ大陸に沿って南下して喜望峰を発見した。ポルトガルは東周りでインドやアジアへとつづく航路を開拓した。

この話を聞いたスペインのイサベル女王（Isabel I, 1451-1504）は、ポルトガルとは別にインド航路を手に入れようと、コロンブスへの支援を決めた。

その頃、カトリック国スペインは、イスラム勢力下にあったイベリア半島を取り戻す国土回復運動《レコンキスタ》（Reconquista、七一八～一四九二）の最終局面にあった。つまりスペインによるコロンブス支援は、東南アジアの香辛料やジパングの金を求める経済活動であったとともに、イベリア半島からイスラム教徒を駆逐しつつあったカトリック勢力が新たな布教先を求める宗教運動でもあったのだ。

こうして、一四九二年、スペインのイサベル女王の命を受けたコロンブスの一行が、大西洋を西に進み「世界の果て」を通ってヨーロッパの東方にあるインド、そして、金《きん》が豊富な「楽園」ジパングに向かう大航海に出た。コロンブスは、トスカネリが制作した地図を携行した。トスカネリは、実際よりも四分の一ほどに地球を小さく計算し、彼の地図では現在のキューバあたりにジパングが描かれていた。世界が球体であるならば、西に向かって航海を続ければ、ヨーロッパの東方彼方にある「楽園」に到着するはずである。トスカネリの地図には、プラトンが語った「アトランティス（アンティリャ）」のさらに西に、マルコ・ポーロの『東方見聞録』に記された、周囲にたくさんの島がある独立した大きな島の日本（ジパング）が描かれ、さらに西の大陸にインドや中国（カタイ）が記されていた。

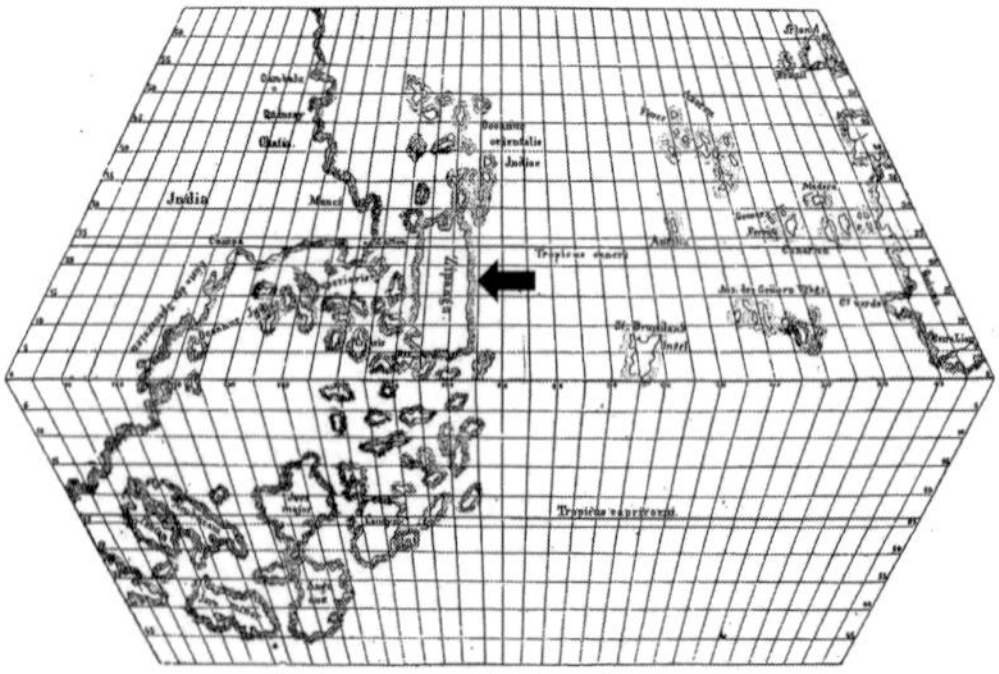

トスカネリの地図。
現在のキューバあたりにジパング（Zipangū）がある（矢印の部分）。

五、コロンブスとカニバル

「カリブ」と「カニバル」という語は、語源を同じくし、コロンブスを通してヨーロッパ諸語になった。コロンブスの第一回航海の日誌の原本は現存せず、後にバルトロメ・デ・ラス・カサス（Bartolomé de las Casas, 1484-1566）が要約したものが『航海日誌』とされている。

一四九二年十月十二日、コロンブス一行は、バハマ諸島の小さな島に到着した。カリブ海域の島にはじめて到達したコロンブス一行は、幸運にもそこで出会ったアラワク人と親しくなった。しかしその島は貧しく、そこがジパングではないと悟ると、そこをインドの一部であると思うことにした。コロンブスはアラワク人を水先案内人としながら航海をつづけた。コロンブスが持参した地図では、インドの近くに中国（カタイ）やモンゴルがあり、その東にモルッカ諸島があり、さらに東にジパングがあった。コロンブスが二番目に着いた陸地（キューバ島）は大きく、そこが中国ではないかと思った。十一月四日、キューバ島の北海岸を探索中のコロンブス一行の記録である。

> 黄金と真珠をみせると、数人の老人が、それならボイーオというところに無限にあり、人々は首や耳や、腕や葦につけている。真珠も同様だと語った。［……］さらにここからは遠いが、一つ目の人間や、犬のような鼻面

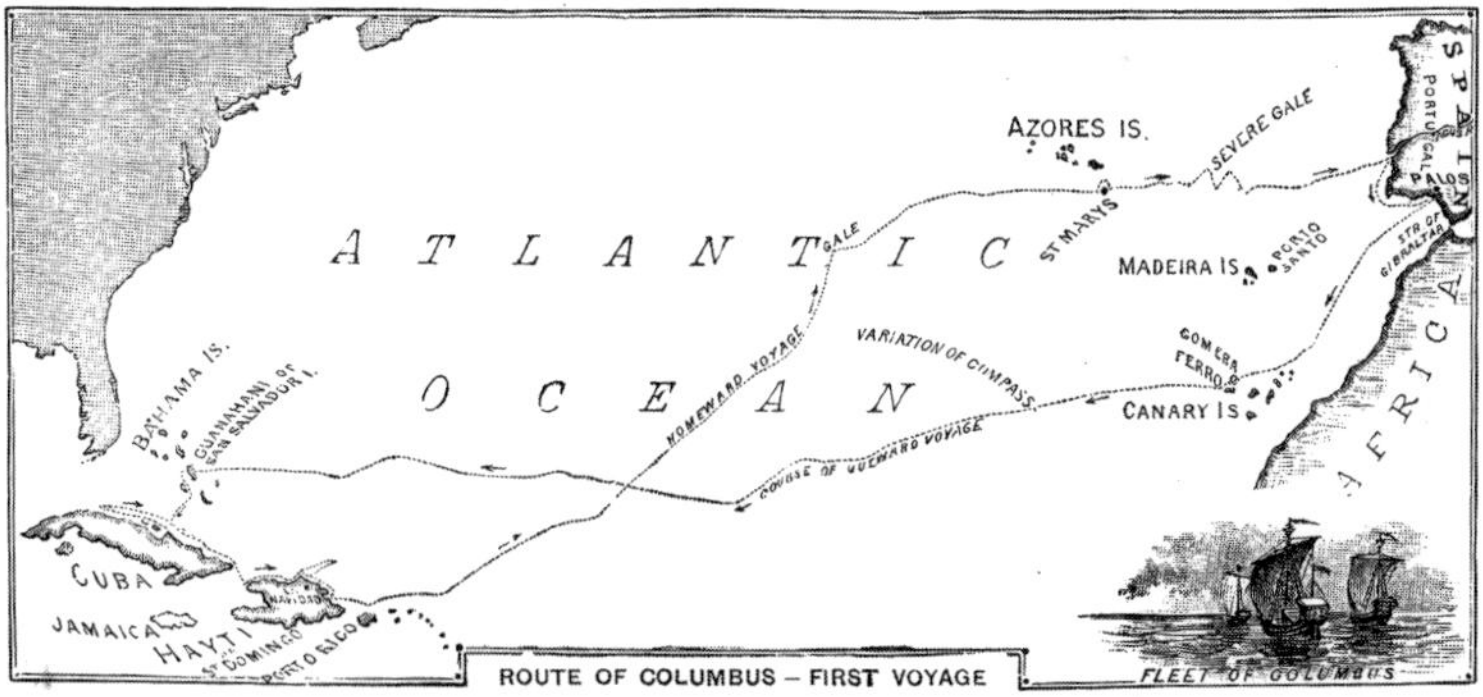

コロンブスの第一回航海（1492-93年）。
（https://etc.usf.edu/maps/pages/2100/2134/2134.htm より）

をしていて、人を喰う人間がおり、人をつかまえるとすぐに首を切り、血を吸い、生殖器を切り落すといっているように解せた。（コロンブス一九七七、七九－八〇頁）

近くにジパングがあるはずだと考えたコロンブスは、アラワク人に金と真珠を見せて、その周辺を探った。また、「ここからは遠い」ところに、「一つ目」「犬頭人」「人食い」がいるという。「カニバル」という語の初出は、「発見」から一ヵ月が過ぎた一四九二年十一月二十三日のコロンブスの日誌である。

提督は終日、陸地へと向って南へ航海したが、風の少ない状態がつづき、潮流も幸いせず、陸地には一向到達することができなかった。〔……〕この岬と重なるようになって、東方に岬ともみえる陸地が見えたが、同伴のインディオ達は、これはボイーオという広大な土地で、そこには額に一つしか目のない人間や、カニーバレス〔canibales〕とよばれる連中が住んでいるとのべ、彼らを非常におそれているようであった。そして船がそちらに向って行くのを見るや、彼らに喰われてしまう、彼らは武器をたくさんもっている、といって黙りこんでしまった、とのべている。提督は、これはある程度事実なのかもしれないが、武器をもっているというなら、知恵がある人間だろうと考えた。そして、何人かが捕えられて島へ帰ってこなかったため、喰われてしまったものと考えたのだと思うとのべている。（同前一〇一－二）

アラワク人たちは、島を指して、「額に一つしか目のない人間や、カニーバレスとよばれる連中が住んでいる」という。つまり「カニバル」という語はコロンブス一行がききとったアラワク人によるカリブ人の呼称に拠っているのだ。「ボイーオ」とは、現在のイスパニョーラ島のことである。当時、小アンティル諸島に居住していたカリブ人であるが、イスパニョーラ島やキューバ島などの大アンティル諸島には、カリブ人は居住していなかったはずである。キューバ島のアラワク人は、イスパニョーラ島のアラワク人を「カニバル」と呼んで恐れていたのだろうか。それとも、さらに東の小アンティル諸島に住むカリブ人のことを話しているのだろうか。

いずれにせよ、コロンブス一行とアラワク人との会話は、身振り手振りによるつたないものだった。アラワク人は、コロンブス一行の興味を、自分たちから逸らすために、アラワク人とコロンブス一行の「共通の敵・カニバル」を作り出したのだろうか。コロンブスの『航海日誌』に書かれている「一つ目」や「人食い人種」は古代から語り継がれコロンブスが愛読した『マンデヴィルの旅』にも載るヨーロッパの典型的な「野蛮人」像である。コロンブスは、自分がもっている知識を総動員して「野蛮な人食い人種」を想像したのだろう。また、コロンブスは、「武器をもっているというなら、知恵がある人間だろうと考えた」という。アジアに到着したものと考えていたコロンブスはマルコ・ポーロが伝えるモンゴル人「武装をした理性のある人」だと思おうとした。

イギリス人スペイン語文学研究者ピーター・ヒュームは、『征服の修辞学——ヨーロッパとカリブ海先住民 1492-1797年』（一九九五［1986］）において、コロンブスの『航海日誌』を分析した。ヒュームは、コロンブスの『航海日誌』にはマルコ・ポーロに発する「オリエント文明の言説」とヘロドトスから繋がる「野蛮の言説」の二つ言説が見出されるという。「オリエント文明の言説」のキーワードは、「金《きん》」「カタイ（中国）」「大汗（モンゴル）」「知性をもった兵士たち」「大きな建物」「商船」で、「野蛮の言説」のキーワードは「金」「アマゾネス（女性戦士集団）」「野蛮」「怪物」「人食い人種」である。コロンブスの『航海日誌』では、当初は「オリエント文明の言説」と「野蛮の言説」の両方があらわれるが、後に「野蛮の言説」だけになっていく。

二つの言説に共通するキーワードに「金《きん》」がある。コロンブスは「金」をもつ人々を「野蛮な人食い人種」とみなすことによって、その後のスペインによる「征服」を「正義の戦争」として正当化する道を開いた。ヒュームは「国家へと発展しつつあるタイノ首長国は、その政治構造の下部で生じた闘争を抑圧していた。そのため政治体は、依拠せざるをえない暴力と階層化した社会につきものの搾取とを政治体の外部へと投射し、この外部を『貪り食う』人食いイメージによって表象した」（一九九五、一一七頁）といって、自らの社会内部の闘争を抑圧するために他者をつくりだすレッテルとして「カニバル」という言葉が使われていたのだろうという。そして、カリブ海域にやってきたコロンブスは、アラワク人の他者捏造のレッテルを、ヨーロッパ人による他者捏造のレッテルとして取り入れたのである。

『旧約聖書』の「創世記」に「神は光を昼と名づけ、やみを夜と名づけられた」とあり、『新約聖書』の「ヨハネの福音書」には「はじめに言葉ありき」とある。コロンブスは、自らが神になりかわり、発見した島々に名前を付けて、そこがキリスト教の支配下であると宣言していった。そして、アラワク人の口から出た音を参考に、まだ見たこともない人々に「カニバル」という名を与え、いずれ「発見」されるべき人々とした。

コロンブスの日誌では、初出の十一月二十三日のカニーバレス(canibales)の後、十一月二十六日にカニマ(canima)とカニバ(caniba)、十二月十一日にカリタバ(caritaba)、十二月二十三日と二十四日にカリタバン(caritaban)、一四九三年一月十三日カリブ(carib)というように、同じ人々であっても表記が変わり、一月十四日になると「カリブにてen Carib」、その言葉が示す対象が地域名にまで広げられた(Navarrete, 1825, pp. 214-284)。

イサベル女王は、第一回航海から帰還したコロンブスを歓待し盛大な式典をおこない提督の地位を与えた。コロンブスは、スペインの高官たちに書簡を送った。「計理官ルイス・デ・サンタンヘルへの書簡」に次の記述がある。


すでにのべましたように、私は怪物に会ったこともなければ、怪物について聞いたこともありませんが、ただインディアスに入って二番目にあるクアリス島にはとても獰猛な、人間の肉を喰う人種が住みついております。彼らは、多数のカヌーをもっていて、インディアスの島々を渡り歩き、手当たり次第に盗みを働いております。

（コロンブス二〇一一、五六頁）

この書簡は第一回航海の帰路、カナリア諸島沖で書かれたものである。コロンブスは、この段階では、自分が到達したところはインドのごこかであろうが、日本や中国ではないことは既に悟っていた。コロンブスは、わざわざ「私は怪物に会ったこともなければ、怪物について聞いたこともありません」といいつつ、「とても獰猛な、人間の肉を喰う人種」について記している。

古代から引き継がれてきたヨーロッパの「野蛮」イメージを具現化したコロンブスによる「人食い」の報告は、「世界の果て」の「野蛮人」を、キリスト教によって「人間」にしなければならないという使命感をヨーロッパ社会に与えることになった。コロンブスの書簡は、短い期間にヨーロッパの諸語に訳され、グーテンベルクが発明した印刷技術によりヨーロッパ中の人々に読まれることになった。コロンブスは英雄になり、第二回航海への多大な支援を得た。コロンブスの名声が広がるとともに、ヨーロッパ人にとっての「究極の他者」のイメージである世界の果てに住むという「野蛮な人食い人種」は、「アンドロパゴイ」から「カリブ」や「カニバル」に呼称が換わった。

ヨーロッパによる新世界進出の最初期、「カリブ」と「カニバル」は同義語であった。そして時代が下るとともに、「人食い」の習慣とそれをする人々を指し示す一般名詞の「カニバル」と、地域名や民族名を指し示す固有名詞の「カリブ」とに分かれていった。カリブではなく、カニバルが人食い習慣を表わすようになった経緯には、スペイン語の肉（carne）、猛犬（canino）、骨（canilla）との関連が指摘されている（岩尾一九九九）。ただし、これら二つの単語の混同と表記の揺れは、しばらく続き、carib, caribe, cariba, caniba, canibal, cannibal, caraibe, caribby, caribb, caraib, charaib, charib, karaibe, kalibi, caribbian（単／複数形、大／小文字、綴り字記号による違いは無視した）など、さまざまな表記が使われた。

コロンブスによる西周りでのインディアスへの新航路発見は、スペインにとって朗報であったとともに、東周りでのインディアス航路を開拓中であったカトリックの姉妹国ポルトガルとの衝突を予見させるものであった。ローマ教皇は、共にカトリック国であるスペインとポルトガルが、衝突することなく、両国が繁栄する

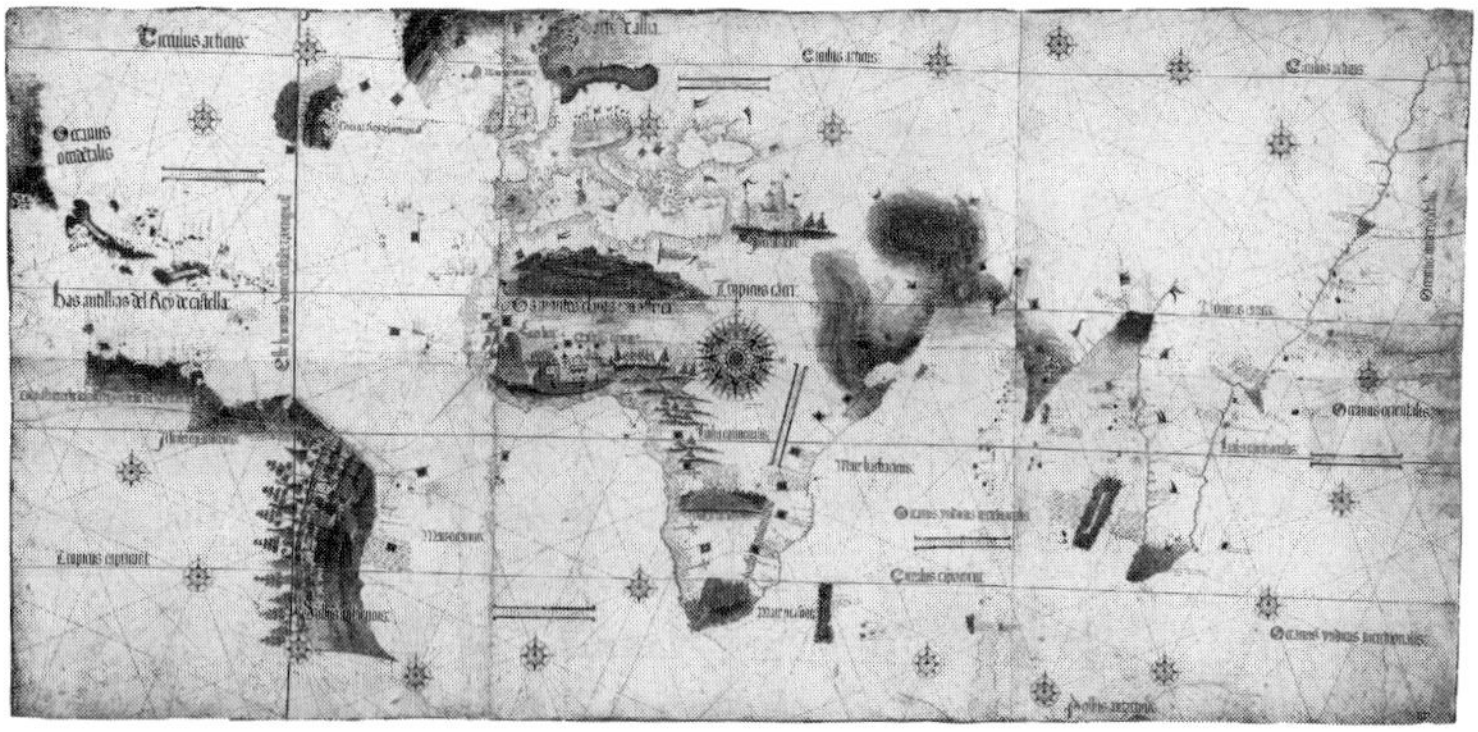

トルデシリャス条約（1494年）。
1502年にポルトガルで作成された地図　太平洋はまだ発見されていない。

ように、一四九三年、両国が世界を二分するための子午線を定めた。カトリックでは、ローマ教皇を「神の代理人」とみなしており、教皇が発する教書は神の意思をあらわしたものとされた。スペインとポルトガルの勢力境界線は、一四九四年の「トルデシリャス条約」で大西洋ベルデ岬諸島の西三七〇レグア（約二〇〇〇キロメートル）を通る子午線とし、この条約を根拠に一五〇〇年に「発見」されたブラジルはポルトガル領になった。ヨーロッパは、コロンブスの航海によって大西洋の西の果てに未知の世界が広がっていることを知った。この地は、インディアス、西インド、新世界、新大陸、アメリカなどと呼ばれるようになっていった。

六、人文学者ペドロ・マルティルと「高貴な野生人」

ルネサンス期のイタリアで、キリスト教による「神」中心の世界観を脱して、「人間」を価値の中心におこうとする人文主義《ウマニスモ》が勃興した。人文主義者たちは、キリスト教によって価値観が固着される前のギリシャやローマの古典から「人間」を学び取ろうとした。「神」中心のキリスト教思想と「人間」中心の人文主義とは、「神」の存在を除けば、共に、「人間至上主義」であることに違いはない。

当時のスペイン宮廷には、イサベル女王の招聘によってローマの人文学者たちが仕えていた。コロンブスが帰還すると、ローマ出身の人文学者ペドロ・マルティル（Pedro

Mártir, 1457-1526）が、一行からの聞き取りをした。マルティルはコロンブスが持ち込んだ情報から人間の普遍性を見い出そうとした。マルティルがコロンブスらから聞き出した内容に自らの所見を付して、ラテン語で記した『新世界十巻の書』（*De Orbe Novo Decadas*, 1511）の第一巻一章には以下の記述がある。

平和な島の住人たち〔アラワク人のこと〕は、食人種たちが強盗をはたらきに幾度となく自分たちを襲ってきて、襲撃の危険に四六時中曝されているという。その手口は、森の中で狩猟者が力にものを言わせたり、罠をしかけて獲物を追うのとなんら変わるところがない。彼らは子供を捕まえると去勢してしまうのだが、それは我々が鶏や子豚を去勢して育てることによってさらに太らせ、肉を軟らかくして食べようとするのと同じだ。（一四九三年十一月記）

（マルティル一九九三、九－一〇頁）

マルティルは、カリブ人がするという「人食い」を「それは我々が鶏や子豚を去勢して育てることによってさらに太らせ、肉を軟らかくして食べようとするのと同じ」といい、カリブ人とヨーロッパ人を対等に説いた。すべての文化に優劣はなく、みな対等であるとみなす、後に文化相対主義と呼ばれことになる思想の萌芽はここにある。そして、マルティルの筆は、インディオ礼賛とヨーロッパ文明批判へと向かう。

この住人たちは物差しや秤などといったものを持たず、有害な金銭も、法も、罵倒しか知らない裁判官も、書物もないまま、裸で大自然を満喫し、将来への心配もないままに黄金時代を生きているからだ。（一四九四年四月記）　（同前三〇頁）

ここにはインディオを「鏡」としてヨーロッパ社会を批判する「高貴な野生人 noble sauvage」の源流がある。他者への憧憬のもと自文化批判をするマルティルのカリブ人観は、その後の人文主義の一大テーマになっていく。

コロンブスの第二回航海（一四九三〜九六）では、実際にカリブ人が住んでいた小アンティル諸島のドミニカ島やグアドループ島あたりに到着した。この航海には、コロンブスの情報がどれほど正しいかを検証する、スペイン王室直属の公証人チャンカ博士が同行した。チャンカ博士は、次の報告をした。

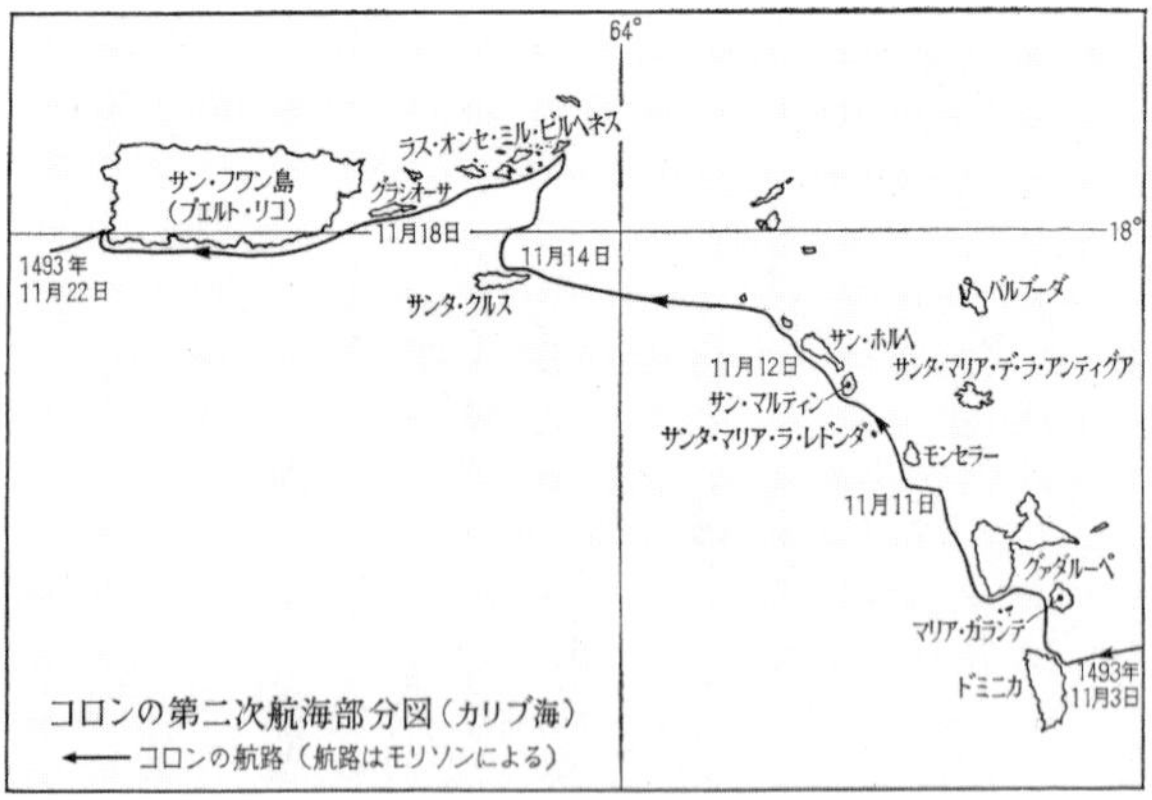

コロンブスの第二回航海（1493-1496年）の一部
（『航海の記録』岩波書店、1965年、p.85より）

彼らの一人のいうことによれば、我々が最初にみつけて、結局行かなかったカイレという島では、多量の金を産し、こちらからカヌーを作るための釘とか道具類をもって行けば、いくらでも金をもってこられるということであります。

（チャンカ一九六五、九〇頁）

コロンブス一行は第二回航海を通じて少量の金しか入手できなかった。一行が最初に到着し上陸しなかったのはドミニカ島である。実際にはドミニカ島に金はない。チャンカ博士は、金の報告を待つ本国に対し、いかなかった島にこそ大量の金があるものと話を作り、この事業の継続の必要性を訴えたのである。チャンカ博士は、客観的報告者であるよりもコロンブスと利益をともにする道を選んだのだ。カリブ人の「人食い」については次のように報告している。

人間の肉は非常に美味で、これほどうまいものはこの世にないということでありますが、実際彼らの家で我々がみつけた骨は、かじれるだけかじってあり、固くてどうしても喰えないところだけしか残しておりません。一軒の家では、鍋で人間の首筋を煮ているものをみつけました。彼らは男の子を捕らえてくると、その局部を切ってしまってから彼らが大きくなるまで使い、そして祭典の際に、彼らを殺して喰うのであります。それは、男の子供や、女の肉は喰っても余りうまくないからだそうです。我々のところへこうした男の子供が三人、逃げてきましたが、そのどれもみな局部を切られておりました。（同前八六頁）

ヨーロッパの人々の好奇心を煽るように記されたこうしたおどろおどろしい話は、魔女狩りの伝統の残る当時のヨーロッパでは、さほどの疑いもなく人々に受け入れられ、大衆の関心事となった。

一方、第二回航海から戻ったコロンブス一行の話を聞き取ったマルティルの筆は、以前にもましてインディオを理想化し、その鏡像としてのヨーロッパを批判する。

大地は太陽と水と同様に共有されるもので、諸悪の元となる「自分のもの」と「おまえのもの」との区別はあってはならないと彼らは確信しており、皆ほんのわずかなもので満ち足り、その広大な地域には田畑があり余って、不足する者など一人としていなかった。彼らにとって、それは黄金時代だったのである。自分たちの敷地を壕、壁、垣根などで閉ざすことなく、法律、書物、裁判官もなく開け放たれた畑に住む。正直者を尊び、他人に罵詈雑言を浴びせて平然としているような者を悪者で邪悪な人間とみなす。（一五〇〇年四月記）（同前五七頁）

マルティルは、コロンブス一行が伝えた「最も人間らしくない人間」の話を、「最も人間らしい人間」の話に反転し、「カニバル人」を「鏡」とすることによりヨーロッパの「文明」を批判した。こうした「最も人間らしくない人間」を、「最も人間らしい人間」とみなす言説は、十七世紀頃から、「高貴な野生人 noble sauvag」と呼ばれるようになる。sauvage という語の語源は「森」であり、そもそも sauvage には「野蛮」という意味はなかったが、noble と接続されて一つの用語になることにより、noble の対比として「野蛮」の意味を持つようになった。そして、noble sauvage は語義矛盾を含む印象的な喧伝の用語として定着していった。

また、マルティルの「諸悪の元となる『自分のもの』と『おまえのもの』との区別はあってはならないと彼らは確信しており」が、二世紀後にルソーの『人間不平等起源論』第二部冒頭「ある土地に囲いをして『これはおれのものだ』と宣言することを思いつき、それをそのまま信ずるほどおめでたい人々を見つけた最初の者が、政治社会の真の創立者であった」(一九三三、八五頁)に繋がることになる。

コロンブスの報告は、「人食い」をするほど「野蛮」だという新世界の住民を「人間」とみなすべきかどうかという問いを、ヨーロッパ社会にもたらした。

コロンブスは、第一回航海で、通訳にしようとアラワク人の若者何人かをスペインに連れ帰りイサベル女王と接見させている。そして、二回目の航海では、労働力として数百人のアラワク人をスペインに連れ帰った。スペインにやってきた新世界の住民が「一つ目」「犬頭人」「人食い人種」ではないことがわかると、さらなる「果て」にこそ「野蛮な人食い人種」がいるものと考えられるようになった。マルティルの『新世界十巻の書』はラテン語で記されていたこともあり、一部の知識人の間だけに読まれた。

七、カニバル法、オビエード、ラス・カサス

コロンブスの報告は、「人食い」をするほど「野蛮」だという彼の地の住民を「人間とみなすか」、「人間とみなすならば、わたしたちと同じ人間なのか、それとも別な種類の人間なのか」という問いを、ヨーロッパ社会にもたらした。一五〇三年、スペインのイサベル女王は、エンコミエンダ制を制定し、領地内の住民の「保護」を義務づけた勅令のなかに次の一文がある。

> 上述のカニバル族が抵抗を続け、余の命によって航海に従う艦長およびその部下を上陸させ受け入れようとせぬとき、また彼らの言に耳傾け聖なるカトリックの信仰に強化され、余のために尽くし余に従わぬときは、これらを捕え、余の王国および属領あるいは他の地方および土地に連行し、売却することを許す。
>
> （アレンズ一九八二、六六頁）

つまり、「カニバル」と呼びさえすれば奴隷にすることができるというのだ。いわゆ

る「カニバル法 Ley del Canibal」である(Palencia-Roth, 1993)。こうして、ニカラグア、パナマ、メキシコ、フィリピンといった新世界のあちこちで「カニバル」と呼ばれる人たちが現れるようになった。コロンブスは、第四次航海(一五〇二〜〇四)では「人間の肉を食べる者達をみつけましたが、彼らの厭な顔つきはこのことを明らかに物語っています」(二〇一一、二三六頁)と、「顔つき」だけで「人食い人種」だと決めつけている。

一五一四年にカリブ海域に渡った王室官吏のオビエード(Gonzalo Fernández de Oviedo, 1478-1557)は、ダリエン(現在のパナマ南部)やサント・ドミンゴ(イスパニョーラ島)での勤務を経て新世界初の博物誌となる『インディアスの博物誌ならびに征服史』(*Historia Natural y General de las Indias*, 1535)を著した。オビエードは、キリスト教が禁ずる偶像崇拝や一夫多妻、「人食い」などのインディオの「野蛮」を報告した。「人食い」に関しては、「人肉を食べるのも、フランスやスペインやイタリアで羊や牛の肉を口にするのと同じくらい、ごく普通のことなのである」(一九九四、一四七頁)と、マルティルの言葉を参考にした一文を寄せるが、その視線は、文化相対主義的なマルティルと違って、あくまでヨーロッパ中心主義である。オビエードは、「人食い」の具体的な観察記録を残していない、実際には「人食い」を見ていなかったのだろう。

スペインは古代ギリシャから引き継いだ奴隷制のもと、インディオを奴隷として酷使した。スペインは征服戦争にキリスト教宣教師を同行させた。宣教会のなかでも、特にドミニコ会が、インディオへのあまりの虐待・虐殺に憤り、保護運動を展開した。スペインは、「インディオは改宗されるとともに保護されねばならない」として実質的な奴隷制を続けた。

ドミニコ会宣教師のなかでも突出してインディオの保護に執念を燃やしたのがラス・カサスである。ラス・カサスは一五〇二年以来何度も大西洋を渡り、イスパニョーラ島やキューバ島に滞在して、そこでおこなわれているスペイン人の「野蛮」を手紙にしたためて本国に送った。一五三七年、ローマ法王パウロ三世（Paulus III, 1468-1549）は「新大陸の住民は真の人間である」と宣言し、インディオを奴隷にすることを禁止した。パウロ三世は、ローマやフィレンツェで研鑽を積んだ人文学者である。マルティルやラス・カサスの報告を共感とともに読んだのだろう。

一五三六〜八年に中米のグアテマラに滞在したラス・カサスによれば、征服者ペドロ・デ・アルバラード（Pedro de Alvarado, 1485-1541）が、インディオたちに「人食い」せざるをえないようにしていたという。

その無法者はいつも次のような手口を用いた。村や地方へ戦いをしかけに行く時、彼は、すでにスペイン人たちに降伏していたインディオたちをできるだけ大勢連れて行き、彼らを他のインディオたちと戦わせた。彼はだいたい一万人か二万人のインディオを連れて行ったが、彼らには食事を与えなかった。その代り、彼はそのインディオたちに、彼らが捕えたインディオたちを食べるのを許していた。そういうわけで、彼の陣営の中には人肉を売る店が現われ、そこでは彼の立会いのもとで子供が殺され、焼かれ、また、男が手足を切断されて殺された。人体の中でもっとも美味とされるのが手足であったからである。ほかの地方に住むインディオたちはみなその非道ぶりを耳にして恐れのあまり、どこに身を隠してよいか判らなくなった。

（ラス・カサス一九七六、八一頁）

古代ギリシャの哲学者アリストテレス（384AC-322AC）は、「人間のうちには、理性を充分に持っていないが、それにもとづく命令を理解する程度の者がいる。この者が支配されるべき自然の奴隷である」、「自然の奴隷は主人に服従することによって利益を得るのである」（一九六一、八頁）とした。奴隷制を正当化しようとする人たちは、このアリストテレスの「先天的奴隷論」を論拠とした。一五四〇年に二十年ぶりにスペインに帰国したラス・カサスは『インディアスの破壊についての簡潔な報告』［1542］を評議会に提出し、アリストテレス研究の権威セプルベダ（Juan Ginés de Sepúlveda, 1489-1573）と「バリャドリッド論争 La controverse de Valladolid」（一五五〇～五一）を繰り広げた。

征服戦争の非道ぶりを告発するラス・カサスに対し、セプルベダは、オビエードの報告をもとに、「人食い」「一夫多妻」「偶像崇拝」「人身供犠」などをおこなうインディオの「野蛮」を説いた。新世界の住民の「人間性」や、征服・支配のあり方について、植民者、聖職者、行政関係者などそれぞれの立場から激しく議論を応酬する「インディアス論争」となり、単なる思想的対立というだけなく、植民地政策そのものを左右するようになった。

『インディアスの破壊についての簡潔な報告』のオランダ語版が一五七八年に出版されると、スペインの支配下にあったオランダでスペイン批判がわき起こり、独立戦争の引き金となった。ラス・カサスの著作はスペインで焚書になり、スペインと敵対する国々では、野蛮人に野蛮なことをするスペイン人こそ野蛮人であるという「黒い伝説 leyenda negra」を形成した。「黒い伝説」は、オランダをはじめスペイン支配下におかれていたプロテスタント勢力の反スペイン運動として展開した。

新世界の住民をめぐる言説に一つの「定説」を生み出したのがスペインの神学者フランシスコ・デ・ビトリア（Francisco de Vitoria, 1482?-1546）であった。ビトリアは、神はわれわれと同じ人間としてインディオをつくったが、教育の欠如によって人食いや一夫多妻などといった野蛮や習慣をおこなっている。われわれは、彼らにキリスト教を教育することよって、野蛮人である彼らを人間にする責務がある、とした。ビトリアがサラマンカ大学の神学部で長年教鞭をとったことからこの教えが、スペインの国家思想となり、スペインの征服事業を支えることになった。そして、スペインは、新世界のさまざまなところで自分たちに抵抗する人々を、「人食い人種」という意味を込めて「カニバル人」と呼ぶようになり、自らの虐待と虐殺を正当化した。

スペインは、金《きん》がみつかり、大きな島々からなる大アンティル諸島から植民を始める一方で、「人食い人種」が住むとされ、小さな島々からなる小アンティル諸島を放置した。スペインは大アンティルに暮らしていたアラワク人を捕え、金の採掘などで酷使した。カリブ海域のアラワク人は「発見」から数十年の間に、ヨーロッパからもちこまれた伝染病やスペイン人による酷使と虐殺によりほぼ全滅した。大陸部に進出したスペインは、一五二一年にアステカ帝国を、一五三三年にインカ帝国を滅ぼし、そこにあった金銀を奪うことによって十六世紀に繁栄した。

八、アメリゴ・ヴェスプッチの人食いの記録

「アメリカ」の名の由来は、イタリア人探検家のアメリゴ・ヴェスプッチ（Amerigo Vespucci, 1454-1512）にある。フィレンツェに生まれスペインのセビリアに行きコロンブスと出会い大航海を志す。四回の航海に出たとされるが、それらの公式記録は消滅し、フィレンツェに送った個人的な手紙を出版したとされるものが『新世界』［1503］と『四回の航海』［1505-6］である。この二著には、彼《か》の地に暮らす人々の習俗の数々が記されている。『新世界』と『四回の航海』は矛盾や誤りが多く、そもそも、ヴェスプッチが書いたのか、航海の事実はあったのか、といった根本的なレベルから、さまざまな疑惑があり、「ヴェスプッチ問題」として歴史研究の課題となりつづけている。ヴェスプッチ自身は、知的好奇心に富んだ科学的合理性をもった人物として知られることもあり、

問題とされる箇所の大半は、一儲けを企んだ出版関係者によるものと考えられている。

著者名をラテン語でアルベリクス・ヴェスプシウスとする一五〇三年に出た『新世界』(*Mundus Novus*, 1503)は、出版地も日付もないパンフレットで、パリとフィレンチェで出回った。冒頭近くに「かの国々はまさに『新世界』と呼称するにふさわしいものであります〔……〕赤道のかなたの南には大陸は存在せず〔……〕かような主張が誤りであってまったく事実に反していることを、私は過般の航海により証明いたしました」(一九六五、三二二頁)とあり、後半部に「赤道の南のかなたへ五十度まで航海したのでありますす」(同三三五頁)とある。南緯五十度とは既知のどの大陸より南である。事の重大性に気付いたドイツの地理学者マルティン・ヴァルトゼーミューラー(Martin Waldseemüller, 1470?-1520)が、一五〇七年に「新大陸の発見者であるアメリゴからアメリカと呼称する」と付記した世界地図を作ったことにより、「アメリカ」という地名が生じることになった。『新世界』のなかに次の記述がある。

かれらは毛織物も亜麻布も綿織物も、いっさい必要ないので持っておりません。また私有の財産というものがなく、すべてが共有になっています。かれらには国王も官憲もなく、各人がみずからのあるじです。かれらは好きなだけの妻をめとります。息子は母親と、兄は妹と、従兄は従妹と、男と女は行きあたりばったりに婚姻をするのです。また、望むときはいつでも離別し、この点なんらの秩序もありません。さらにまた、かれらには教会も法律もなく、偶像礼拝者でもありません。〔……〕戦闘で捕虜になったものは、生きたままで戦勝者に仕えることはなく、あとで殺されて食用に供せられるだけです。〔……〕そこの家々に人肉を塩漬けにして天井の梁からぶらさげてあるのを見ましたが、それはまるでわれわれが塩漬肉や豚肉を紐でぶらさげるのとおなじことでした。〔……〕かれらの寿命は一五〇歳で、病気になることはまれであり、悪い病気にかかっても、なにか草木の根をもちいて治療してしまいます。〔……〕あの陸地では大気は温暖で健康に適し、かれら自身の口から聞いたところによれば、黒死病も、また空気の腐敗のために生ずる疫病はひとつもないということでした。

（ヴェスプッチ一九六五、三二九－三三〇）

私有財産がない、身分がない、何人でも妻をもてる、近親相姦をいとわない。法律、制度、秩序がない、人肉を食べる、そして、健康で長生きで疫病がない……と、ヨーロッパ社会の秩序や価値観を反故とし、老いや病気と無関係でいられるのが「新世界」だという。むろん、こうした記述は、事実とは無関係に、ヨーロッパの読者の関心を引き起こすために創作されたものである。『新世界』は、すぐさまヨーロッパの諸語に翻訳された。そして、一五〇五年頃にアウクスブルグで印刷されたドイツ語版に、「人肉を塩漬けにして天井の梁からぶらさげてある」風景を描いた木版画の挿し絵が付けられたのである。

一五〇五年もしくは翌年、やはり日付も出版地も記されてないパンフレット『四回の航海』がフィレンチェで出回った。それによると、ヴェスプッチは四回航海に出たことになる。第一回航海では、カナリア諸島から西へ約一〇〇〇レーガ（約五五六〇キロメートル）隔てた熱帯にある大陸についたという。この記述にもとづけば、コロンブスよりも先に大陸部に到着したことになる。ヴェスプッチの第一回航海は、匿名の誰かがでっちあげたものと見るのが現在の定説である。実際にはなかったであろう第一回航海の記録に次の記述がある。

『新世界』ドイツ語版（1505年頃）の木版画。
人肉が家の梁にかけられている。

人間の肉のほかはあまり肉は食べません。閣下に申しあげますが、この点かれらはまったく残忍でありまして、いかなる鬼畜の行為をもしのいでおります。殺したり捕えたりした敵は、男であろうが女であろうが、みんな食ってしまいます。その残忍さはまさに口にするさえ身の毛のよだつことでありますのに、ましてやそれをじっさい目撃したのですからなおさらです。しかも、私はそれをなんべんも、いたるところで見たのであります。
（同前二七五頁）

「私はそれをなんべんも、いたるところで見たのであります」とあるが、いつ、どこで、それを見たのかは記されてない。

ヴェスプッチの第二回航海（一四九九〜一五〇〇）と第三回航海（一五〇一〜二）は、すくなくとも航海自体は実際にあったとすることが現在の定説である。第二回航海でカボ・ベルデ諸島から南西五〇〇レーガ（約二八〇〇キロメートル）のところの大陸に一四九九年六月二十七日に到着したという。南米大陸の東端サント・アゴスティーニョ岬付近だと思われる。そこから北西に進路をとった一行は、トリニダード島と南米大陸の間にあるパリア湾に到着する。一年ほど前にコロンブスが訪れたところである。

カノーアには四人の若者が残っていましたが、それはべつの種族の連中で、ほかの土地から捕虜にしてつれてこられたのでした。しかもこの若者たちは去勢され、男根が切りとられて傷がなまなましく、われわれはまったく啞然としました。この連中を船に乗せると、身振りでわれわれに教えたのですが、それによると敵はかれらを食うために去勢したのだそうでありまして、この種族はカニバルリというじつに獰猛な連中で、人肉を食用にするのだということを知りました。
（同前二九二頁）

コロンブス第二回航海に同行したチャンカ博士の文章とほぼ同様である。誰かがチャンカ博士の報告をもとに出任せを記したのだろう。

一五〇〇年、ペドロ・アルヴァレス・カブラル(Pedro Álvares Cabral, 1467?-1520)率いるポルトガルの船団が大西洋を南下し、東周りでアフリカ大陸南端からインドに向かおうとしていたところ、嵐によって未知の陸地に漂着したことによってブラジルが「発見」された。その「発見」の真偽を見極めさせようと、翌一五〇一年、ポルトガルのマヌエル王が、すでに名の知られていた航海士のヴェスプッチを雇い入れブラジルに向かわせた。第二回航海と同じくサント・アゴスティーニョ岬付近の大陸部に到着した。一五〇一年八月十七日とする記述に次の一節がある。

大きな丸太ん棒を持った女がひとり山のほうからやってきました。彼女はわれわれの仲間がいる場所へくると、うしろから近よっていって、その棒をふりあげ、すごい一撃をくわえましたのでかれ〔キリスト教徒の男〕はたおれて死んでしまいました。あっというまに、ほかの女たちはかれの足をつかまえて山のほうへひきずってゆくと、男たちが弓矢をもって浜辺へ駈けてきて、〔……〕すでに山では女どもがキリスト教徒をバラバラに切りはなし、〔……〕男たちは、身振りでもって、ほかの二人のキリスト教徒をも殺して食ってしまったとしめすのでした。(同前三〇五頁)

一六五四年のカリブ海小アンティルの記録『テルトル神父の博物誌』にカリブ人が使うボウトウという棍棒の武器が示されている（Tertre, 1654）。この地の先住民たちも「丸太ん棒」を武器にしていたのだろう。一方、「男たちは、身振りでもって、ほかの二人のキリスト教徒をも殺して食ってしまったとしめすのでした」という記述だけでは、実際に、ヨーロッパ人が殺されて食べられたか不明である。何しろ食べられたとされているのはヴェスプッチと同じ船団の仲間である。本当に、仲間が食べられたのならば、仲間の名前やその人との思い出を記すのが自然だろうが、そうした記述はない。

カリブ海諸島小アンティル諸島とブラジル。（筆者作成）

イギリスのトマス・モア（Thomas More, 1478-1535）は、『新世界』に触発され、自然に従い、私有財産のない共同社会を『ユートピア』［1516］に記した。そして、コロンブス、ペドロ・マルティル、オビエード、ラス・カサス、ヴェスプッチらが、ときに「高貴」なものとして、また、ときに「野蛮」なものとして「ヨーロッパの反対」としての「新世界」をイメージしたのである。

九、ピガフェッタの人食いの記録

コロンブスの「発見」は西周りでアジアに向かう可能性をスペインに伝えたが、実際に到着したのはカリブ海諸島であり、コロンブスの全四回の航海では、目的とするインドや日本への到達は果たされなかった。一五一三年、バルボアがパナマ地峡を探検し、太平洋を「発見」した。スペインは、西周りでアジアに到着する冒険をポルトガル人航海士のフェルディナンド・マゼラン（Fernando de Magallanes, 1480-1521）に託した。

一五一九年にスペインを出たマゼラン一行は、進路を南西にとり、すでにポルトガル領になっていた南米大陸のブラジルに到達した。その後、南米大陸南端を越えて太平洋をわたるが、指揮官のマゼランはフィリピンで命を落とした。一五二二年、史上初の周航者としてヨーロッパへの帰還を果たした十八人の一人アントニオ・ピガフェッタ（Antonio Pigafetta, 1491-1534）は、ブラジル、現在のリオ・デ・ジャネイロ付近についてこう記している。

この土地はポルトガル国王の領土となっている。原住民はキリスト教徒ではなく、またいかなる信仰も持っていない。自然のならわしのままに生活しており、寿命は一二五歳ないし一四〇歳である。男女ともに衣服を着用しない。彼らは「ボイオ」という大きな家屋に住み、「アマーカ」という木綿の網のなかでねむる。〔……〕かれらは「カノア」という、ただ一本の丸太材を石斧で削ってこしらえた舟を持っている。（ピガフェッタ一九六五、四九六－七頁）

この記述は、現地でしたためた記録ではなく、帰国後に著した報告書のなかにある。「寿命は一二五歳ないし一四〇歳」というのはヴェスプッチの『新世界』［1503］にある「かれらの寿命は一五〇歳」（ヴェスプッチ、一九六五、三三〇頁）から得たインディオは長寿という観念を記したものといえよう。そして「ボイオ」「アマーカ」「カノア」は、いずれも、コロンブス一行が記録した大アンティルのアラワク人（タイノ人）の言葉である。ピガフェッタが残した航海の記録は大方において彼がみたことを忠実に文字にしたものであるが、この部分は、明らかに彼が直接見たことから逸脱している。おそらく何者かがヴェスプッチやコロンブスの記述を参照して書き加えたのだろう。

マゼラン一行のなかに、四年間のブラジル滞在経験のあるポルトガル人の水先案内人ジョアン・カルバリョがいた。

かれらは仇敵の肉を食う。しかしこれは美味というよりもただ習慣によるのである。仇同士がたがいに相手を食うというこの習慣はつぎのようにしてはじまった。ある老婆が一人息子をもっていたが、この息子が敵の部族から殺された。それで数日後に、この老婆の仲間が、息子を殺した部族の男を一人捕虜にして老婆のいるところへ連れてきた。老婆はその捕虜を見ると息子を思い出して、まるで狂犬のようにその男に飛びかかり、背中に噛みついた。捕虜はやがて脱走することができた。［……］ところですぐに食ってしまうのではない。まず各自が一きれずつ切りとって家に持ちかえり、燻製にする。そして八日目ごとにこれからひときれずつ切りとり、仇敵のことを忘れないためにほかの食物といっしょに焼いて食う。この話をしてくれたのは水先案内ジョアンネ・カルヴァジョであった。かれは以前この土地で四年すごしたことがあり、今度の航海でわれわれに同行していたのである。

（同前四九七－八頁）

これがブラジルのブラジル中南部の先住民トゥピナンバ人に関する最初の「人食い」の記録である。ただし、ピガフェッタの実見ではなく、カルバリョからの伝聞である。カルバリョが実見したのか、他の誰かから聞いた話かはわからない。この話の信憑性は、相当低いといえよう。

グアナバーラ湾を出航したマゼラン一行は、ラ・プラタ川の河口に入った。この地域についてピガフェッタは次のように記録している。

ここには淡水の河が流れているが、この河でわれわれは、「カニバリ」と呼ばれる人食い人種を発見した。背丈がほとんど巨人ほどもある一人の男が、ほかの仲間を安心させるために、提督の船へ乗りこんできた。この男の声はまるで牛のように大きかった。

（同前五〇二―三頁）

ピガフェッタの記録によると、この男を含め「カニバリ」と呼ばれる人たちとの会話を何もしないままに、その地を去っている。「カニバリ」と誰が呼んだのだろうか。おそらくピガフェッタは、まるで牛のような大きな声をもつ巨人とは、コロンブス一行が「カニバル」と呼んだ「人食い人種」にちがいないと思ったのだろう。

十、ミュンスターの『宇宙誌』

一三五七年頃にフランス語で書かれた『マンデヴィルの旅』は、刊行まもなく各言語に訳され、その後二〇〇年間でヨーロッパに広がった。印刷技術の進歩もあり、時代が下るにつれ、古代から想像されてきた東方に住むという架空の怪物たちが木版画の挿絵となって掲載された。一五二四年にスペインで出された版では、一足人、犬頭人、首なし人といった怪物たちの木版画が表紙を飾っている。

一五四〇年に地理学者、神学者のセバスティアン・ミュンスター（Sebastian Münster,

1488?-1552）がラテン語で『世界地理学――古いものと新しいもの』（*Geographia universalis' vetus et nova*, 1540）を出した。これは古代ギリシャのクラウディオス・プトレマイオス（Claudius Ptolemæus, 83?-168?）の『地理学』（*Geographia*）に、地図や挿し絵を加えて再版したものである。

この『世界地理学』に、「新しい島々 Novae Insvlae」と題された南北アメリカ大陸の地図が掲載されている。この地図は、コロンブスも携えたトスカネリの地図をもとにして両大洋の間に南北アメリカ大陸を差し込んだものである。マルコ・ポーロの『東方見聞録』に依拠し、左上端の大陸にインドや中国（カタイ）の文字が記され、その横に「七四四八の島々」があり大きな島の日本（ジパング）がある。一九九四年のトルデシリャス条約にもとづきカリブ海大アンティル諸島のプエルト・リコのところにスペインの旗が、ブラジル沖にポルトガルの旗が描かれている。北米大陸は、フランスの依頼で航海にでたイタリア人のヴェラッツァーノ（Giovanni da Verrazzano, 1485?-1528?）の一五二四年の探検をもとに、北米大陸の北東部をフランス領としてい

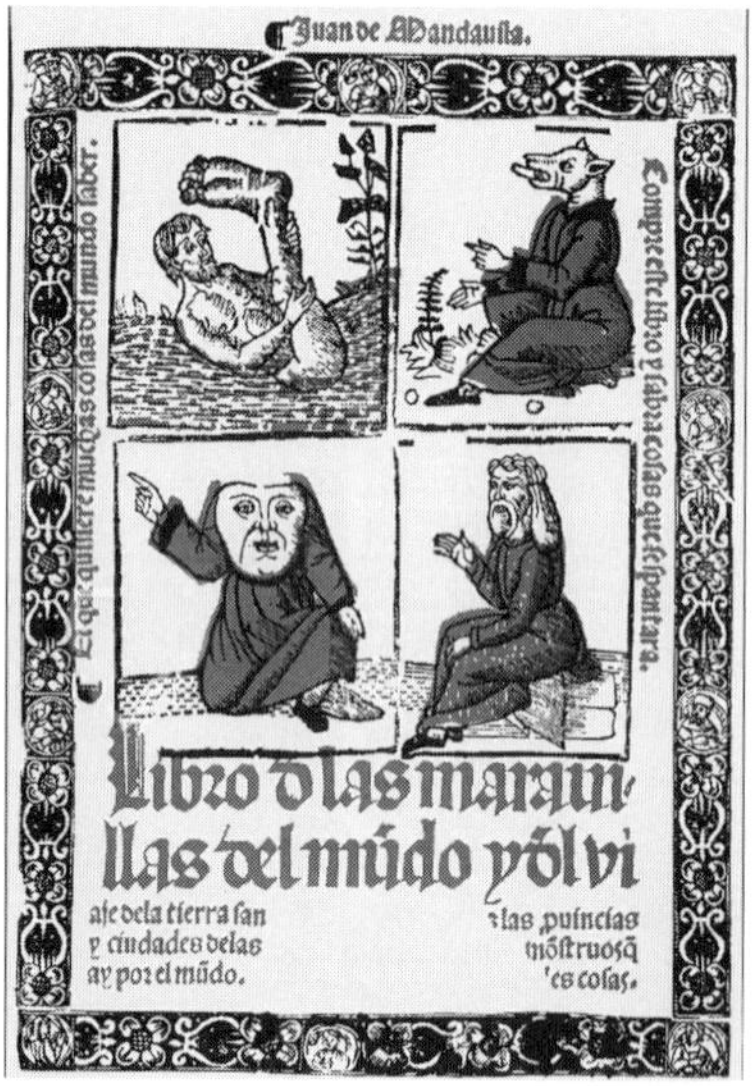

1524年のスペイン語版『マンデヴィルの旅』表紙。

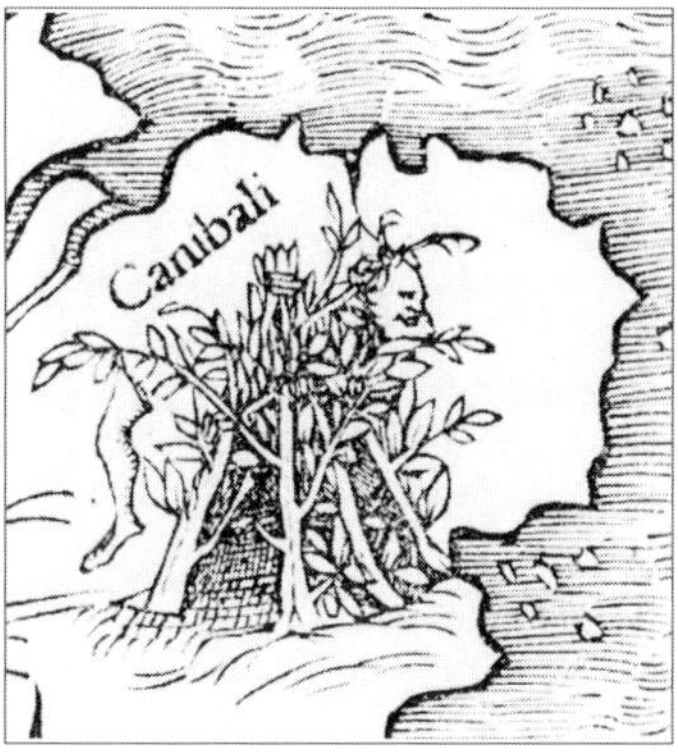

セバスティアン・ミュンスターが『世界地理学』（1540年）に載せた「新しい島々」。
この図が『宇宙誌』（1544年）に引き継がれ、ヨーロッパに広がった（上図）。
アマゾン川の南岸にCanibaliの文字が記され、その南に大きく、人間の首や足が木の枝に吊された絵が描かれている（下図）。

る。そして、スペインの探検家バルボア（Vasco Núñez de Balboa, 1475-1519）による一五一三年の太平洋および南北アメリカの接合の発見、による知見が反映され、画面の左下には、一五一九－二二年に初めて世界一周を果たしたマゼラン一行の船が描かれている。

南アメリカ大陸では、アマゾン川の南岸に Canibali の文字が記され、その南のサント・アゴスティーニョ岬の西側一帯のブラジル中央部に大きく、人間の首や足を木の枝に吊るした木版画の挿し絵がある。アメリゴ・ヴェスプッチやピガフェッタの報告をもとに、ミュンスターが版画職人に描かせたのだろう。この地図が、当時において最新で最も信頼できる「新世界」の地図となった。

ミュンスターは一五四四年にドイツ語で『宇宙誌』（*Cosmographia*）を著した。この本は、ヨーロッパ各地に、十五世紀半ばにはじまった大航海で知られるようになったアジア、アフリカ、アメリカの記述を加えて、世界各地の様子を百科事典的にまとめたものである。この書物には、『マンデヴィルの旅』の一五二四年のスペイン語版の挿し絵とよく似た画風で、一足人、一つ目人、首なし人、犬頭人といった怪物たちの挿し絵がインドを

セバスティアン・ミュンスター『宇宙誌』（1544）に掲載された、インドあたりにいるという怪物たち。

紹介する頁にある。そして、マルコ・ポーロの『東方見聞録』に依拠して、アジアではジャワ島、中国の福建、日本などに「人食い」の習俗があるとし、さらに、コロンブスやチャンカ博士の記録に依拠して、インドの先にあるとする「新しい島々」（現在のカリブ海諸島）に人々を捕らえて殴り殺して食べる「カニバル人」がいるとしている。そのうえで、『世界地理学』のものと同じ、ブラジルを「カニバル人」の地とする地図がある。

ドイツ語で書かれた『宇宙誌』は、まもなくラテン語、フランス語、イタリア語、英語、チェコ語に翻訳され、その後一〇〇年間のヨーロッパで最も人気があり、信頼のおける本の一つになった。こうして、「人食い人種・カニバル」がブラジルに住むことが定説化された。

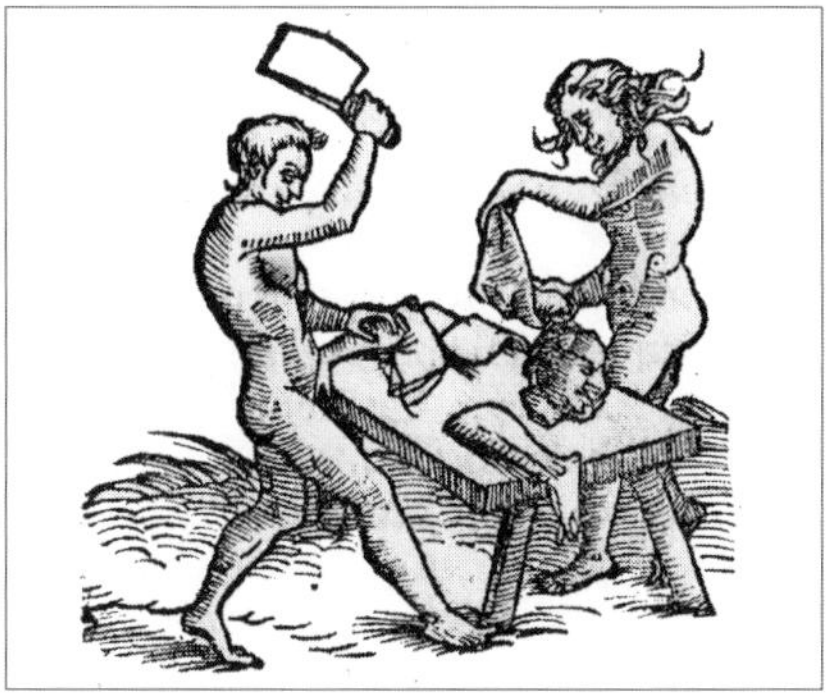

同じく『宇宙誌』に記された、東アジアの島々でおこなわれているという人食い（Canibali）。

十一、イエズス会宣教師による聖なるカライバ

ポルトガルは、一五三二年に現在のサン・パウロ市の北にあたるピラチニンガと、そ

の南南東約五〇キロメートルの大西洋沿岸、現在のリオ・デ・ジャネイロに近いサン・ビセンテの二つの町をつくり、一五四九年にはイエズス会による宣教活動が開始された。また、新興国のフランスもこの地に進出するようになり、一五五五年にはフランスのプロテスタント教徒であるユグノーたちが現在のリオ・デ・ジャネイロにあたる地に南極フランスを建設した（一五六七年に撤退）。

ブラジルの文化人類学者エドゥアルド・ヴィヴェイロス・デ・カストロ（Eduardo Batalha Viveiros de Castro, 1951-）は、『インディオの気まぐれな魂』（二〇一五［2002］）において、十六世紀ブラジルの植民者の記録を読み、「なぜ人は人を食べるのか」を考察した。イエズス会のブラジル宣教団第一陣六人の一人マヌエル・ダ・ノブレガ神父（Manuel da Nóbrega, 1517-70）が、ブラジルに滞在して二年ほどが過ぎた日に書いた手紙に次の記述がある。

> 敵を殺し人の肉を食べること、および複数の妻をもつことを至上の悦びとしていたかのようなこの異教徒たちは、大いにその身を改めており、われわれの仕事のすべては、彼らをそこから遠ざけておくことにある。（カストロ二〇一五、五四頁）

このように、ブラジルに植民したイエズス会の宣教師たちは、「かれらがかつてやっていた人食いを、自分たちの努力によって、いかに消滅させたか」を本国に報告した。

米国の文化人類学者のマーヴィン・ハリスは『食と文化の謎』(二〇〇一［1985］)で、十六世紀ブラジルの記録を取り上げている。

一五五三年のイエズス会によるブラジル派遣第三次隊に参加したジョゼ・デ・アンシエタ神父(José de Anchieta, 1534-97)は、精力的にトゥピ語を学び、口頭言語であるトゥピ語にアルファベットの表記法をあてはめて文法をまとめ、トゥピ語の辞書、文法書、公教要理《カテキズム》を執筆し、さらには自らトゥピ語で詩や演劇を創作しながら果敢にトゥピナンバ人への宣教活動をおこなった。アンシエタ神父は、一五五三年六月二十六日におきた出来事として次を手紙に記している。

インディオたちは、まるで狼のように猛り狂ってかれをひっぱった。ついに奴隷を外にひきだし、かれらはその頭を砕き、そのうえもう一人の敵を殺し、すぐさまこまかく切りわけ、そのときかれらは歓喜に満ち、とりわけ女たちは歌い踊りまわり、ある者は切りわけた一部をとがった棒に突きさし、またある者は手に脂肪をぬりたくってほかの者の顔や口にこすりつけてまわり、なんともおぞましい光景だが、かれらは血を手にすくい集めてなめ、なんたることか、かれらはその肉をむさぼり食うために大虐殺をおこなったのである。　(ハリス 二〇〇一、二九七-八頁)

一行がサン・ビセンテに到着したのは一五五三年十二月二十四日である。つまり、アンシエタ神父が到着する半年前の出来事である。この記述はアンシエタ神父の実見ではない。

宗教学者の植田めぐ美は、論文「キリスト教のトゥピ語翻訳とシャーマンによる再解釈――十六世紀ブラジルの事例から」（二〇一九）において、イエズス会がおこなったトゥピ語による宣教活動と先住民のシャーマンが先導した抵抗運動を比較して、シャーマンがどのようにキリスト教を解釈していたのか再構成を図った。

アンシエタ神父によるトゥピ語の著作には「カライバ caraíba」という語が重要語として頻出する。アンシエタ神父がつくった辞書においては、トゥピ語の「カライバ」は「聖なるもの」を意味している（植田 二〇一九、七二頁。AYROSA, 1938, p. 385）。ではこのトゥピ語の「カライバ」の「聖なるもの」とは、何を指していたのだろうか。

アンシエタ神父によるトゥピ語のカテキズムにも「カライバ」という語がたびたび登場する。例えば、

宣教師　人々が次々とパジェになるように、人々にペチン〔タバコ〕を吸わせ、偽ってカライバにすることは真の罪か？
洗礼志願者　真の罪
宣教師　その神の言葉を破るのは誰か？
洗礼志願者　パジェを信じる者

宣教師　さらに誰か？
洗礼志願者　未来の戦争について語る者であるパジェ、そしてマラカスの踊りを信じる者

（植田二〇一九、七二頁）


トゥピナンバ人のシャーマニズムでは、パジェと呼ばれるシャーマンが、タバコを吸い、マラカスを振り踊りながら「憑依」に入り、精霊たちと交流して悪霊と戦う。ここに挙げた問答では、シャーマンたちの憑依を、偽りの聖「カライバ」としている。

また、アンシエタ神父が創作したトゥピ語の宗教劇に次のセリフがある。


私は偉大なトゥピナンバである。司教の仲間たち、すべてのカライバ〔キリスト教徒のこと〕は、私をとても敬う。

母親の腹の中にいた時、神が彼〔洗礼者ヨハネ〕をカライバ〔キリスト教の「聖性」〕にした。

踊ることは良い。体を黒く塗ることも、ペチンを吸うことも、カライバ〔シャーマンの憑依のこと〕にすることも。

聖セバスチャン、神自身が、カライバ〔キリスト教の「聖性」〕で魂と体を創造した。

（以上、同前七四頁）

このように、アンシエタ神父が記したトゥピ語の「カライバ」には、キリスト教徒やキリスト教には「聖性」、シャーマンたちには「憑依」と、複数の意味があった。ヨーロッパ人到来以前のトゥピ語に「カライバ」の語があったかどうかは不明である。カリブ人の自称が、大アンティルのアラワク人の呪術的言葉になったように、カリブ語族やアラワク語族の南側に隣接するトゥピ語族が、ヨーロッパ人の到来以前から「カライバ」という語をもちいてシャーマンの憑依を表わし、それをヨーロッパ人が借用したのか。それともコロンブスがヨーロッパで広めた「カニバル」の語を、ブラジルに入植したイエズス会の宣教師が、キリスト教徒やキリスト教には「聖性」、シャーマンたちには「憑依」の意味をもつ言葉として使用し、それをブラジルの先住民が借用したのか。いずれにせよ、イエズス会のアンシエタ神父は、彼が扱うトゥピ語において「カライバ」という語を、トゥピナンバ人のシャーマニズムかキリスト教かにかかわらず「聖なるもの」を表わす言葉として使った。そして、その結果、トゥピナンバ人の多くが洗礼を受け、キリスト教化がすすむとともに、現地の「キリスト教」にトゥピナンバ人のシャーマニズムが入り込み、キリスト教とシャーマニズムとのシンクレティズムが進んだ、と植田めぐ美は説明している。

十二、ハンス・スタデンの『本当の物語』

ドイツ人砲術師のハンス・スタデン（Hans Staden, 1525-76）がブラジルでの経験を記したという『本当の物語』（*Warhaftige Historia*）は、一五五七年にドイツのアウクスブルクで出版された。一五四九年に、嵐によってブラジルの大西洋岸に漂着し、ポルトガル植民地のサン・ビセンテにたどり着くが、しばらくして、この地の先住民のトゥピナンバ人に囚われて九カ月を過ごす。トゥピナンバを含むブラジル南東の海岸地域の諸民族は、復讐を動機に戦争を繰り返していた。捕虜を集落に連れ帰り、女性があてがわれ、充分に太らせ、友好的な近隣集団を招いて祭りをおこなう。羽毛や彩文で身体を飾り、威嚇や増悪や揶揄の表現をこめた踊りのあと、棍棒で後頭部を打撃して屠殺する。男たちが四肢を解体し、女たちが調理をする。こうした「人食い」には憎しみをはらし勇気を取り込む意味がある。

捕虜となったスタデンは、自分は殺されて食べられてしまうのだと不安な日々を過ごすのだが、集落に流行った疫病を退治できたのも、自分が祈ったキリストによるものだと村人に信じられ、一躍村の英雄になる。そして近くにやってきたフランス船に乗り込んでヨーロッパに帰還する。

スタデンはトゥピナンバがおこなう「人食い」の情景を描写した。

酋長の家の前の広場にカリジョー〔という民族名の〕奴隷を引きすえ、太い棒で、ただ一撃のもとにたたき殺してしまった。激しい打撃により頭は破れ、脳みそが二メートルあまりも飛び散った。〔……〕そのうち女たちが出て来て、ごんごん火をたきはじめた。ある者はカリジョー奴隷のからだを、部分々々に切り離していた。そして土人たちは、それぞれに分け与えられた腕や足の一片を、火にあぶって食べはじめた。

（スタデン一九六一、一五三－四頁）

土人たちは、捕虜を、等分に分け合った。それは、ちょうど狩猟仲間が、獲物を分け合っているような図であった。捕虜のうち無傷でがんじょうなのはそのままにばっておき、負傷している者は、さっさとこん棒でたたき殺し、手早く料理した。次に生木を切り出し積み重ねて火をつける。火がさかんに燃えだすと、その上に、肉をのせ焼けるのを待っている。ほどよく焼けあがると、カウイン酒〔キャッサバ芋からつくる酒〕を飲み飲み、大騒ぎをしながら食べはじめた。

（同前一六六頁）

『本当の物語』では、スタデンが捕虜になった当初からトゥピナンバの言葉を理解しているといった不自然なところがある。そして、「カライバ」と呼ばれる宗教者が登場する。もしかしたら、スタデンは、ブラジルにいたイエズス会の神父たちから「カライバ」の話を聞いたのかもしれない。スタデンが、ブラジルからドイツに帰国し、『本当の物語』を出版するまでに、八年ほどの時間がある。スタデンは帰国後、マゼランに同行したピガフェッタによるブラジルの「人食い」の話や、コロンブス、チャンカ博士、マルティル、オビエードによるカリブ海諸島の「人食い」の話、さらには、ヴェスプッチ『新世界』ドイツ語版［1505］を読み、また挿し絵を目にしていて、それらをもとに『本当の物語』を書いたのかもしれない。

一五五七年に刊行された『本当の物語』ドイツ語初版には、「新世界アメリカにある野蛮で、裸で、残酷に人を喰らう人々の国の真実の記述と歴史」とのキャプションで、鍋に入った人首や人肉バーベキューの様子を描いた木版画が添えられていた。

ハンス・スタデン『本当の物語』初版（1557年）の木版画による挿し絵。

十三、テヴェの『南極フランス異聞』とレリーの『ブラジル旅行記』

ハンス・スタデンの『本当の物語』に続いてブラジルのトゥピナンバ人の「人食い」を報告したのが、一五五五年に三カ月間ブラジルに滞在したアンドレ・テヴェ（André Thevet, 1504?-1592）の『南極フランス異聞』（*Les singularitez de la France Antarctique*, 1558）である。『南極フランス異聞』の大半が、テヴェの直接体験ではなく、何かで読み知ったことである。テヴェはスタデンに加え、コロンブスやオビエードの報告、さらにはアジア、アフリカ方面の探検記、果ては古代ギリシャのヘロドトスの『歴史』（紀元前五世紀）、『旧約聖書』（紀元前五世紀頃）、古代ローマの大プロニウス『博物誌』（紀元七七）、『新約聖書』（紀元一－二世紀）まで、真偽が混在した雑多な情報を寄せ集めながら、「世界の果て」の知識を渇望する当時の世相に応えるように筆をすすめた。

『南極フランス異聞』に「これらの野蛮人たちが、戦争で捕えた敵をいかにして殺し、食べるかということ」という章がある。

国に連れ帰った捕虜は、人数には関わりなく非常に大事に取り扱われ、四日か五日後には女が一人あてがわれる。〔……〕その間、手に入るかぎりの最上の食物が与えられ、籠に入れた去勢鶏のように、いよいよ殺す時が来るまで十分に太らせるよう人びとは専念する。〔……〕こうして捕虜がたっぷり栄養をつけられ、たっぷり太らされると、いよいよ殺されることになるのであるが、その日は大変な晴れの日とされている。〔……〕かくして彼は綿製の綱でぐるぐると縛られ、敵であるこの土地の人間、一万人にも一万二〇〇〇人にもつき添われて、広場に連れ出されるであろう。そこでさまざまな儀式が執り行なわれたあと、まるで豚のように打ち殺されるであろう。〔……〕肉が切り刻まれ、彼らのやり方で火で焼いて調理されると、どれほどの人数がいても全員にもれなく分配されよう。内臓は女たちがみんなして食べる。頭は取っておいて竿の先につるし、勝利の印として住居の上に立てる。彼らはポルトガル人の頭を竿の先につるすときに特別な喜びを感じる。

（テヴェ 一九八二、三二一－四頁）

このテヴェによるトゥピナンバ人の「人食い」の報告は、スタデンの『本当の物語』とほぼ同じ内容であり、場所や日時が示されることなく、詳細ながらも一般論として記されている。また、人を解体しバーベキューにする様子を描いた木版画がある。これは、テーマ、題材、構図とも、当代きっての版画家・出版事業者セオドア・ド・ブライ（Theodor de Bry, 1528-98）による『本当の物語』の一五六二年版の挿し絵とおよそ同じである。ド・ブライは先行の『南極フランス異聞』の挿し絵をもとに『本当の物語』の「人食い」の様子を描いて、各国語版の『本当の物語』を出版したのだった。

テヴェとスタデンの報告は類似点が多いが相違点もある。スタデンの報告ではせいぜい数百人と思われる儀式の参加者が、テヴェの報告では一万人を超えると記されている。先のテヴェの一文は次のように続く。

それ以上に残酷なのがカンニバル人とマリニャン川沿岸の住民がスペイン人に対す

ハンス・スタデン『本当の物語』初版（1557年）の木版画による挿し絵。

『本当の物語』所収、セオドア・ド・ブライによる銅版画（1562年）。

るやり方である。彼らはほかに比べようもないぐらい残虐な殺し方をしてから、スペイン人を食べるのである。
歴史を調べても、どんな野蛮な国であれ、こんなに残酷な風習を持っていた国はほかに見あたらない。唯一の例外は、ヨセフスが書き記している事例で、ローマ人たちがイェルサレムに行ったとき、ひどい飢餓が生じ、なにもかも食いつくしたあげく、母親たちが、自分の子供を殺して食べるに至ったということである。またスキタイには食人族《アントロポファージュ》という民族がいて、このアメリカ人たちと同じように人間の肉を常食としていた。（同前三二四－五頁）

「母親たちが、自分の子供を殺して食べる」というのは、『旧約聖書』「列王紀下」第六章に書かれている戦下における惨状での「人食い」のことであり、スキタイの「食人族」とはヘロドトスの『歴史』に依拠したものである。そして「それ以上に残酷な」「カンニバル人とマリニャン川沿岸の住民」による「スペイン人に対するやり方」については、別の章で説明している。

ちょうどこのカンニバル人の土地にさしかかったところなので、彼らについて一言述べておこう。さて、この民族はサン・トーギュスタン岬からマリニャン川の近くにまでわたる地域に住んでいるのであるが、アメリカの他のいかなる土地の住民より残酷で非人間的である。この人非人たちはふだん、われわれが羊の肉を食うように、人間の肉を食うのであるが、もっとずっとうまそうにむさぼる。彼らがいったんある人間をつかまえたら、そのつかんだ両の手からその人間を取り戻すのは至難のわざである。飢えたライオンのように、人肉を食う欲望にもえたぎっているからである。

（同前四〇七頁）

マリニャン川とはアマゾン川の一部である。サント・アゴスティーニョ岬からアマゾン川河口までの南米大陸北東部の沿岸は、過去にヴェスプッチが訪れたところである。テヴェは、海上で「カンニバル人の土地にさしかかった」だけであり、その土地に上陸していなければ、土地の人とも会っていない。

カリブ人に関するテヴェの記述は、スタデンによる『本当の物語』に加え、チャンカ博士の「人間の肉は非常に美味で、これほどうまいものはこの世にないということであります」（一九六五、八六頁）やオビエードの「人間を食べるのも、フランスやスペインやイタリアで羊や牛の肉を口にするのと同じくらい、ごく普通のことなのである」（一九九四、一四七頁）をもとにしたのだろう。大アンティルのイスパニョーラ島に暮らしたオビエードは、テヴェとおなじく、小アンティルや南米大陸のカリブ人にあったことはないはずである。テヴェの『南極フランス異聞』には、「アマゾン族」に関して一章があてられているが、それは、ギリシャ神話の「アマゾネス」とスペイン人探検家のフランシスコ・デ・オレリャーナ（Francisco de Orellana, 1511-46）がアマゾン川を探検したときの話を混然一体にした摩訶不思議な内容が書かれている。

現在では荒唐無稽とおもえる『南極フランス異聞』であるが、新しい知識を渇望する当時のヨーロッパの世情と見事に一致した。『南極フランス異聞』の出版によってテヴェはまとまった財産を得るとともに、王室歴史編纂官、王室地誌編纂官、王室蒐集品管理官といった役職につきフランスにおける世界地誌の権威になった。

フランス人のド・レリー（Jean de Léry, 1534-1613）による『ブラジル旅行記』（*Histoire d'un voyage fait en la terre de Brésil*, 1578）に「アメリカ人は戦争捕虜をいかに遇するか、また彼らを殺して食う際に行われる儀式について」という章がある。レリーによるトゥピナンバ人の「人食い」についての内容は、スタンデンの『本当の物語』およびテヴェの『南極フランス異聞』とほぼ同じである。レリーは一五五七年に、ジュネーブ協会が送った植民者としてブラジルに入るが、現地の提督と対立し、植民地を離れ、仲間とともにトゥピナンバの村に暮らし、十カ月ほどのブラジル滞在の後にフランスに帰国した。

フランスに帰国したレリーは、カトリックとプロテスタントのカルバン派が争う「ユグノー戦争」（一五六二～九八）の中にカルバン派牧師として身をおいた。一五七二年八月二十四日未明にパリでカトリック教徒が三〇〇〇人以上のプロテスタントを虐殺した「サン・バルテルミの虐殺」が発生すると、その二年後にレリーは『サンセール包囲戦の記録』（*Histoire mémorable du siège de Sancerre*, 1574）を著した。そして、帰国後二十年近くたってからようやく出版されたのが、『ブラジル旅行記』である。スタデンの『本当の物語』［1557］やテヴェ『南極フランス異聞』［1558］の後であり、レリーは、それらの先行本を読んでいた。そして、レリーが『ブラジル旅行記』を執筆した動機は、テヴェのあまりに粗雑なブラジル紹介に耐えられなかったからである。レリーは自分の書物について「これは確かな知識に基づいて、つまりこの目で見、体験したこと、いやおそらく今まで誰も私ほど突込んで観察したことのないこと、ましてこれについて書かれたものは何もない」（一九八七、五〇頁）と記している。

レリーの「人食い」の記録には、テヴェの一般論的な記録とは違い、日付こそはないものの、実在の地名などが挙げられている。特に好奇なまなざしで書かれたものではなく、彼の地の人々の暮らしを気候や自然とともに冷静に書き綴ったものだ。フランスの文化人類学者レヴィ＝ストロースは『悲しき熱帯』（*Tristes Tropiques*, 1955）のなかで、レリーの『ブラジル旅行記』を「民族誌文学の傑作」と評している（一九七七、一二八頁）。また、スタデンの『本当の物語』、テヴェの『南極フランス異聞』、レリーの『ブラジル旅行記』のいずれにも、トゥピナンバ人のシャーマン「カライバ」が登場する。

レリーは、『ブラジル旅行記』の「人食い」について書いた章において、「人肉を（世の言い方に従えば）実際に食い咀嚼するという獣的行為を問題にするというのであれば、こちらの側のあちこちでそういうことが果してなかったであろうか。それもキリスト教徒の肩書付きの者たちの間で」（一九八七、二三六頁）と前置きしたうえで、「ユグノー戦争」の最中、パリの「サン・バルテルミの虐殺」を機にフランス各地に広がったカトリック教徒によるプロテスタントへの殺戮、そしてフランス人がフランス人に対しておこなった「人食い」をとりあげている。

それに、何も遠方まで探しに行かずとも、このフランスはどうだというのか。(私はフランス人だ、それがこんなことを言うのは胸が潰れる思いがするが)、一五七二年八月二十四日パリで始まったあの血塗れの悲劇の間に、責任のない人まで糾弾する気はさらさらないが、王国全土において犯された語るもおぞましい数々の振舞いの中でも、(リオンの町で、ソーヌ河から引上げられた未開人のやり方以上に野蛮で酷薄なやり方で殺害された)人々の脂肪が、一番高い値をつけて競り勝った者に公然と売り渡されたではないか。何人かの死体から取った肝臓や心臓やその他の部分を、狂い騒ぐ殺戮者たちが食ってしまったではないか。地獄も震撼する振舞いとはこのことだ。（レリー一九八七、二三六頁）

レリーは『ブラジル旅行記』十五章を次の言葉で締めくくっている。

右のような次第であるから、どうか今後は、食人未開人〔androphages〕、すなわち人間を食う未開人のことを、闇雲に忌み嫌わないでいただきたい。まったく、もうおわかりのとおり敵対部族にしか襲いかからない彼ら同様の、いやそれより悪質で一層憎むべき徒輩がわれわれの中にいて、この連中は己が肉親、己が隣人、己が同胞の血に塗られているのだから、何もはるばるアメリカくんだりまで行って、奇々怪々自然の理を超えたことを見ようとするまでもないのだ。（同前二三七頁）

フランス人のレリーが、ラテン語で記されたマルティルの『新世界十巻の書』［1511-］を読んだかどうかはわからないが、このレリーの一節には、彼らと自分たちの文化に違いはあれど、その価値に上下はないとするペドロ・マルティルと共通する文化相対主義的な視点がある。このレリーの一節が、彼と同世代の思想家モンテーニュを突き動かし、さらには、ルソーの「子ども観」形成へと繋がることになる。

十四、ブラジルとカリブを繋ぐもの

トゥピナンバ人の「人食い」の記録は、ブラジル入植の最初の五十年に集中し、その後は見当たらず、十六世紀末にトゥピナンバ人そのものが消滅した。筆者は、セバスティアン・ミュンスターが『宇宙誌』［1544］に掲載した「人食い人種・カニバル」の地としてブラジルを記した地図が、十六世紀半ば以降のブラジルの「人食い人種・カニバル」の「発見」を誘発したものと考える。

現在、トゥピナンバ人の「人食い」については、「実際にあった」とする理解が、ブラジル研究者の間では大勢を占めているようである。先述したブラジルの人類学者エドゥアルド・ヴィヴェイロス・デ・カストロは、初期の宣教師の人食いの記録を事実だという前提をたてたうえで、人食いの慣習の消滅とキリスト教への改宗が同時期に進んだのは、ともに他者をとりこむことにより新たな力を得ることだったと考察した（二〇一五［2002］）。米国のマーヴィン・ハリスも、トゥピナンバ人の「人食い」については、「実際にあった」としたうえで、トゥピナンバ人が、ヨーロッパ人との接触後まもなく「人食い」をやめた理由を経済学や栄養学の観点から説明している（一九九〇［1977］）。

一方、スタデン、テヴェ、レリーの三人が記録した「人食い」の概容は、ほぼ同じであるとともに、その信憑性は先に説明したようにあまり高いとは言えない。そして、「捕虜を育てて食べる」「鍋に入った人頭」「共食の儀式」などコロンブス一行が伝えた小アンティルのカリブ人の「人食い」の習慣とも似ている。この点についてアメリカの文化人類学者W・アレンズは『人喰いの神話』［1979］において、以下のように述べている。

歴史的証拠の第三者による確認という問題を扱うとき、もし他により妥当な説明が可能であるならば、複数の著述家が互いに内容を写しあっていたという考え方を、軽々に容認すべきものではない。しかし、この例では、公刊された資料の特異な内容と、言語の問題とを考え合わせると、数種の資料が口を揃えていることの説明として、剽窃が最も簡単で、しかも可能性の高いものだという結論が導かれる。

つまり、このトゥピナンバ族の場合、私達が取り扱っているのは、恐らく食人についての一連の文献資料なのではなくて、頼りにならないひとつの証言をもとにして、それがほとんど逐語的に、目撃譚と称する他の文献報告に繰り込まれたものだろうと思われるのである。（アレンズ一九八二、三七－八頁）

スタデン、テヴェ、レリーが記録したブラジル最初期の植民地があった現在のサン・パウロやリオ・デ・ジャネイロあたりと、コロンブスの一行が「カニバル」が住むとしたカリブ海小アンティルとは、五〇〇〇キロメートル以上離れている。五〇〇〇キロメートルとは、東京から西へいくとブータン、南にいくとオーストラリア北部にとどく距離である。

小アンティルのカリブ人はカリブ人アイデンティティをもったアラワク語族（アイランド・カリブ）であり、トゥピナンバ人はトゥピ語族である。小アンティルのカリブ人とブラジルのトゥピナンバ人の間にハンモックやキャッサバ芋の毒抜き法など共通する文化があるのは確かだが、「人食い」の仕方まで共通していたのだろうか。

コロンブス一行が新世界にやってきたとき、タバコの栽培とそれを愛好する文化は、すでに北米大陸、中米地峡、南米大陸、カリブ海諸島に広がっていた。今から一万五〇〇〇年ほど前にアジアから北米大陸に入ったモンゴロイドは、南へ移動し、中米地峡を経て南米大陸、そしてカリブ海諸島へと拡散した。タバコの原産地は南米大陸のアンデス山地である。コロンブス期にタバコが原産地のアンデス山地から、中米地峡、北米大陸、カリブ海諸島にまで広がっていたことは、先スペイン期にすでに全アメリカ大陸を繋ぐ人と文化の交流があったことを示している。タバコは、アメリカ大陸の各地で、薬草であり聖なるものとして、それぞれの地のシャーマニズムと一体化した。

十六世紀半ば、ノブレガ神父やアンシエタ神父といったブラジルに入植した最初のイエズス会宣教師は、先住民のトゥピナンバ人がシャーマンを「パジエ paje」と呼んでいたと記録している（植田 二〇一九）。十七世紀半ば、カリブ海小アンティルに最初に入植したドミニコ会の宣教師テルトル神父は、先住のカリブ人がシャーマンを「ボジェ boye」と呼んでいたと記録している。また、カリブ海小アンティルのカリブ人の子孫であり、一七九七年に中米ホンジュラスへと移送されたガリフナ人のシャーマンは、ガリフナ語で「ブジェイ buyei」と呼ばれる。ブラジルのトゥピナンバ人の「パジェ」、小アンティルのカリブ人の「ボジェ」、そして中米のガリフナ人の「ブジェイ」と、いずれのシャーマンにとってもタバコは大切な薬であり、精霊と交流する聖なるものなのである。

「人食い人種」が住むと恐れられ、ヨーロッパによる進出が遅れたカリブ海小アンティル諸島であったが、一六二〇年代になってイギリス人やフランス人が植民にやってくるようになった。次はカリブ海小アンティルに関する最初期の文字記録である『テルトル神父の博物誌』［1654］の中の一節である。

まだ生きている者は、勝利の証として彼らの国に連れていく。そして、十分に絶食させて、集会を開いて、縛り付けた囚人を連れ出し、千の罵声を浴びせる。そして、ボウトウで頭に一撃をくらわすかのようなふりをして、強がる。あわれな犠牲者は、何事もないかのような表情をして、驚くことなく耐える。そして、相手の父親の肉を食べたのだと誇らしげに語る。食べたら食べ返してやるぞ、自分にはこの復讐をはらす親たちや仲間がいるんだぞ、という。すると、それまで続けられてきた暴行が止む。結局、最も年長者がボウトウで頭に一撃をくらわして、他の者たちがとどめをさす。殺す前には十分に暴行するが、その後は、さらなる残虐は我慢して控える。たとえ、男たちにそれをする権限があったとしても、女たちの同意なく行うと、あらゆる地獄の拷問に耐えなければならない。

殺した後は、手足を外して、ナイフで皮や肉を剝ぎ、鎌で骨を切り裂く。手足を大きなブコン［boucan、肉を焼くための木製の棚］において、その下に大きな炭火を焚く。相手が気を失う前に、そのおぞましい光景を見せつけて、そこで死ぬのだと分からせる。

おいしく肉が焼けたら、最も権威のある者が、焼けた心臓を食べる。女性たちに足が取り分けられる。他の者たちが、残りの部分を平らげる。彼らは、食欲ではなく、憎しみによって、その肉を食べる。味わうのではない。その忌まわしい食事のあと、ほとんどの者が、体調を崩す。

驚くべきことは、敵の肉を食べる時の女たちの怒りとむさぼり様である。彼女たちは、噛みつき、咀嚼する。何かの棒に脂が垂れると、その棒をすぐに舐める。肉の全てを食べつくすために。集会で肉を食べた後、家で食べるように各自が肉を持ち帰る。

（テルトル二〇二〇b、一二八頁）

この「人食い」の記述は、テルトル神父の実見を保証するような具体的な場所、日時、人を特定する材料がなく、カリブ人世界の一般論として書かれている。ここに記された内容は、スタデン、アンシエタ、ブラスケス、テヴェ、レリーが十六世紀半ばに報告したブラジルのトゥピナンバ人の習慣とも似ている。十七世紀を生きたテルトル神父は、十六世紀のトゥピナンバ人に関する記録を読んでいたかもしれない。先述のように、トゥピナンバの習慣が記録されたブラジルと小アンティルとの距離は五〇〇〇キロメートル以上離れており、一つの文化圏とは言い難い。また、テルトル神父は「好奇心のある方の満足をかなえるためにこの本を書いたのではない」と序説に書くほど、読者が好奇な視線で、自らの文章を読むことを知っていた。テルトル神父は、読者におもねて「人食い」の話を捏造したのだろうか。

一方、南米大陸の大西洋沿岸は長い距離にもかかわらず文化的差異が少なかったといわれており、小アンティルのカリブ人とブラジルのトゥピナンバがよく似た「人食い」の習慣をもっていた可能性も否定はできない。トゥピナンバ人がいたブラジルのリオ・デ・ジャネイロ付近とカリブ海小アンティルの中間地点にあたるブラジル北部のサルバドール市付近に、一五四九年に滞在していたイエズス会宣教師ファン・デ・アスピリクエタ・ナバロ神父（1522?-1557）の記録にも、短いながら「人食い」の目撃譚がある（ハリス 二〇〇一、二九八頁）。そして、テルトル神父の著作全体の記述の正確性からみて、「人食い」の部分だけが実見のない創作とは考えづらい。イタリアの研究者ラジョイアや、日本のカリブ海研究者の江口信清がテルトル神父の著作を読み、詳細に事実が書かれたものと評価しているが、ことさら「人食い」を取り上げての評価はしていない。筆者には、この記述がテルトル神父の実際の目撃によるものか、それとも何かしらの創作が加えられているのか判断しかねる。

アレンズは、植民地期初期のカリブ海諸島やブラジルを含めた古今東西の「人食い」を調べあげ、初期の探検家や宣教師の記録には信憑性がないとし、より信憑性のある映像記録や人類学者による民族誌には人食いの記録が見当たらないことから、「私は今では、社会的に受け入れられた慣習として食人が存在したことは、時代と場所を問わず、なかったのではないかと考えるようになっている」（一九八二、九頁）と述べている。ただし、アレンズの議論の目的は、ヨーロッパによる非ヨーロッパ社会に対する偏向的な視線のもとにいかに「神話」がつくられていったかを明らかにすることであり、人食いがあったか、なかったかを明らかにすることではない。

一九七九年にアレンズが『人喰いの神話』を著した六年後、ハリスが、アレンズへの反論を意図した『食の文化の謎』［1985］を著した。ハリスは、初期のイエズス会宣教師によるトゥピナンバ人の「人食い」の記録に、アンシエタ神父の記録に加え、一五五七年に書かれたアントニオ・ブラスケス神父の記録も紹介し、「もしトゥピナンバ族が実際には食人をおこなっていなかったのなら、イエズス会士たちは、たちの悪い噂話に簡単にひっかかるお人好しだっただけでなく、途方もない嘘つきだったことになる。わたしは、アレンズが言うように、かれらがたがいに嘘をつきあい、ローマの上司に嘘をつき、五〇年以上ものあいだ一人の正直者も抗議の一言もなく嘘をつきつづけた、とはとても信じられない」（二〇〇一、三〇〇－一頁）という。

アレンズとハリスは、ともに米国の文化人類学者であるとともに、米国文化人類学会のなかで孤立した存在として知られる。当時一九八〇年頃の米国文化人類学会では「人食い」という研究テーマ自体が際物《きわもの》であり、まともな考察対象とみなされていなかったのである。アレンズの『人喰いの神話』とハリスの『食と文化の謎』は、一般の読者層にむけた教養書として書店の店頭に並べられ商業的成功をおさめた。

十五、ブラジル、アンドラーデの「人食い宣言」

一九二八年五月、ブラジルのサン・パウロで芸術誌『人食い雑誌』(*Revista de Antropofagia*) が創刊された。創刊号には雑誌の主宰者で小説家・批評家のオスワルド・デ・アンドラーデ (Oswald de Andrade, 1890-1954) による「人食い宣言」(Manifesto Antropófago, 1928) が掲載されている。

ポルトガルの植民地として歴史がはじまり、やがて独立したブラジルだが、フランスがブラジルに与えた影響は大きい。十六世紀、ブラジル文化の基層となるキリスト教を伝えたイエズス会は、パリ方式の学問をブラジルに移植した。また、フランスは、リオ・デ・ジャネイロ近くに南極フランス入植地を建設している。時代が下りポルトガルが没落する一方、フランスは、啓蒙の世紀、フランス革命を経て、十九世紀にはブラジルの知識人の憧れとなり、フランスの学校制度や都市計画がブラジルに移植された。サン・パウロの裕福な家庭で生まれ育ったアンドラーデは、二十代から三十代にかけて、フランスをはじめとするヨーロッパの国々をめぐりながら過ごした。

彼が体験した二十世紀初頭のヨーロッパは、前世紀から続く、原初的、野性的なものをヨーロッパの外に求めるプリミティヴィズム、エクゾティシズムに加え、伝統的価値の破壊をめざすアヴァンギャルドが台頭した時代である。「未来派宣言」(一九〇九)、「ダダ宣言」(一九一八)、「シュルレアリスム宣言」(一九二四) と、いくつもの宣言が書かれ、それを掲げる雑誌が創刊された。こうして前衛的な芸術運動が次々に立ち上がり、実態となって、拡大した。

　二十世紀初頭のブラジルでは、コーヒーの輸出を軸に経済が発展し、社会の近代化が進んだ。第一次世界大戦（一九一四〜八）によりヨーロッパ社会全体が低迷するなか、ブラジルは、ヨーロッパに追いつき追い越すことが国家的テーマになった。こうしたなかで現れた運動が、ヨーロッパとの同化を目指す「モデルニスモ Modernismo」である。

　一九二二年五月、フランス、パリへの留学経験をもつ芸術家たちを中心に「近代芸術週間 Semana de Arte Moderna」がサン・パウロで開催された。絵画、彫刻、建築などの作品が展示され、詩の朗読会や音楽の演奏会もおこなわれた。ブラジルがヨーロッパに追いついたことが確認されると、次はヨーロッパを越えた「何か」になることがブラジ

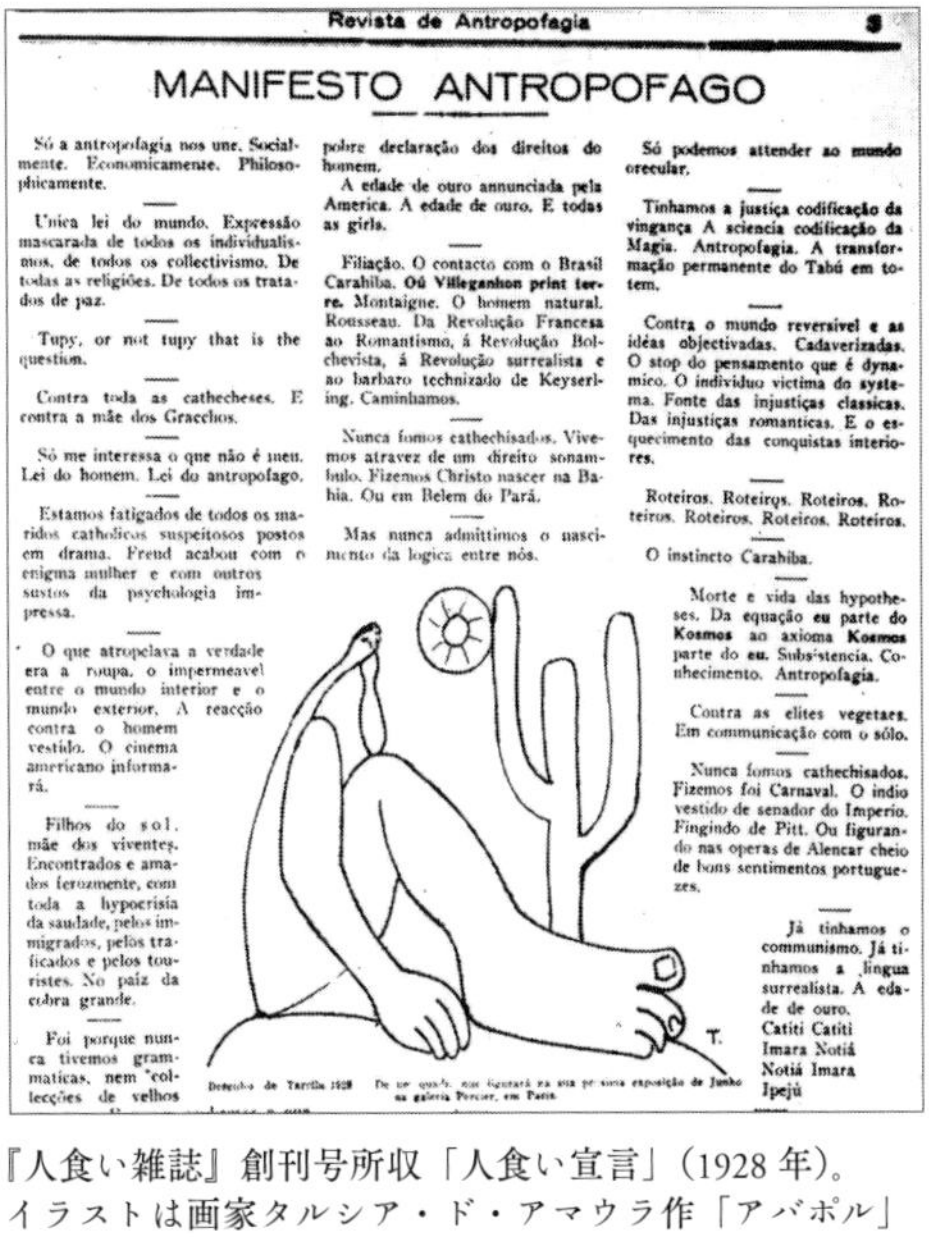
Revista de Antropofagia　3

MANIFESTO ANTROPOFAGO

Só a antropofagia nos une. Socialmente. Economicamente. Philosophicamente.

Unica lei do mundo. Expressão mascarada de todos os individualismos, de todos os collectivismo. De todas as religiões. De todos os tratados de paz.

Tupy, or not tupy that is the question.

Contra toda as cathecheses. E contra a mãe dos Gracchos.

Só me interessa o que não é meu. Lei do homem. Lei do antropofago.

Estamos fatigados de todos os maridos catholicos suspeitosos postos em drama. Freud acabou com o enigma mulher e com outros sustos da psychologia impressa.

O que atropelava a verdade era a roupa, o impermeavel entre o mundo interior e o mundo exterior. A reacção contra o homem vestido. O cinema americano informará.

Filhos do sol, mãe dos viventes. Encontrados e amados ferozmente, com toda a hypocrisia da saudade, pelos immigrados, pelos traficados e pelos touristes. No paiz da cobra grande.

Foi porque nunca tivemos grammaticas, nem collecções de velhos

pobre declaração dos direitos do homem.

A edade de ouro annunciada pela America. A edade de ouro. E todas as girls.

Filiação. O contacto com o Brasil Carahiba. **Oú Villeganhon print terre.** Montaigne. O homem natural. Rousseau. Da Revolução Franceza ao Romantismo, á Revolução Bolchevista, á Revolução surrealista e ao barbaro technizado de Keyserling. Caminhamos.

Nunca fomos cathechisados. Vivemos atravez de um direito sonambulo. Fizemos Christo nascer na Bahia. Ou em Belem do Pará.

Mas nunca admittimos o nascimento da logica entre nós.

Só podemos attender ao mundo orecular.

Tinhamos a justiça codificação da vingança A sciencia codificação da Magia. Antropofagia. A transformação permanente do Tabú em totem.

Contra o mundo reversivel e as idéas objectivadas. Cadaverizadas. O stop do pensamento que é dynamico. O individuo victima do systema. Fonte das injustiças classicas. Das injustiças romanticas. E o esquecimento das conquistas interiores.

Roteiros. Roteiros. Roteiros. Roteiros. Roteiros. Roteiros. Roteiros.

O instincto Carahiba.

Morte e vida das hypotheses. Da equação **eu** parte do **Kosmos** ao axioma **Kosmos** parte do **eu.** Subsistencia. Conhecimento. Antropofagia.

Contra as elites vegetaes. Em communicação com o sólo.

Nunca fomos cathechisados. Fizemos foi Carnaval. O indio vestido de senador do Imperio. Fingindo de Pitt. Ou figurando nas operas de Alencar cheio de bons sentimentos portuguezes.

Já tinhamos o communismo. Já tinhamos a lingua surrealista. A edade de ouro.
Catiti Catiti
Imara Notiá
Notiá Imara
Ipejú

『人食い雑誌』創刊号所収「人食い宣言」（1928年）。
イラストは画家タルシア・ド・アマウラ作「アバポル」
（abaporu トゥピ・グアラニ語で「食べる人」の意味）。

ルの目標になった。

こうしたなか、アンドラーデは、ブラジルの独自性、ナショナル・アイデンティティを、かつてあったといわれる先住民の習俗「人食い」に求めた。背景には、一八四〇年代から五〇年代に隆盛したブラジル文学におけるロマンチシズム「インディアニズモ Indianismo」がある。インディアニズモとは、消滅した先住民を礼賛し、彼らとの一体性を説くことによって「ブラジルらしさ」を創生しようとするものである。

インディアニズモを描いた小説の代表作とされるジョゼー・デ・アレンカール（José Martiniano de Alencar, 1829-77）の『イラセマ』（*Iracema*, 1865）は、パジェー（シャーマン）の娘と白人戦士との愛の物語であり、先住民と白人との「霊的結合」により「ブラジル」が誕生したとする建国神話である。文化人類学者の古谷嘉章は「インディオは『魂・精神』として表象されることによって、実在の指示対象をもたない自由に操作できる表象となった」（二〇〇一、九二頁）という。アンドラーデは「人食い」のアイディアを、ニューヨーク・ダダの詩人であり画家のフランシス・ピカビア（Francis Picabia, 1879-1953）による「カニバル宣言」（Manifeste Cannibale, 1920）から得た。

アンドラーデの「人食い宣言」は、同時代の前衛芸術運動の宣言と共通するところが多い。相互関係の薄い五十二の断章からなり、ある程度の韻律をふみながらもはっきりとした形式はみあたらない。内容は挑発的であり、固有名詞が多くその説明が欠如している。美学者の居村匠は、アンドラーデの「食人宣言」の特徴として、反カトリック、反植民地主義、反論理をあげている（二〇一九a）。以下、アンドラーデの「人食い宣言」から、本書の問い「ルソーにとって『人間』とは何か」に関わる部分を取りあげ、その読解を試みる。

人食いだけが我々を一つにする。

（断章一より）

「人食い」の原語は、ギリシャ語の「食べる人」に由来する「アントロポファジア antropofagia」である。先行するピカビアの「カニバル宣言」との重複を避けたのだろう。「我々」とはブラジル（人）のことである。つまり「人を食べるということが、唯一、ブラジル人をブラジル人にまとめる方法である」という意味になる。

トゥピか、トゥピでないか、それが、問題だ。

（断章三）

シェイクスピアの『ハムレット』の台詞「生きるべきか死ぬべきか、それが問題だ」(To be, or not to be, that is the question) をオマージュし、To be を Tupy に替えている。「トゥピ」とは、ブラジル全土に居住域が広がる言語族である。ただし、ここでいう「トゥピ」は現在も生きるトゥピ語族の人々ではなく、十六世紀に幾人かの植民者によって「人食い」が記録されたトゥピナンバ人のことであり、それから想像された「高貴な野生人」

のことである。アンドラーデは「我々ブラジル人は、幻の人食い人種トゥピナンバである」というのである。

私のものでないものだけが、私の興味を惹く。

（断章五より）

十六世紀フランスの思想家モンテーニュは、敵を食べることは敵の力を自らのものとすることだとした。「私のものではない」は「敵」を示し、パリに代表されるヨーロッパが想定されている。この一文は「我々は敵であるヨーロッパの文化と芸術を取り込む」という意味になる。

我々はカライバ革命を欲する。フランス革命より大規模に。

（断章十一より）

「カライバ」とは、「人食い」とされるトゥピナンバ人の精霊である。「ブラジルは、人食いの精霊と一体化することにより、フランス革命よりも大規模かつ根本的な革命をおこす」という意味になる。

血統。カライバのブラジルとの接触。ヴィルガイニョン。モンテーニュ。自然状態の人間。ルソー。フランス革命からロマンチシズム、ボルシェヴィキ革命、シュル

レアリスム革命、技術的な野蛮人カイザーリングまで我々は進む。（断章十二）

「血統」とは文化の系譜を表わすのだろう。「カライバのブラジルとの接触」は、「トゥピナンバ人の精霊がブラジルという国になった」という意味か。「ヴィルガイニョン」は十六世紀のフランス植民地「南極フランス」の指揮官。「モンテーニュ」は十六世紀フランスの思想家。彼は随筆『エセー』に「カニバルについて」の章を立て、「カニバル人」を「エデンの園」に暮らす「自然状態の人間」に近いものとみなした。「ルソー」は十八世紀フランスの思想家である。ルソーは、本書でもたびたび論じているように、モンテーニュの「カニバルについて」をもとに「人間」と「自由・社会」の関係を構想し、その思想が「フランス革命」を導いた。「ロマンチシズム」は、革命後のフランスで開花した芸術運動であり、ブラジルの近代文学を形づくった。「ボルシェヴィキ革命」はロシア革命のことである。「シュルレアリスム革命」は、パリの最新の前衛芸術運動である。「カイザーリング」は気鋭の哲学者ヘルマン・カイザーリングのことだ。つまり、「断章十二」を要約すると、「我々ブラジル人は、人食いであり、すでにフランスの歴史と文化を食べ終え、我がものとした」となろう。

我々はけっして教化されていない。我々は夢遊の権利をもって生きている。我々はバイーアにキリストを誕生させた。もしくは、パラのベレンに。（断章十三）

ブラジルの歴史はキリスト教宣教にはじまり、彼らの大半がキリスト教徒である。「夢遊」は、「我々はけっして教化されていない」は、ブラジルの常識的歴史観の全否定である。「夢遊」は「知性」の対義語である。「我々夢遊の権利を通して生きている」という意味となる。「ブラジルは、ヨーロッパ人には、およびもつかない別な論理で生きている」という意味となる。「バイーア」は北東部の州である。ブラジル初の司教区がおかれ、アフロ系宗教のカンドンブレ（Candomblé）が発達した地域だ。「パラのベレン」とはパラ州の州都ベレンであり、ベレンの名はキリストの生誕地ベツレヘムに因む。「断章十三」は、「ヨーロッパは、ブラジルをキリスト教化したつもりのようだが、そんなことはなく、我々は、我々である。そして、ブラジルにキリストが生まれた」の意味になる。

アンドラーデの「人食い宣言」について先述の古谷嘉章は、『「もはや消滅したインディオの魂」を都合よく操作」（二〇〇一、一〇〇頁）したものだといい、居村匠は、「ブラジルのインディオのかつての食人習慣をモチーフとすることで、流入してきた西洋文化を批判し、新しいブラジル文化を構想」（二〇一九b、六一頁）したのだとする。そしてブラジル美術史を専門とする都留ドゥヴォー恵美里は、「食人のもつ恐ろしさや野蛮さをそのまま引き受け、あえてブラジル性の証として掲げ」（二〇一九、一二頁）ることにより、「『プリミティブ』に憧れるヨーロッパより、ある意味でより上位に置こうとした試みだった」（同四〇頁）と論じる。アンドラーデは、ヨーロッパが貼り付けた負のレッテルを、あえてブラジルの証として示すことにより、逆説的に設定される「究極の野蛮」＝「最高の高貴」の地位を得ようとしたのである。

一九二八年にはじまったアンドラーデの「食人運動」は、不安定なブラジルの政情のなか翌二九年に終わるが、彼の「人食い思想」は後代に引き継がれ、一九六〇年代後半のブラジルの芸術運動「トロピカリア／トロピカリズモ Tropicália / Tropicalismo（熱帯アイデンティティの希求）」として開花した。また、ブラジルが、世界のさまざまな国から移動してきた人々を受け入れ、彼らの文化を吸収することにより、自分たちの文化を形成してきたことも、アンドラーデの「人食い運動」の成果といえるかもしれない。ただし、ブラジルの歴史では、先住民は表象において扱われるばかりで、実際には、等閑視、同化、差別、殲滅の対象であり続けたことは指摘されなくてはならない。

現在のブラジルにおいて、かつて先住民が「人食い」をしていたと考えることは、特に奇異なことではなく、むしろ国民的な常識になっているようである。先に言及した現代ブラジルの文化人類学者エドゥアルド・ヴィヴェイロス・デ・カストロが「人食いは実際にあった」という前提のもとに、すでに消滅したトゥピナンバ人の宗教観を探求するのは、先代のアンドラーデが興した「人食い運動」に端を発しているとみることができよう。

十六、モンテーニュの「人食い人種（カニバル）について」

十六世紀前半、ローマ・キリスト教からプロテスタント諸派が分かれ出た。十六世紀後半のフランスはカトリックとプロテスタントが争う「ユグノー戦争」（一五六二－九八）に明け暮れていた。フランスの思想家ミシェル・ド・モンテーニュ（Michel de Montaigne, 1533-92）は、「まだ十分に感覚の残っている肉体を責苦と拷問で引き裂いたり、じわじわと火あぶりにしたり、犬や豚に嚙み殺させたりするほうが、（われわれはこのような事実を書物で読んだだけでなく、実際に見て、なまなましい記憶として覚えている）」（一九六五、四〇四頁）とフランスでおこなわれた殺戮の状況を記している。こうしたなか、モンテーニュは「正義とは何か、野蛮とは何か」、という哲学的な問いに真摯に向きあおうとしたのである。

モンテーニュは、人間の普遍性と理想を、一四九二年に「発見」されてほどない新世界に求めた。ド・レリーが『ブラジル旅行記』［1578］を出版して間もない、一五七九年頃、四十代半ばのモンテーニュは、ライフワークとしてはじめた『エセー』の一つの章として「人食い人種（カニバル）について」（Des Cannibales, 1580）を書いた。モンテーニュは「カニバル人」に関して、ブラジルに住んでいたことがあるという使用人から聞いていた。新大陸への渡航経験のないモンテーニュが、キャッサバ・パンのことと思われる「パンのかわりに何か白いもの」を「私も試みに食べてみた」（一九六五、四〇一頁）というから、モンテーニュの使用人はブラジル土産のキャッサバ・パンをモンテーニュに渡したのだろう。乾燥したキャッサバ・パンは何カ月も保存がきく。また、モンテーニュは、「人食い人種（カニバル）について」を書く一七年ほど前の一五六二年に、ブラジルからやってきてフランス国王シャルル九世と接見した三人のトゥピナンバ人に会っている。

モンテーニュは、コロンブス以来、「野蛮」の典型とされた「カニバル人」に関する議論を始めるにあたり、次のように自らの視座を示している。

> さて、話を元に戻すと、新大陸の国民について私が聞いたところによると、そこには野蛮なものは何もないように思う。もっとも、誰でも自分の習慣にないものを野蛮〔barbare〕と呼ぶなら話は別である。まったく、われわれは自分たちが住んでいる国の考え方や習慣の実例と観念以外には真理と理性の尺度をもたないように思われる。だがあの新大陸にもやはり完全な宗教と完全な政治があるし、あらゆるものについての十全な習慣がある。彼らは野生〔sauvage〕である。われわれが、自然がひとりでに、その自然な推移の中に産み出す成果を野生と呼ぶのと同じ意味において野生である。
>
> （一九六五、三九八頁）

コロンブスにはじまる「カニバル」言説は、究極の「野蛮」イメージとして「人食い」をつかい、それを「カニバル」という語に結び付けたものである。一方、モンテーニュは、この文の後に「カニバル人」の「人食い」を紹介しようとしているにもかかわらず、彼らを、「野蛮人」とはみなさない。モンテーニュは、自分たちがみて「野蛮」にみえようとも、彼らは彼らの基準にもとづいて、それをしているのであり、「野蛮」と呼びうるものではないという。そして、モンテーニュは、カニバル人は、「野蛮」なのではなく、「自然」にもとづいた「野生」だという。そして、「人食い」の状況を次のように描写する。

各人は戦勝のしるしに、殺した敵の首を持ち帰り、自分の家の戸口にかけておく。そして捕虜を長い間十分にもてなし、思いつく限りの便宜を与えたあとで、主人公が自分の知合いを大勢招集する。彼は捕虜の一方の腕に綱をつけて、飛びかかってくるといけないから数歩離れて立って綱の端を握り、自分のいちばん親しい友に捕虜のもう一方の手を同様にして持たせる。そして二人で皆の前でこれを突き殺す。それが終わるとこれを火あぶりにし。皆で一緒に食べ、来なかった人々にはその肉片を届けてやる。これはわれわれが考えるように、昔のスキュティア人がしたように、滋養にするためではなくて、ただ最上の復讐を表わすためである。

（同前四〇三–四）

ここに書かれていることは、概要においてスタデン、テヴェ、レリーが記述した「人食い」の情景と同じであるが、スタデン、テヴェ、レリーの記述では、具体的な屠殺方法が棍棒による頭部への打撃であるのに対して、モンテーニュのそれは、綱をつかって身体を拘束し、槍かなにかで突き殺す方法である。そしてモンテーニュはこう綴る。

私は死んだ人間を食うよりも、生きた人間を食うほうがずっと野蛮だと思う。まだ十分に感覚の残っている肉体を責苦と拷問で引き裂いたり、じわじわと火あぶりにしたり、犬や豚に嚙み殺させたりするほうが、(われわれはこのような事実を書物で読んだだけでなく、実際に見て、なまなましい記憶として覚えている。それが昔の敵同士の間でなく、隣人や同胞の間におこなわれているのを、しかもなおいけないことには、敬虔と宗教の口実のもとにおこなわれているのを見ている。)死んでから焼いたり、食ったりすることよりも野蛮であるとおもう。〔……〕理性の法則からみて彼らを野蛮であるということはできても、われわれにくらべて彼らを野蛮であるということはできない。(同前四〇四 - 五)

モンテーニュは名を挙げてはいないが、この文を書く直前に出版されたド・レリー『ブラジル旅行記』[1578]のなかのトゥピナンバ人に関する文化相対主義的な一文をみつけ、それに触発されたとみて間違いないだろう。裕福な家に生まれ、若くして公職を辞し、思索と文筆の道に入っていた四十代のモンテーニュは、フランス語で出版された

『ブラジル旅行記』をいち早く手に入れて読んだことだろう。モンテーニュが紹介する彼の地での人々の暮らしや「人食い」の方法は、レリーが書き記したトゥピナンバ人の報告と一致する。そして何より、思想史上の最大の特徴である文化相対主義的な視点は、レリーの「彼ら同様の、いやそれより悪質で一層憎むべき徒輩がわれわれの中にいて」の文意と一致している。ラテン語を解した読書家のモンテーニュであるから、マルティルが書き残した「高貴な野生人」のエピソードを含め、コロンブス、チャンカ博士、オビエード、ヴェスプッチ、スタデン、テヴェといった数々の「人食い」の記録も読んでいたかもしれない。ただ、執筆のタイミングからして、レリーの『ブラジル旅行記』から、より直接的な刺激を受けて「人食い人種（カニバル）について」の執筆にとりかかったものと思われる。

モンテーニュは、ブラジルに住んだことのある使用人から「カニバル人」について聞いたといっても、具体的な地域名や民族名を示しているわけではない。セバスチャン・ミュンスター『宇宙誌』の南北アメリカ大陸の地図では、アマゾン川の南岸に Canibali の文字が記され、その南のブラジル中央部に大きく、人間の首や足を木の枝に吊るした挿し絵がある。モンテーニュの頭の中では、「世界の果て」のわりと近いところにカリブ海小アンティルとブラジルがあり、カリブ人とトゥピナンバ人についても区別なく、同じ「カニバル人」であった。

こうしてモンテーニュは、ブラジルのトゥピナンバ人の話をしながらも、コロンブス以来、カリブ海小アンティルのカリブ人をさしていた「カニバル」という語をもちいながら、「世界の果て」の「人食い人種」の話を展開したのである。

十七、モンテーニュの「楽園」と「子ども」

モンテーニュは「われわれ〔ヨーロッパ人〕はあらゆる野蛮さにおいて彼ら〔カニバル人〕をこえている」（一九六五、四〇五頁）という。どういう意味なのだろうか。

「この国にはいかなる種類の取引も、学問の知識も、数の知識もない。役人という名前も、政治家という名前もない。奴隷の使用も、貧富の差もない。契約も、相続も、分配も一切ない。遊んでいる以外には何も仕事がない。親に対する尊敬もすべての親に共通なものしかない。着物も、農業も、金属もない。葡萄酒も、麦も一切用いない。嘘、裏切、偽装、吝嗇、嫉妬、悪口、容赦等を意味する言葉も聞かれたことがない」と。〔……〕その上、彼らはきわめて快適で温和な国に暮らしているので、私の証人たちの語るところによると、病人を見かけることはめったにないそうである。（同前四〇〇頁）

と、アメリゴ・ヴェスプッチの『新世界』に記された「ヨーロッパの反対」のイメージを、ほぼそのまま踏襲している。カニバル人の戦争について、モンテーニュは次のようにいう。

彼らの戦争はあくまでも気高く、高潔で、この人間的病気がもちうる限りの美点と釈明とをもっている。彼らの間では、戦争は武勇への熱意ということのほかに何の動機もない。彼らは新しい領土を征服しようとして戦うのではない。なぜなら、働いたり骨折ったりしなくとも必要なものは何でも自然から豊富に授かり、境界を拡げる必要もないからである。彼らはいまだに自然の要求が命ずるだけしか欲求しないという幸福な状態にある。（同前四〇五頁）

モンテーニュは戦争をカニバル人ですらさけられない「人間的病気」としたうえで、彼らの戦争は、物欲でも、領土欲でも、征服欲によるものでもない、「美点と釈明」だという。そのうえで、カニバル人がおこなうという「人食い」を「最上の復讐を表すため」（同四〇四頁）と、彼らの「魂」に必要なものとして容認する。そして、「魂」のための「人食い」より、食欲、物欲、領土欲、征服欲によるヨーロッパの「人食い」のほうが「野蛮」だというのである。

モンテーニュは『エセー』所収の「人食い人種（カニバル）について」のなかで、「あの大陸の民族はほとんど知識の訓練を受けておらず、いまだに彼らのはじめの素朴さのごく近くにいる」（同三〇九頁）、「これこそ神がはじめに与えた暮らし方」（同四〇〇頁）、「神の手からつくられたばかりの人々」（同前）と記している。彼は「カニバル人」を、『聖書』が語る「エデンの園」に喩えて「楽園の住人」としつつも、「われわれとの交際から彼らの破滅が生じることも知らずに」（同四一一頁）と書いて、絶滅に向かう将来を予見した。モンテーニュは、「楽園の住人」が「楽園」を追われる運命を見通していたのである。そして、カニバル人同士による「戦争」「人食い」「野蛮」は、ヨーロッパ人がおこなうそれらにくらべたら、子どもじみたたわいもないものと見ていた。

十六世紀のスペインは、新世界からもたらされる金や銀によって繁栄した。スペイン発の「野蛮な人食い人種」を反転させて、「楽園の住人」として「カニバル人」を描いたモンテーニュの「高貴な野生人」は、野蛮人に野蛮なことをするスペイン人こそ野蛮人だという「黒い伝説 légende noire」の一様態としてフランス社会に受け入れられていった。

コロンブスに始まる「野蛮な人食い人種」言説とは、新世界の住民に「野蛮」のレッテルを貼りつけることによって、スペインを中心としたヨーロッパの「文明」という自己アイデンティティを強固にし、征服のための破壊と殺戮を「正義」として正当化するものであった。一方、モンテーニュをきっかけにフランスに定着した「高貴な野生人」言説は、新世界の住民に「高貴」のレッテルを貼りつけることによって、ヨーロッパ人が自分たちの「文明」を自己批判したものである。つまり、「野蛮な人食い人種」にしろ「高貴な野生人」にしろ、この両言説はあくまでヨーロッパ社会を映しだす「鏡」であって、新世界の住民の実態を表わすものではない。「野蛮な人食い人種」と「高貴な野生人」は互いに「合わせ鏡」となって実態からかぎりなく離れていったのである。

モンテーニュは「この国にはいかなる種類の取引も、学問の知識も、数の知識もない。役人という名前も、政治家という名前もない。奴隷の使用も、貧富の差もない。契約も、相続も、分配も一切ない。遊んでいる以外には何も仕事がない〔……〕嘘、裏切、偽装、吝嗇、嫉妬、悪口、容赦等を意味する言葉も聞かれたことがない」といって新世界の「カニバル人」を、ヨーロッパにはびこる「悪」や「不平等」とは無縁な「人間の理想像」とした。後にシェイクスピアは、モンテーニュのこの一文を『テンペスト』［1611］に引用して当時の王権社会を批判した。そして、この一文にある「遊んでいる以外には何も仕事がない」が、後にルソーが『エミール』でいう「かれの遊戯はかれの仕事なのだ」（一九六二、二七九頁）に繋がることになる。

モンテーニュは、『エセー』第三巻六章「馬車について」［1588］において「われわれの世界は最近、別の世界を発見した。〔……〕あまりにも新しく、あまりにも子供で、いまだにABCを教わっている。つい五十年前までは、文字も、重さも、寸法も、着物も、麦類も、葡萄も知らず、裸のままで、母の膝の上で、母から与えられるものだけで生きていた」（一九六六、二三七頁）といって、新世界そのものを生まれて間もない子どもになぞらえた。このようにモンテーニュが、新世界そのものやそこに住む「カニバル人」を生まれて間もない子どもになぞらえたことが、後のルソーの「子ども」観を形成するのである。

第二章 『人間不平等起源論』

一、ルソーの「教育案」と音楽劇『新世界発見』

第二章では、ルソーの思想の最初の帰結といえる『人間不平等起源論』［1755］に至るまでの若き日のルソーを見る。

ルソーは、『エミール』［1762］の執筆に「二十年の構想と三年の労力を要した」（一九六五b、一七一頁）という。『エミール』のおよそ二十年前といえば、二人の兄弟を相手にリヨンのマブリ家で家庭教師をしていた時期から、パリに出てデュパン夫人の世話を受けて音楽家として活動しはじめた二十八歳から三十歳にかけてにあたる。ルソーは、マブリ家で家庭教師をはじめてから半年ほどが過ぎたとき、雇主である憲兵隊長のマブリ氏に提出するため、一七四〇年に「サント＝マリ氏のための教育案」（以下「教育案」）を執筆している。ちなみにこの「教育案」は、ルソーの死後に残された書類のなかにあったもので、実際にマブリ氏に提出されたかどうかは不明である。しかし、この「教育案」から『エミール』に至る二十年間の構想のきっかけをみることができる。

ルソーは、一七一二年、時計職人の息子として、プロテスタントの牙城でありフランス語圏のジュネーブ共和国（現在はスイスの一部）に生まれた。自らの誕生とひきかえに母親を亡くし、父親とその妹に育てられた彼は、早くから読み書きを学び、七歳の頃には高度な小説や歴史書を読んでいた。十歳のとき、父親の決闘騒ぎによって孤児同然となり、牧師見習い、裁判所書記、彫金師見習いなどをしながらジュネーブ市内を転々とした。十五歳のとき、市の閉門時間におくれたのをきっかけに放浪に出る。十六歳で教会の司祭に保護されてカトリックに改宗し、貴族の未亡人バラン夫人宅で暮らす。ルソーは彼女の保護のもと、神学校や音楽学校に入り、邸宅の本をむさぼり読んだ。おそらくこの時代にモンテーニュの『エセー』を読んだのだろう。二十歳のころにはバラン夫人と男女の関係になるが、彼女の新しい愛人との衝突を避けて新たな逗留先にしたのが、マブリ家であった。『エミール』とその二十年前に書かれた「教育案」とでは、個人教育、教師の権威、体罰の否定、伝統的学問（修辞学、論理学、スコラ哲

ルソーの肖像（1753年）。
モーリス・カンタン・ド・ラ・トゥール
によるパステル画。

学）の否定、好奇心や自発性の重視、心情・判断力・精神の順に形成すること、といった共通点があるのは確かであるが、むしろ両者の相違点のほうが目立つ。設定については、『エミール』が架空の生徒の物語であるのに対して、「教育案」は当時六歳の実在の少年を対象にした教育計画である。教育の目的についても、『エミール』が「われわれがもっと良い人間、もっと自信のもてる人間になるため」（一九六五b、二〇三頁）であるのに対して、「教育案」は「学習の趣味を植えつけること」（一九八二、四三一頁）であり、少年を父親と同じ高級軍人にすることである。社交については、『エミール』では生徒は教師とだけ交流をもち、家庭や社会と隔絶されるが、「教育案」では「よく交際して人前で自由になること」（同四三〇頁）と交流の機会をできるだけもつように説いている。遊びについては、『エミール』では外遊びを推奨しているが、「教育案」では子ども部屋での遊びを推奨している。「習慣」と「躾」については、『エミール』では「子どもにつけさせてもいいただ一つの習慣は、どんな習慣にもなじまないということだ」（同七二頁）といって、皮肉をこめて「習慣」や「躾」を否定しているが、「教育案」では「悪習はどんな年齢でもそうですが、今の年齢ではとりわけ一層危険ですので、真剣に処置すべきときです」（同四二五頁）といって「習慣」と「躾」の大切さを説いている。『エミール』に頻出する「人間」や「自然」といった用語は、「教育案」には見当たらない。『エミール』の主張である「消極的な教育」や「自然の教育」については、「教育案」にはその萌芽すらなく、それどころか、六歳の少年にラテン語、歴史、地理、博物学、数学、美文学を教え込もうとしている。

「教育案」執筆の目的は、雇用主であるマブリ氏のご機嫌をとることであった。ルソーは、当時定評のあったロックの教育論を、あまり深く考えることなくまとめたのだろう。

後に『エミール』を出版したルソーは、『エミール』のなかの「サヴォワ助任司祭の信仰告白」が無神論的であると当局から問題視され、パリとジュネーブの当局から逮捕状が出された。逃亡者となったルソーが自身の弁明のために書いたのが『告白』（執筆一七六四－七〇、没後出版）である。ルソーは『告白』のなかで、マブリ家での家庭教師の経験を、「呑込みが悪いと、どなり散らし、意地悪をされると殺しかねないけんまく。これでは学問のある賢い子供を作れるはずがない。〔……〕忍耐と冷静さがあれば、うまくいっただろう。だが、その二つとも欠けていたため有益なことはなにひとつできず、生徒たちはたいへん悪くなっていった。〔……〕感情と理屈とかんしゃくという、子供にたいしてはつねに無益で、しばしば有害でさえあるこの三つの方法しか用いることを知らなかったのである。〔……〕わたしのしていたことは、まさにしてはいけないことばかりだったのである」（一九六五a、三八〇－一）と、失敗談だとしている。

一方、『告白』のなかに「教育案」は出てこない。『告白』執筆時のルソーにとって、マブリ家での家庭教師としての失敗は、後の『エミール』へとつながる自身の成長の過程ととらえることができたようだが、下世話な目的のために深く考えずに書いた「教育案」は、渾身の教育論『エミール』を書き上げた後のルソーにとっては、自らの経歴から消し去りたいものだったのだろう。結局、ルソーは、教え子との折り合いがつかず、またワインの盗み飲みがみつかり、一年ほどで家庭教師をしていたマブリ家を出ることになった。

この頃のルソーは『新世界発見』という音楽劇を書いている。一七三九年に着想され、一七四〇年か翌年に制作された寓意劇である。内容は、世界を制覇した「ヨーロッパ」と、文明と平和の使者としての「フランス」を序幕で讃えあげ、後半では、「コロンブス」が「部下」と「現地の娘」との結婚を認め二つの世界の結合を喜ぶという、ヨーロッパ中心主義の世界認識を示すものである。このように、ルソーは新世界への関心を示しつつも、その理解は凡庸かつ表層的なものであり、また、当時の体制の価値観に添うものであった。

二、ルソーの第一論文『学問芸術論』と「失楽園」

ヨーロッパでは、十六世紀頃から、かつての封建制下の分権的な状態にかわって、主権者の下に統合される国家が形成され始めた。十七世紀になると絶対王政下のイギリスやフランスにおいて、ありあまる富をもつ権力者がいる一方で、大多数の国民が貧しい暮らしを強いられているという不平等な社会への疑問が膨らんでいった。政府は重商主義のもと、経済振興に力を入れるなか、ブルジョアとよばれる都市の資本家たちが台頭し、彼らが貴族とともに文学、芸術、思想といった文化の担い手となっていった。思想家たちは不平等の問題を考えるために、神が創造した世界を「自然状態」とし、自由で平等に暮らす「自然人」が、どのような約束をして国家を作るのがよいのかを構想する「哲学上の思考実験」「社会契約説」を論じた。

社会契約説は、イギリスの清教徒革命期（一六四二〜九）に書かれたホッブズ（Thomas Hobbes, 1588-1679）の『リヴァイアサン』（*Leviathan*, 1651）によって開かれた。ホッブズは人間の「自然状態」を生存すらままならない弱肉強食の「万人の万人に対する闘争」と措定したうえで、社会契約によって強力な権限をもった国家をつくり、人びとは国家に服従すべきだと考えた。続いて、王政復古（一六八〇〜）の後のイギリスに登場したロック（John Locke, 1632-1704）は、人間の「自然状態」はそれなりに理性的で平和であったが、そのままでは不安定なので、社会契約によって権利の一部を国家に委ねる必要があると説いた。ロックの社会契約説は、名誉革命（一六八八－九）を思想的に支え、それによってイギリスは現在にいたる立憲君主制を実現した。そして、ホッブズが開きロックが展開した社会契約説に、ブルボン王朝による絶対王制下のフランスにいたルソーが加わった。

一七四二年、ルソーは三十歳のときに、自身の発明である楽譜の数字記譜法での成功を夢みてフランスの首都パリに出た。ルソーの記譜法の評判は芳しくなかったが、パリの社交界に出入りするきっかけを掴むとともに、作家や翻訳家として活躍していたディドロ（Denis Diderot, 1713-84）と出会い、親友として交友を深めるようになった。貴族や裕福なブルジョアの多いパリの社交界において、刀鍛冶の息子であるディドロは時計職人の息子であるルソーとともに、出自は至って普通の平民であった。ルソーは社交界の華であったデュパン夫人の秘書を務めながら、音楽の仕事をしたり、知識人らと交流したり、書物を読み漁ったりした。

一七四七年にディドロは優れた数学者・物理学者であるダランベール（Jean Le Rond d'Alembert, 1717-83）とともに、出版業者のル・ブルトンが実現を目指す『百科全書』の編集長となった。『百科全書』（*L'Encyclopédie*, 1751-72、本文十七巻、図版十一巻）とは、「啓蒙の世紀」と呼ばれる十八世紀のフランスで誕生した、世界初の本格的な百科事典である。出版のきっかけは、ル・ブルトンがイギリスで刊行されたチェンバーズの『百科事典』（*Cyclopaedia*, 1728）のフランス語訳を、英語に堪能なディドロに依頼したことによる。ディドロは、より包括的で、フランスの執筆陣によるものを出版しようとル・ブルトンを説得するとともに、当時すでに名声の高かったダランベールに共同編集者を依頼して、ダランベールが主に理系分野を、ディドロが主に文系分野を担当した。ルソーは、ディドロからの依頼のもと『百科全書』の音楽関連の項目を担当するとともに、百科全書派とよばれる執筆陣と交流した。『百科全書』の執筆者には、ディドロ、ダランベール、ルソーに加え、モンテスキュー、ヴォルテールといった啓蒙主義の中核をになった作家・思想家、学術や芸術の各種のアカデミー会員、大学教授や王室学者といったアカデミズムの権威者、さらには、聖職者、民間の文人、技術者らが含まれ、社会的な立場を超えて当時のフランスの最高の知的集団を形成していた。一七五一年に刊行された『百科全書』の第一巻では、「音楽」関連の執筆者としてのルソーを「『近代音楽論』の著者で、哲学者・才人として音楽の理論と実践に通じる人物」と紹介している。ルソーはこの頃、作曲活動もおこない、一七五三年にルイ十五世の前で公演されたオペラ『村の占い師』では、現在日本で「むすんでひらいて」とよばれる旋律を披露している。

ルソーは『エミール』執筆のきっかけについて「ひとりの、ものを考えることができる、よき母を喜ばせるため」（一九六二、一七頁）と語っている。ここでいう「よき母」とは、デュパン夫人の息子の妻シュノンソー夫人を指す。シュノンソー夫人が、我が子の教育について助言を求めたことで、ルソーが本格的に教育を考えるきっかけになった。

ルソーが、モンテーニュの『エセー』所収の「人食い人種について」をとりあげ、議論を展開して政治哲学を論じるようになるのは、ルソー三十七歳のときの第一論文『学問芸術論』（*Discours sur les sciences et les arts*, 1750）からである。ルソーは、ディドロとダランベールに加え、ヴォルテール（Voltaire, 1694-1778）、コンディヤック（Étienne Bonnot de Condillac, 1714-80）といったフランスの一流の知識人が集う百科全書派の一員となった。百科全書派は「十分な根拠」にもとづく良質な議論を追求した。

『学問芸術論』は、ディジョンのアカデミーが主催した「学問及び芸術の進歩は道徳の純化と腐敗のいずれに貢献したか」という課題の懸賞論文として書かれた。当初、ルソーは「学芸が道徳を純化した」という常識的な立場で議論を構成しようとしたが、友人のディドロのすすめもあり、あえて常識とは逆の「学芸が道徳を腐敗させた」という立場をとることによって、自らの論を際立たせる道を選んだ。こうして、「人間はかつて善であったが、後に堕落した」というルソーの「性善説」が生まれた。ルソーの「性善説」は、あくまで、当時はやりの「哲学上の思考実験」「社会契約説」のなかで自説を際立たせるために恣意的に設けられたものである。

十五世紀前後、人文学者たちは、古代ギリシャ・ローマを「人間」の頂点とみなして古典への回帰をめざした。十五世紀の終わりにトスカネリが地球球体説を唱えると、コロンブスやマゼランがそれを実証し、まもなく、ほぼすべての地球の大地がヨーロッパ人に知られるところになった。十七世紀になるとガリレオ（Galileo Galilei, 1564-1642）、やニュートン（Isaac Newton, 1642-1727）といった科学者が自然科学を基礎づけた。十八世紀には、理性と科学によって論理的に物事を考えて社会を構築しようとする啓蒙主義がフランスを中心に興った。

ルソーが生きた十八世紀半ばとは、十六世紀のスペインの栄華が過ぎ去り、十九世紀に躍進するイギリス帝国の世界支配は未来のことであった。西ローマ帝国の正当な継承者を自任するフランスは、中央集権を完成させたブルボン王朝のもとに経済発展を果たし、首都パリを中心に学芸も盛んになった。こうしてルソーが生きた十八世紀半ばのフランスでは、パリの繁栄こそが、かつてのギリシャやローマを超えて、「人間の進歩の頂点」であるものと考えられていた。

こうしたパリに広がる進歩史観のなかで、ルソーは、あえて「人間はかつて善であったが、後に堕落した」と、常識とは反対の堕落史観をとることによって、自らの論に独自性を与えたのである。ルソーは、神が創造した「自然人」こそが「善」であり、人間のあるべき姿であって、聖書がいう「失楽園」と当時のパリを重ね、人間の堕落した状態であるとしたのである。

ルソーは『学問芸術論』のなかで、モンテーニュの名を注に挙げながら「空虚な知識の汚染を免れて、自らの徳によって、自分自身の幸福をつくり、他民族の模範となった民族」、「逆境に屈しない勇気と、どんな先例によっても腐敗させられない誠実さとのために、ほめたたえられているあの素朴な民族」、「われわれが抑制するのにたいへん苦しんでいるもろもろの悪の名前さえ知らないあの幸福な諸民族、すなわちアメリカの諸民族たち」（一九六八、二二頁）と記した。ただし、ルソーはここで「カニバル（カライブ）」という用語を使用していない。「人食い」を意味するこの単語は「幸福な民族」を語るのにふさわしくないと考えたのだろう。ルソーは、新世界の「カニバル人」を念頭におきつつもその名を挙げることなく、「学芸を身に着ける前の幸福な人間＝自然人」と「学芸をもつ不幸なわれわれ＝文明人」を反対概念として、「人間は文明によって堕落した」という議論を展開したのである。

『学問芸術論』には、知識よりも徳の重視、教育改革、贅沢と不平等への敵意、原始への憧れ、といったその後のルソーの思想の基本的な特徴が萌芽されている。ルソーの『学問芸術論』は、ルソーの思惑どおり人目《ひとめ》を引く設定や文学的誇張を駆使したレトリックなどによって強烈な印象を読者に与えるものとなり、アカデミーから賞を受けた彼はパリの社交界の寵児となった。

ルソーは、『学問芸術論』の前後にあたる一七四六年から一七五二年、三十四歳から四十一歳にかけて宿泊先の女中テレーズとの間に五人の子をもうけるが、五人とも育てることなく孤児院に送った。

三、ルソーの第二論文『人間不平等起源論』と「人間の歴史」

ルソー四十三歳のときの第二論文『人間不平等起源論』（*Discours sur l'origine et les fondements de l'inégalité parmi les homes*, 1755）は、『学問芸術論』［1750］の文明批判を発展したものである。ディジョンのアカデミーによる「人々の間における不平等の起源はなんであるか、それは自然法によって是認されるか」という論題の懸賞論文募集をきっかけに、ルソーは執筆をはじめた。当時のパリの社交界では、リンネ（Carl von Linné, 1707-78）やビュフォン（Georges-Louis Leclerc de Buffon, 1707-88）が推進した博物学への関心が高まっていた。ルソーは、流行の博物学や友人のコンディヤックの感覚論に刺激を受けて「自然」と「人間」との関係に関心を高めた。

『人間不平等起源論』は、「人間の歴史」を「哲学上の思考実験」によって構想したものであり、要約すれば、人間にはそもそも「憐れみの情」があり、人間の「自然状態」は平和で平等なものだったが、人間が言語、家族、道具、住居をもち、「社会状態」へと移ると私有財産が蓄積されて不平等が生まれ、強者が自らに都合のいいように法や制度をつくり不平等が固定化された、ということになる。

ルソーがおこなったこの思考実験は、実験といっても真実を明らかにする科学実験ではない。客観的な調査、観察、データの収集と分析などとは無縁である。さまざまな事実から導き出された帰納的推理でもなければ、普遍的な前提のもとに結論を導き出す演繹的推理でもない。ルソーが構想する「歴史」は、史料をあたるのでも、遺物をあたるのでもなく、「学問上の書物はすべてすておいて、人間の魂の最初のもっとも単純なはたらきについて省察してみる」（一九三三、三〇頁）ことによって導き出したものである。ルソーは、森を散策しながら思索にふけったという。「一日中、森のなかにわけ入って、そこに原始時代のおもかげをもとめ、見いだし、得意になってその歴史をたどった」（一九五六b、一七四頁）と『告白』のなかで回想している。

『人間不平等起源論』は、第一部の「自然状態」と第二部の「社会状態」から成る。ルソーは「自然状態」を論じた第一部を次のように書き始めている。

人間の自然状態をよく判断するためには、人間をその起源から考察し、いわば種の最初の萌芽のなかに検討することがいかに重要であるとしても、私は人間の連続的な発展を通してその身体的構造をたどりはしないであろう。〔……〕人間が熊のように毛むくじゃらでなかったかとか〔……〕というようなことを私は検討しないだろう。〔……〕人間はどの時代でも、今日私の目に映ずるのと同じ構造であって、二本の足で歩き、われわれがやると同じようにその手を使い、自然全体にその視線を向け、広大な空の拡がりを眼で測っていたものと仮定しておこう。

（ルソー一九三三、四一－二）

ルソーの時代、公然と口には出さないものの、すでに多く人たちが、『聖書』にかかれている「天地創造」は事実ではないと考えていた。ルソーは、「人間が熊のように毛むくじゃらでなかった」（同四一頁）や「人間は最初われわれが今見るのとはちがったように形づくられていた」（同一三七頁）というように、その後一〇〇年以上経って現われるダーウィンが説く進化論を示唆している。ただし、すかさず、「検討しないだろう」と続けているように、教会から問題視されることを避けた。キリスト教の教えでは、『創世記』に書かれた「天地創造」こそが唯一の「真実」であって、それ以外にいかなる事実も存在してはならなかったからだ。ルソーは、「推測を立てることは、宗教もこれを禁じてはいない」（同三九頁）と前置きしたうえで、「もはや存在せず、恐らくは存在したことがなく、多分これからも存在しそうにない一つの状態」（同二七頁）として、人間の「自然状態」を次のように措定した。

森の中をさまよい、器用さもなく、言語もなく、住居もなく、戦争も同盟もなく、少しも同胞を必要ともしないばかりでなく彼らを害しようとも少しも望まず、おそらくは彼らのだれをも個人的に見覚えることさえけっしてなく、未開人はごくわずかな情念にしか支配されず、自分ひとりで用がたせたので、この状態に固有の感情と知識しかもっていなかった。彼は自分の真の欲望だけを感じ、見て利益があると思うものしか眺めなかった。そして彼の知性はその虚栄心と同じように進歩しなかった。偶然なにかの発見をしたとしても、彼は自分の子供さえ覚えていなかったぐらいだから、その発見をひとに伝えることは、なおさらできなかった。技術は発明者とともに滅びるのがつねであった。教育も進歩もなかった。世代はいたずらに重なっていった。そして各々の世代は常に同じ点から出発するので、幾世紀もが初期のまったく粗野な状態のうちに経過した。種はすでに老いているのに、人間はいつまでも子供のままであった。（同前八〇頁）

『人間不平等起源論』においてルソーは、人間の「起源」としての理念上の存在としての「自然人」（homme naturel）、「自然状態」を生きる「未開人（野生人）」（homme sauvage）、「世界の果て」に暮らす「現存」の「未開の民族」（les sauvages）と、用語を使い分けた。「自然人」はルソーが恣意的に設定した措定であり、「未開人」は措定からの類推である。

そして、「自然人」や「未開人」の「十分な根拠」としてルソーが示したものが「未開の民族」である。ただし、ルソーが示した「未開の民族」とは、十七世紀の文献に依拠しながらその存在を示したものであり、本書で後に言及するように、その史料の扱いは、自らが恣意的に定めた措定にとって都合のいいところだけを抜き出すものであった。つまり、ルソーが「自然人」「未開人」「未開の民族」と三つの用語を用いて示す内容は、ルソーが自らの議論の都合にあわせて恣意的に設定したものであり、その元となる実態は存在しない。だから必然的に「自然人」「未開人」「未開の民族」の三つの用語の内容と用法は漠然としたものとならざるをえなかった。

ルソーは「カライブ人」を「未開人」や「未開の民族」の典型とみなし「自然人」に最も近い「現存の民族」としたが、ルソーが示した「カライブ人」と、実際にカリブ海小アンティルに暮らしていたカリブ人とは、あまりに違った。

四、ルソーの「自然人」とサルの進化

ルソーは「人間はいつまでも子供のままであった」といって、人間社会の変化の過程を、一人の人間の成長の過程になぞらえた。彼は敬愛するモンテーニュが『エセー』所収の「人食い人種（カニバル）について」のなかで、新世界そのものを「子ども」になぞらえたことからこのアイディアを得たのだろう。ルソーは、自然状態における人間に

とっては、家族も社会も言語も文化も教育も進歩もなく、よって不平等も存在しないとした。では、実際の人間の歴史に、家族も社会も言語も文化も教育も進歩もない時期があったのだろうか。

現代の科学では、地球上の生命は約四六億年前に発生し、約六五〇〇万年前に霊長類(サル目)が発生し、約二〇〇万年前に現生人類のホモ・サピエンスに分岐し、約七万年前に文法をもった有節言語を獲得したとしている。本書の冒頭でハラリがいう「認知革命」は、約七万年前の有節言語獲得期における人類の認識の変化のことである。

現在、われわれは、人間がサルの一種であることを知っている。仮に人間の「起源」を、現生人類のホモ・サピエンスがほかのサルから分岐したときだとするならば、「起源」における人間はルソーが措定した「自然状態」をとうに過ぎていた。ルソーが措定した「自然状態」、すなわち、社会性がほとんどなく基本的に単独で生きるサルは、メガネザルなどの原猿類だけであり、ほとんどのサルが、優劣関係が明確に存在する「不平等な社会」を構成しているからだ。

一方、ある種のチンパンジーの社会では、優位にあるものが、ねだるような仕草をする劣位のものに食べ物を分け与えることにより、集団の各メンバーに食料がゆきわたる社会を実現している。つまり、基本的には「不平等な社会」において、一時的であれ「平等性を出現させる」ことによって集団全体が生き延びられるようにするというのが、人間を含むサルの進化の過程である(市川一九九一、松村二〇二〇)。

ルソーは『人間不平等起源論』において思考実験をはじめる措定の設定にあたり、「すべての事実を無視してかかろう。なぜなら事実は問題に少しも関係がないのだから。われわれがこの主題について追及できる研究は歴史的な真理ではなく、ただ憶説的で条件的な推理だと見なさなければならない」(一九三三、三八頁)と述べている。ルソーの目的は、「証明すること」ではなく、「説明すること」(同三七頁)であり、ルソーが措定した「自然状態」とは、ルソー自身が事実でないことをよく分かったうえで、「哲学上の思考実験」をはじめるためのとりあえずの仮定として、自らの議論を展開するのに都合がいいように恣意的に設定したものなのである。

五、『テルトル神父の博物誌』

ルソーは、『人間不平等起源論』において、「哲学上の思考実験」の措定として「自然人」を設定した。ルソーは、「自然人」の措定を設定するにあたり「学問上の書物はすべてすておいて」(一九三三、三〇頁)、あるいは「すべての事実を無視してかかろう」(同三八頁)といい、事実とは別の仮説としながらも、実際には、百科全書派が求める「十分な根拠」にもとづく議論を展開しようとした。彼は「自然人」に近い状態にあるとする人々を「未開人」とし、実在する「未開の民族」を求めて、作家のプレヴォがそれまでの旅行記を集めた『旅行記総覧』(*Histoire Generale de Voyages*, 1748-59)などをあたった。ルソーは、「未開の民族」のなかでも特にモンテーニュが「神の手からつくられたばかりの人々」とした「カニバル（カライブ）人」の記録に注目した。

ルソーが、「カライブ人」に関する「十分な根拠」としたのが、フランシスコ・コレアルとテルトル神父がそれぞれ残した十七世紀の旅行記である。フランシスコ・コレアル『西インドの旅1666-1697』（Francisco Coreal, *Voyages de François Coreal aux Indes Occidentales, contenant ce qu'il y a vû de plus remarquable pendant son séjour depuis 1666, jusquèn 1697*, 1722）は十七世紀のスペイン人探検家の記録とされ、博物学者のビュフォンも参考にしていた。ただし、現在ではこの書は商業的成功を狙った何者かが、架空のスペイン人の名を使って、そもそも信憑性が疑われているアメリゴ・ヴェスプッチの探検記をもとに脚色を加えたものであることが知られている。コレアルの探検記とともにルソーが「カライブ人」の参照にしたのが、十七世紀フランス人宣教師によるカリブ海小アンティル諸島に関する最初期の文字記録であるジャン＝バティスト・デュ・テルトル『テルトル神父の博物誌』［1654］である。『人間不平等起源論』［1755］の典拠となった文献に『テルトル神父の博物誌』があること自体は従来から知られていた。しかし、『テルトル神父の博物誌』は、これまで日本語訳はおろか現代フランス語版もなかったため、具体的にどのようにルソーの思想にかかわったのかが明らかではなかった。

二〇一四年、イタリアの研究者ラジョイアが『アンティルを発見した宣教師――アンシャンレジームの探検家バティスト・デュ・テルトル』（Vincenzo Lagioia, 2014b）で、以下のようにモンテーニュ①、テアトル①、ルソー①の類似性を示した。

モンテーニュ①

彼らは野生である。われわれが、自然がひとりでに、その自然な推移の中に産み出す成果を野生と呼ぶのと同じ意味において野生である。しかし実際は、われわれが人為によって変容させ、自然の歩みから逸脱させたものをこそ野生と呼ぶべきである。〔……〕けれども、あの未開の国々のいろんな果実の馥郁たる香気や甘美な味は、われわれの嗜好にさえ、われわれの果実に劣らず、すばらしく感じられる。技巧がわれわれの偉大で力強い母なる自然よりも名誉を得ているというのは不合理である。われわれは自然の作物の美しさと豊かさの上に、あまりに多くの作為を加えすぎて、これをすっかり窒息させてしまったのだ。（モンテーニュ一九六五、三九八頁）

テアトル①

野生人という言葉をきくだけで、世界のほとんどの人がこう思うだろう。野蛮で、残酷で、非人間的で、理性がなく、不格好で、巨人のように大きく、つまりクマのようであると。つまり、理性的な人間ではなく、むしろ化け物だと。実際のところ、私たちの野生人は、名前だけが野生人である。森林や砂漠で栽培しないで自然が生み出す植物や果物と同じであり、私たちはそんな彼らを野生人と呼んでいるにすぎない。彼らは未だ真の美徳を持ち、その力と活力を持っている。ただし、私たちの庭の植物に私たちが手を加えることによってダメにしてしまうことはよくあることだ。

（テルトル二〇二〇a、一〇九頁）

ルソー①

万物をつくる者の手をはなれるときすべてはよいものであるが、人間の手にうつるとすべてが悪くなる。〔……〕人間はみにくいもの、怪物を好む。なにひとつ自然がつくったままにしておかない。人間そのものさえそうだ。人間も乗馬のように調教しなければならない。庭木みたいに、好きなようにねじまげなければならない。

しかし、そういうことがなければ、すべてはもっと悪くなるのであって、わたしたち人間は中途半端にされることを望まない。こんにちのような状態にあっては、生まれたときから他の人々のなかにほうりだされている人間は、だれよりもゆがんだ人間になるだろう。偏見、権威、必然、実例、わたしたちをおさえつけているいっさいの社会制度がその人の自然をしめころし、そのかわりに、なんにももたらさないことになるだろう。

（ルソー一九六二、二三頁）

モンテーニュ①は、十六世紀フランスの大思想家モンテーニュの代表作『エセー』の中でも特に有名な第一巻三十一章「食人種（カニバル）について」［1580］のなかの一文である。テアトル①は、十七世紀にフランス領カリブ海小アンティルで宣教活動をおこなったテルトル神父の『テルトル神父の博物誌』の第五編一章一節「野生人の概要について」のなかの一文である。ルソー①は、ルソーの『エミール』において幼児期の教育を論じた第一編の冒頭である。いずれも「自然への憧景」「人為の否定」「植物の比喩」といった内容をもつ。モンテーニュ（一五三三―九二）、テルトル神父（一六一〇―八七）、ルソー（一七一二―七八）は、世代的には、上掲の順でおよそ一世紀ずつ離れている。ルソー①が、モンテーニュ①をオマージュにしていることはすでに知られている。

「野蛮な人食い人種カニバル」が住むと恐れられていたカリブ海小アンティルへのヨーロッパ諸国の進出は、十七世紀になってのことである。テルトル神父は、キリスト教ドミニコ会の宣教師として一六四〇年から都合三回、通算六年間にわたりドミニカ島を拠点にフランス領小アンティルで布教活動をし、先住のカリブ人と交流した。テルトル神父は、カリブ語研究に取り組んだドミニコ会の同僚のブルトン神父（Raymond Breton, 1609-79）とともに、この地域に関する最初期の文字記録を残した。『テルトル神父の博物誌』は、彼が小アンティルで見聞きしたことを、当時の学問レベルのなかで、できるだけ精緻に書き残したものである。

動植物学者でもあったテルトル神父は、全体で五〇〇頁ほどの書物の半分ほどを各動植物の記述にあてた。また、先住のカリブ人と交流し彼らの習慣に高い関心をもち、カリブ人に関する記述に七〇頁強を割いた。ラジョイアは、テルトル神父の民族誌を、妄想や政治的意図を排して、事実を誠実に書いたものであり、二十世紀に成立する文化人類学の参与観察調査の先駆けになるものだと評価している（Lagioia, 2014a, pp.237-243）。ただし、記憶をもとにフランスで書かれたこの博物誌は、往復の航海を除き、日時や場所がわかる具体的な記述は少なく、大半が一般論として書かれている。そして、テアトル①に見られるように、「カライブ人」を総論としてまとめる段になると、テルトル神父が敬愛した十六世紀の思想家モンテーニュの著作から言い回しを変えた程度のものになっている。ルソーが、テアトル①を、直接依拠したかはわからないが、共感的に読んだことは間違いないだろう。

テルトル神父が残した博物誌には、本人による初版［1654］、ユグノー（プロテスタント）のロシュフォール（Charles de Rochefort, 1605-83）による剽窃版［1658］、本人による追補版［1667-71］がある。急いで出版された初版にはほとんど図版はないが、追補版には、後にルイ十四世の画家として大成することになる若き日のセバスチャン・

『テルトル神父の博物誌』追補版第２巻所収、セバスチャン・ルクレールが描いたカリブ人。

ルクレール（Sébastien Leclerc, 1637-1714）による精密な銅版画数十点が載せられている。そして、カリブ人の民族誌を載せた追補版第二巻には、ほぼ全裸のカリブ人の若い男女の挿し絵がある。一組の男女は、明らかにエデンの園のアダムとイブを意識したもので、マニエリスム様式による身体表現である。男の頭には鳥の羽の飾りが、胸とももには飾りバンドがつけられ、手には矢と棍棒をもっている。女は飾りバンドを、頭、胸、腰、手首、脚、足首に巻いていて、手にカゴをもっている。おそらくルクレールはテルトル神父がフランスに持ち帰った品々を見ながらこの絵を描いたのだろう。

六、ルソーによる『テルトル神父の博物誌』の解釈

筆者が『テルトル神父の博物誌』をフランス人協力者とともに翻訳した際に、先に引用したテアトル①のほかにルソーの著作の典拠となる箇所を、いくつかみつけることができた。以下、関係個所を三組紹介する。

テアトル②

私たちフランス人は、彼らよりも巧妙であるため、彼らは簡単に騙されてしまう。彼らは、決して夕方にハンモックを交換しない。なぜなら、すぐにそれが必要になるから。しかし、朝だと、その日の夜に必要なことなどご気にしないで、安く交換し

てしまい、私たちが得をする。彼らは、日暮れ頃になると、交換で得たものをもってくる。土の上で寝ることはできないと、簡潔に説明して、ハンモックを取り戻そうとするのだ。しかし、それができないので、彼らは悔しくて泣きそうになる。

（テルトル二〇二〇b、一一八頁）

ルソー②

しかし不確実な歴史上の証拠に頼るまでもなく、すべての事情が、未開人から未開人であることを止めようとする誘惑とその手段とを遠ざけているようにみえるということを認めない人があろうか。彼〔未開人〕の想像力は彼になにも描いてみせないし、彼の心は彼になにも要求しない。彼のささやかな必要品はきわめて容易に手近かに見出され、しかも彼はより高い知識を獲得しようと望むのに必要な程度の知識からはあまりにも離れているので、先を見通す力も好奇心ももつことができない。〔……〕彼の心は、なにものにも動かされず、ひたすら目前の自己の生存についての考えにのみ没頭して、いかに近い未来であろうと、およそ未来の観念などはない。また彼の計画は、その視野と同じように狭く限られて、その日の終りにまでもほとんど及ばないくらいである。今日でもなおカライブ人の先を見通す力の程度はこのようなものである。彼は晩にそれが必要になることが予見できなくて、朝、自分の蒲団を売り、夕方には泣いてそれを買い戻しにくるのである。

（ルソー一九三三、五五－六頁）

テルトル神父の話は、朝にハンモックを何かと交換したあるカライブ人が、夕方になってその必要性に気づき、すでに交換したものをもってハンモックを取り返そうとした出来事についてである。一方、ルソーは、その話を極端な形で一般化し、カライブ人全般が未来の観念をもたないものとした。ちなみに、「日」という概念は、すべての民族がもつが、「年」や「月」といった概念は、定住型の農耕社会がつくりだしたものであり、熱帯雨林に住む移動型の狩猟採集民には関係ないものである。

テアトル③

彼らにとって一夫多妻は普通である。〔……〕そして、注目すべきことに、妻たちの間に嫉妬というものが全くないことである。ヨーロッパの女性たちは、そんなことはあり得ない奇跡だ、と叫ぶだろう。

（テルトル二〇二〇a、一一八頁）

ルソー③

カライブ人は、常にこの恋愛の感情にいっそう大きな活動性をもたせるようにみえる焼けつくような気候の下に生活しているにもかかわらず、まさにその恋愛においてもっとも平静であり、嫉妬にかられることもきわめて稀である〔……〕

（ルソー一九三三、七八頁）

上記のテルトル神父およびルソーのそれぞれの文とほぼ同内容の文がモンテーニュ『エセー』所収「人食い人種について」のなかにある。

モンテーニュ③

その国では男たちは数人の妻をもつ。そして彼の有名が高ければ高いほご妻の数も多い。〔……〕われわれの妻なら、奇蹟だと叫ぶところだ。しかし奇蹟でも何でもない。これが本当の夫婦の美徳であり、しかももっとも高級な美徳である。

（モンテーニュ一九六五、四一〇頁）

おそらく、テルトル神父とルソーは、ともに、モンテーニュの文をもとにして自らの文をしたためたのだろう。モンテーニュは、文化相対主義的な視点から、一夫多妻を「夫婦の美徳」といって、ヨーロッパでは「不徳」とされる習慣でも、それを判断する側の価値観によっては「美徳」にもなりえることを示している。そして、テルトル神父もまた、文化相対主義的な視点から、「彼らにとっては普通」といいつつ、自身の価値観を入れることを避けている。

一方、ルソーは、「恋愛においてもっとも平静」というように、自らの想像によって、もとの情報からははかりえないはずの意味を盛り込んでいる。ルソーは『人間不平等起源論』のなかで、恋愛を精神的なものと肉体的なものとに二分し、肉体的な恋愛は動物にもあるが、精神的な恋愛は「人間」だけがもつとした。そのうえで、「この感情〔精神的な恋愛〕は、未開人にはけっしてもつことのできないある種の価値または美の観念や、未開人にはけっして行うことのできない比較に基づいている」（一九三三、七七頁）と語っている。未開人は精神的な恋愛をしない、なぜならそれをするのに必要な美の観念を未開人はもたないから、というのである。ルソーにとって「精神的な恋愛」と「美の観念」は「人間的であること」の象徴である。「未開人は、人間的でない」、すなわち「人間であって、人間でない」ことになる。ルソーは、モンテーニュやテルトル神父が記した文言をもとに、自分の議論に都合がいい妄想をつくり、それをあたかも「事実」のように扱った。ルソーは、「自然人」を実在しない観念上の存在とする一方で、「未開人」は、新世界やアフリカに実在するとしている。ルソーは、「カライブ人（カリブ人）」をはじめとする実在の人間に対して「人間でない」という差別のレッテルを貼りつけたのである。

テアトル④

彼らが子どもにおくるみをすることは決してないにもかかわらず、奇形をもつ野生人が少ないのは不思議である。野生人の女性は、子どもを甘やかせるフランス人女性をあざ笑う。子どもが母乳で無事育つと、母親が口でかみつぶしたジャガイモかバナナを少しだけ与える。わずか生後三、四カ月で家の中全体を子犬のように這うようになる。粉の中に入ったり、地面でゴロゴロしたりする。子どもに力がついてくると、立ち上がって、転んだり、歩いたりする。なんてすばらしい。転ぶときは、手か尻から転ぶ。

（テルトル二〇二〇a、一一六－七）

ルソー④

二本足で歩くという長い習慣のために、人間の構造のなかに生じたかも知れないさまざまな変化や、人間の腕と四足獣の前足との間に今でも認められる関係や、彼らの歩き方から引き出される推論が、われわれにとってもっとも自然であるべき歩き方について、疑問を起させることができたのである。子供たちはみな最初は四つ足で歩く。そしてじっと立っていることを学ぶためには、われわれの手本とわれわれの教えが必要である。ホッテントットのように、子供たちをまるで構わずにおいて、ずいぶん長いあいだ手で歩かせておくために、後になって彼らを立たせるのに非常な苦労するような未開の民族すらある。西インド諸島のカライブ人の子供たちも同じようなことをしている。

（ルソー一九三三、一三五－六頁）

ルソーの時代のフランスでは、歩行前の乳児にハイハイをさせないで、歩行器などをつかって半ば強制的に歩かせていた。ルソーは、人間の「自然状態」の参照元として、新世界の「カライブ人」に加え、アフリカの「ホッテントット人」（コイコイ人とも呼ばれる南アフリカの民族、現在「ホッテントット」は差別用語として忌避すべきものとされている）や人間社会から離れて動物によって育てられた「野生児」に関心をもっていた。ルソーは、テルトル神父の記録にあった子犬のように這いまわる乳児や、「ホッテントット人」の子育ての記録、さらには四つん這いであるく「野生児発見」の話などから、人間の「自然状態」は、四つ足であり、その後の「教育」によって二足歩行を獲得するものと考えた。一方、ルソーは、テルトル神父が記録した「子どもに力がついてくると、立ち上がって、転んだり、歩いたりする」の文言も読んでいるはずだが、そこは無視して、自説に都合のよい部分だけを自らの議論に利用した。

七、ホッブズ批判とルソーの戦略

ルソーの『人間不平等起源論』［1755］とは、ホッブズやロックが開いた社会契約説のもとに、ルソーが自らの議論の独自性を主張しながら更新をはかったものである。『人間不平等起源論』において、ルソーは、ホッブズとロックに加え、オランダのグロティウス（Hugo de Groot, 1583-1645）、ドイツのプーフェンドルフ（Samuel von Pufendorf, 1632-94）の「自然論」を批判している。なかでもルソーがことさら論敵にしたのがホッブズである。「とりわけ、ホッブズのように〔……〕しないようにしよう」、「この著者〔ホッブズ〕は、〔……〕と言うべきであったのだ」、「まさに反対のことを言っている」（一九三三、六九－七〇頁）などというように、ルソーのホッブズへの態度は厳しい。そして、こう述べる。

ホッブズが少しも気づかなかったもう一つの原理がある。それは、或る種の状況において、人間の自尊心のはげしさをやわらげ、あるいはこの自尊心の発生以前では自己保存の欲求をやわらげるために、人間に与えられた原理であって、それによって人間は同胞の苦しむのを見ることを嫌う生得の感情から、自己の幸福に対する熱情を緩和するのである。私は人間の美徳をどんなに極端に非難する者でも認めざるをえなかった、ただひとつの自然的な美徳を容認するからといって、なんら矛盾を犯す恐れがあるとは思わない。私は憐れみの情のことを言っているいのであるが、それはわれわれのように、弱くていろんな不幸に陥りやすい存在にはふさわしい素質である。（ルソー同前七一頁）

ホッブズは、「哲学上の思考実験」をはじめるにあたり、「自然状態」の状況設定を、食料などが不足する過酷な状況としたことにより、そこでは各個人が生き延びるための戦いをしていたとする「万人の万人による闘争」を想定した。一方、ルソーは「自然状態」の状況設定を、温暖な気候で食料が充分にあるところにした。おそらく、テルトルル神父が記録した、漁労と狩猟採集で暮らすカリブ海小アンティルのカリブ人の暮らしを念頭においたのだろう。ルソーは、「自然人」は「憐れみの情 pitié」をもっているので互いを配慮しながら平和に暮らしていた、という。「憐れみの情」は、ルソーが『人間不平等起源論』ではじめて示した概念である。ルソーが「憐れみの情」を案出したきっかけに『テルトル神父の博物誌』に書かれた、不遇の人に会うと同情ですぐに死んでしまうという話や葬儀の際におこなわれる嘆きの唄（テルトル二〇二〇、一二九－一三二）があるのだろう。ルソーが案出した「憐れみの情」は、フランス革命を経て「博愛 fraternité」となり「人間の普遍的価値」として考えられることになる。

ルソーは「もし、自然が人間に理性の支柱として憐れみの情を与えなかったとしたら、人間はそのすべての徳性をもってしても怪物にすぎなかったであろう」（一九三三、七三頁）という。ここでルソーがいう「怪物」とは、ホッブズの「万人の万人による闘争」を指している。ホッブズとルソーとでは、はじめの状況設定が違うのだから、それぞれが想定する「自然状態」が異なるのは当然である。

ルソーは、「社会の基礎を検討した哲学者たちは、みな自然状態にまで遡る必要を感じた。しかしだれひとりとしてそこへ到達した者はなかった〔……〕彼らは未開人について語りながら、社会人を描いていたのである」（同三七－八頁）という。つまり、ホッブズをはじめとする従来の思想家たちが考えた自然状態とは、すでに自然状態から社会状態に移行したあとのことであり、本当の自然状態にまで思考が及んだのは自分だけだ、というのである。そもそも「自然状態」とは、あくまで「哲学上の思考実験」をはじめるための措定であり、「正しいも間違っているもない」とルソー自身が主張しているにもかかわらず、彼は自説だけが「正しい」というのである。なんとも暴論である。

一七一二年にルソーが生まれたとき、一六七九年に没していたホッブズは、すでに遠い故人であった。ホッブズとルソーの間に個人的かかわりはない。にもかかわらず、ルソーは、故人であって反論しようがないホッブズを、理不尽なまでに厳しく批判した。ルソーは、学問上の権威であったホッブズを議論上の敵にすることで、自説に独自性を与えようとしたのだ。

こうしてルソーは、自説をホッブズと闘わせるために、自分に都合がいい「自然状態」を設定した。とはいえ、まったくの想像による「自然状態」では、自説に説得力が生じないし、「十分な根拠」を求める百科全書派の仲間たちからの支持も得られない。そこで、ルソーは、モンテーニュが「神の手からつくられたばかりの人々」という「カニバル（カライブ）人」の記録を求めてコレアルの旅行記や『テルトル神父の博物誌』をあたったのである。

八、ルソーの詭弁

『テルトル神父の博物誌』において、テルトル神父はカリブ人を「私たちの野生人 nos

sauvages」と呼んだ。テルトル神父は、同じフランス領土に暮らす仲間としてカリブ人をとらえ、カリブ人と交流し、そして彼らへの宣教活動に腐心した。テルトル神父は、キリスト教の宣教師という職業的立場から「彼らの主人は悪魔である」(二〇二〇b、一三二頁)といってカリブ人の宗教を否定しつつも、「私たちの精神が、彼らの精神を阻止することはできない」(同前)とカリブ人の宗教を尊重していた。また、「私たちフランス人が、彼らの素晴らしい習慣を奪い、取引に変えてしまうことを恐れている」(同一一八頁)というように、カリブ人の独自の文化が、ヨーロッパ人との接触によって消滅してしまうことを危惧していた。

先に挙げたテアトル②は、フランス人とカリブ人との交易において、カリブ人は、夜のことを考えずにハンモックを手放すが、夕方になると寝るのにそれが必要なことに気づいて取り戻そうとする、というものである。ここでのテルトル神父のまなざしは、ユーモアのある話にするために多少はカリブ人を笑い者にしているところがあるものの、基本的には、相手を優しく包み込む慈愛を感じるものである。実際にカリブ海小アンティルに赴き、そこに暮らしてカリブ人を対象に宣教活動をしたテルトル神父にとって、カリブ人との交流とは、まずもって、カリブ人一人一人との人間同士のやり取りだったはずだ。『テルトル神父の博物誌』には、カリブ人の個人名こそ挙げられていないものの、カリブ人との数々のエピソードが記録されている。テルトル神父は、ハンモックの出来事では、相手を「彼ら」と呼んでいるが、それを記したテルトル神父の心象には、具体的な、生きた人間としての、あるカリブ人との思い出が刻まれていたことだろう。

テルトル神父が記述した、カリブ人とのハンモックの出来事をもとに、ルソーは「カライブ人の先を見通す力の程度はこのようなものである」とした。「未来の観念を持たない」という「自然人」像を自らの議論の前提にしたいルソーにとって、テルトル神父が記録した出来事は、自らの議論の「十分な根拠」にするのに都合のいい材料だったのである。こうしてルソーは、テルトル神父の心に刻まれたあるカリブ人とのさりげない思い出を、「カライブ人」を筆頭とする「未開人」全体の特徴へと換えた。それは、ある事例の背景を分析することなく、文字上の都合のいい部分だけをつかって飛躍的な結論を出すという、詭弁ともいえる強引な論法である。

先に挙げた『テルトル神父の博物誌』とそれを参照したルソーの解釈のズレからもわかるように、ルソーは原資料からでは計り知れないはずのことを盛り込んだり、自説に都合いいところだけを用い、都合の悪い部分を無視したりと、資料を恣意的に扱った。『テルトル神父の博物誌』には、キャッサバ芋の栽培、集落の作り方、カリブ人に奴隷にされるアラワク人の話、キャプテンと記された戦争指導者の話、カライブ人の戦争の仕方の話、葬儀の際の歌唱、さらには「人食い」の話まで記述されているにもかかわらず、ルソーは、こうしたカリブ人の社会性、不平等性、残虐性、文学性、音楽性にかかわる話のいっさいを無視している。ルソーによる情報の取捨選択は、批判的読解による資料の信憑性の評価と呼びうるものではなく、自説展開のための恣意的な操作である。

ルソーは、動物に育てられた「野生児」に関心をもっていた。発見された「野生児」が人間の言葉を話せなかったことを、ルソーは、人間の「自然状態」に言語がなかった証とみなした。世界のどこにも言語をもたない民族は存在しない。ルソーが「自然状態」に最も近い民族とみなしたカリブ人も、当然、言語をもっていたし、『テルトル神父の博物誌』のなかにはカリブ人との会話がいくつも記録されている。そして、テルトル神父の同僚のブルトン神父は、フランス語とカリブ語を併記した『小公教要理』［1664］、『フランス語～カリブ語辞典』［1665］、『カリブ語文法』［1667］をパリで出版した。しかしルソーは、自らの議論に不都合なものとしてカリブ人の言語の存在を黙殺した。

ディジョンのアカデミーの懸賞論文募集をきっかけにルソーが書き始めた『人間不平等起源論』であったが、書き進めるうちに、三〇分以内読了可能という応募規定よりも、自らの考えを充分に書ききることを優先するようになった。

『人間不平等起源論』の執筆を終えたルソーは、一旦、故郷のジュネーブに帰り、四カ月ほご滞在した。当時のジュネーブは、課税をめぐって貴族層と市民層が対立していた。ルソーはプロテスタントに再改宗し、ジュネーブの市民権を得るとパリに戻り、そこで知り合ったオランダの出版業者に『人間不平等起源論』の原稿を渡した。「ジュネーブ共和国にささげる」と題された短文を巻頭に付して、アムステルダムで出版されたのは一七七五年である。ルソーが貴族層と市民層との対立をいかに乗り越えるべきかを記した「ジュネーブ共和国にささげる」が、後の『社会契約論』に繋がることになる。

S. Jean
Coopers
Vieque
Peters
S. Martin
S. Bartholome
Barbuda
Saba
Eustache
St. Christophe
Ste Croix
Carlosfuerte
Tierrabaxa
S. Johns-town
Nieves
Falmuth
Antigoa
Redonda
Monserrat
LA GUADELO
F. S. Pierre
F. de la Magdelene
Ste Marie
P. de Guadeloupe
Marie gala
les Saints
la Dominique
la Trinite
Predicador
LA MAR
I. S. Pierre
Ft Royal
Pte des
P. Antigue
Ste Lucie
la Ba
Speighis
Bridgs-town
Oistins-tow
S Vincent
de Caribes
Beconia
Is. de Paxaros
la Grenade
Granadillas
VENT
las Siete Edades
Blanca
LA MARGUERITE
Frayles
Testigos
cola
Verde
Cubagua
Coche
Tab.
Bouche du Dragon
S. Joseph
C des 3 Pointes
P. de Araya
F. de S. Thiago
G. de Curiaco
Golfe de Paria
LA TRIN
Pte de Lavar
Cumana
COMANA

一、モンテーニュからルソーへ

ルソーが四十九歳のときに出版した『エミール、または教育について』［1762］は、架空の少年エミールを家庭教師のルソーが育てるという小説の体裁をとった教育論である。ルソーはオランダで『人間不平等起源論』の刊行を確認すると、一七五六年、四十四歳のときにパリからあまり遠くないフランスの地方都市の貴族の館に移り住み、その後五年ほどの間に『エミール』『社会契約論』『新エロイーズ』といった大作をほぼ同時並行で執筆した。

『エミール』の「序」は、「順序なく、ほとんど脈略もなく、反省したこと、観察したことをまとめたこの書物」（一九六二、一七頁）の言で書き出される。彼が「反省したこと、観察したこと」の内実とは、三十四歳のときの第一子から立て続けにもうけた五人の子のすべてを孤児院に預けたこと、生まれたばかりの我が子の記憶、家庭教師としてかかわった子どもたち、聾唖教育の先駆者であるヤコブ・ロドリゲス・ペレール（Jacob

Rodrigue Péreire, 1715-80）がパリで設立した学校での観察などだといわれている。

「わたしとしては、人間が生まれるあらゆるところで、わたしの提案することを人間にたいして行えればそれでいい」（同二一頁）、「両親の身分にふさわしいことをするまえに、人間として〔……〕生きること、それがわたしの生徒に教えたいと思っている職業だ」（同三一頁）と書くルソーは、『エミール』の目的を、「すべての人間が人間らしい人間になること」とする。そして人間が生まれながらにもつ「自然」を尊重した「自然の教育」や、教育を急がない「消極的教育」を提唱した。

一方、ルソーは『エミール』のなかで次のようにもいっている。「自分をあらゆるものの主人であるなどと考え」、「悪いことも知らずにやたらに他人に危害をくわえる」、そういう子どもは「はやくから大人にしてやる必要がある。でなければ、かれらをしばりつけておかなければならなくなる」（同一四一頁）。ルソーは、子どもを育てる者ならば誰しもが悩むわがままへの対処法に関しては、

ルソーの肖像（1766年）。
アラン・ラムゼーによる油彩。

自身が強く否定しているはずの「急いで大人にすること」や「肉体的な拘束」を提案するばかりで、真面目に取り合おうとしない。また、ルソーは友人への手紙のなかで「人間は自然の本性からして善であるという原理に関する全く哲学的な作品です。この原理と、人間は邪悪であるという同様に確かなもう一つの事実とを一致させるために、人間の心の歴史の中であらゆる悪の起源を示す必要がありました。このことこそが『エミール』に書き記したものなのです」(Leigh, 2004［1764］p.248)という。つまり『エミール』は、あくまで彼の「哲学上の思考実験」なのであって、何らかの事実を明らかにしたり、教育の実践のために書いたりしたものではない、とルソー本人が述べているのである。

ルソーは、十六世紀のフランスの思想家モンテーニュの『エセー』を愛読書としていた。既述してきたとおり、彼はモンテーニュ『エセー』一巻三十一章「人食い人種(カニバル)について」を下敷きにして、第一論文『学問芸術論』や第二論文『人間不平等起源論』を書いている。モンテーニュの『エセー』では、第一巻三十一章のほかにも第一巻二十六章「子どもの教育について」、第二巻八章「父親の子どもへの愛情について」など、あちこちで教育について論じられている。モンテーニュは「一般とは逆の、私の考え」(一九六五、二八四頁)、「普通、学校でおこなわれているようではいけません」、「私の考えでは、これほどよい生まれつきをはなはだしく堕落させ、麻痺させるものはありません」(同三一二頁)と、当時の貴族層でなされていた規律重視の詰め込み教育を批判している。

ルソーは『エミール』のなかで、モンテーニュの名を九回挙げている。そして、「ああ、モンテーニュよ、あなたは率直と真実を誇っている」（一九六三、一六九頁）というほどにモンテーニュへの傾倒を示している。また、「モンテーニュが言っているように」というフレーズを何度も使い（一九六二、二一五頁で二回、三七四頁で一回）、モンテーニュへの依拠を強調しながら、家庭教師による教育、知識より経験の尊重、身体の鍛錬、楽しさと自発性の重視といった自らの教育論を説いている。

二、ロック批判としてのルソーの『エミール』

『エミール』のなかで、ルソーがモンテーニュ以上にその名をあげているのが、十七世紀イギリスの思想家ジョン・ロックである。その数は二十回に及ぶ。ロックの教育論は、ルソーと同じくモンテーニュの教育論を基盤にしたものであり、家庭教師による教育や知識よりも、経験を尊重し、身体の鍛錬、楽しさと自発性を重視するなど、ルソーと共通するところが多い。

にもかかわらず、ルソーによるロックへの言及は、モンテーニュへのそれとは反対に、至って攻撃的である。例えば、「ロックは言っている。いちばん気前のいい者はかならずいちばん恵まれる者だということを経験によって子どもになっとくさせるようにせよ、と。それは見かけは気前がいいが、じつはけちんぼな子どもにすることになる」

（一九六二、一五四頁）のように、皮肉を込めた表現でロックを批判することによって、ルソーは自説の正しさを主張している。その批判の仕方は、『人間不平等起源論』におけるホッブズ批判と同じであり、学問上の権威でありながらも、反論しようがない故人を批判することにより、自らの議論に独自性を与えようとするものであった。

政治哲学や教育論に関する数々のロックの著作はフランス語に翻訳され、十八世紀前半のフランスに大きな影響を与えていた。ルソーが自身の教育論を構想していた十八世紀半ばのフランスで最も評価の高かった教育論が、ロックの『人間知性論』（*An Essay Concerning Human Understanding*, 1689）や『教育に関する考察』（*Some Thoughts Concerning Education*, 1693）であった。ルソーは、ロックが教育を論じるときに用いた、質素な環境における一人の少年を対象にした教育という設定を『エミール』に援用した。そして、『エミール』の中ではあたかも自分で観察したかのように書かれている、泣く子どもについての考察の多くが、ロックからの受け売りである。また、『エミール』の約二十年前にルソーが記した「サント＝マリ氏のための教育案」も、ロックの教育論に即したものだった。

ロックとルソーの教育論の違いは、ロックの教育の目的が、現実の社会に順応した「紳士」の育成であり、「習慣」と「躾」の大切さを説いたのに対して、ルソーの教育の目的は、新しい社会に生きる「人間」の育成であり、「消極的な教育」や「自然の教育」を説いたことである。「ことばによってどんな種類の教訓も生徒にあたえてはならない」（一九六二、一二九頁）、「人は子どもに美徳を教えているようにみえながら、あらゆる不徳を好ませるようにしているのだ。悪いことを禁じながら、悪いことを教えているのだ」(同一五三頁)と、ロックが主張した「習慣」や「躾」を批判した。

ルソーは『エミール』の「序」において、「一般に行われている教育がよくないことをながながと証明するようなこともしまい。そういうことはわたしよりまえにすでに多くの人がやっている」、「すでに遠い昔から人は口をひらけば既成の方法を非難しているが、だれもまだもっとよい方法を提案しようとはしなかった」(同一七-一八)と指摘している。ここでいう「既成の方法を非難」している人物とは、ロックなど過去の思想家たちを指す。ただし、実際に、過去の思想家たちが「もっとよい方法を提案」しなかったわけではない。両者の違いは、ルソーが「哲学上の思考実験」として「個人の成長」を扱ったのに対して、過去の思想家たちはそれをしなかっただけのことである。

『人間不平等起源論』においてルソーは、一世紀前の思想家ホッブズを議論上の仮想敵に定めて自説を展開した。『エミール』におけるルソーは、自分よりおよそ二世紀前の思想家モンテーニュを奉り、議論の拠り所にする一方、やはり半世紀ほど前のイギリスのロックを徹底的に批判した。ルソーの時代、モンテーニュはすでにソクラテスやプラトンと同じく評価の定まった歴史上の偉人であったのに対して、ロックは進行中の時代に影響を与えた人物でありながらも、いまだ評価は定まっていなかった。

ルソーが生きた十八世紀半ばは、イギリスとフランスがヨーロッパの二大勢力として世界の覇権を激しく争っていた。すでに故人であったロックをいくらルソーが批判しようとも、その逆はありえない。フランスを拠点にしたルソーは、ライバル国の思想家を論敵にすることによってフランス人の読者からの共感が得られると考えたのだろう。『エミール』は出版とともに大反響を引き起こしたが、各界からの強い反発も出た。しかし、激しいロック批判に関しては、ルソーの思惑どおり、咎められることはなかった。

三、架空への没入と現実逃避

ルソーの『人間不平等起源論』［1755］は、ホッブズを強く批判しながら、現実の不平等な社会がどうしてできたのかを論じたものであった。一方、その続篇といえる『社会契約論』［1762］は、ホッブズの社会契約説にもとづきながら、そこで統治機構として必要性が認められた絶対王政を、人民の意思の総体としての「一般意思」に置き換えることで、ルソーは自らの議論を展開した。

ルソーは『人間不平等起源論』や『社会契約論』において、貧富や身分の差とともに解決すべき課題として「奴隷」をあげている。『社会契約論』の「第一章第一篇の主題」は、「人間は自由なものとして生まれた、しかもいたるところで鎖につながれている。自分が他人の主人であると思っているようなものも、実はその人々以上にドレイなのだ」（一九五四、一五頁）ではじまる。

ただし、ここでいう「奴隷」とは、十八世紀にはほぼ消滅していた中世の農奴であった。ルソーが生きた時代は、人類史上最も大規模かつ過酷な大西洋奴隷貿易の時代である。それを理念的にささえたのが、黒人は奴隷になるべくして存在しているという白人中心主義である。十八世紀とは、こうした人種差別が世界を席巻した時代であった。

フランスの植民地では、カリブ海大アンティルのサン・ドマング（ハイチ）における大量の黒人奴隷を労働力とした砂糖やコーヒーのプランテーションが成功し、フランスの首都パリはヨーロッパで最も繁栄する国際都市になった。サン・ドマングの繁栄は一七五〇年代にはじまり、一七八〇年頃にはヨーロッパで消費される砂糖の四〇％、コーヒーの六〇％をはじめ、カカオ、インディゴ、タバコの多くがサン・ドマング産であり、フランス人の人口の二〇％ほどがサン・ドマングをはじめとする植民地に生計を依存していた（ジェームズ一九九一、六〇 - 一）。サン・ドマングの人口は約五二万人であり、約四万人の白人、約三万人の解放民、約四五万人の奴隷がいた（Saint-Mary, 1797, p.28）。

サン・ドマングなどの植民地で大金を得た者は、お気に入りの黒人やムラート（混血者）を連れてフランスに戻り、パリで豪遊した。世界の人々と情報が集まるパリに暮らし、新世界に興味をもっていたルソーが、現実におきている過酷な黒人奴隷の状況を知らなかったはずはない。

フランスの植民地の奴隷制は、一六八五年に出された「黒人法 Code Noir」により規定されていた。その内容は、奴隷を動産とし、「生かさず、殺さず」の状態で働かせ続けるものである。

「ああ、これでコーヒーカップを手にすることが出来なくなった」が時世の句と伝えられるほど、ルソーはコーヒー好きだった。パリの街角のあちこちにカフェができた時代、そこで消費される砂糖とコーヒーこそ、サン・ドマングからの輸入品だったのである。

ルソーは、晩年の一七七一年に作家のベルナルダン・ド・サン＝ピエール（Jacques-Henri Bernardin de Saint-Pierre, 1737-1814）と親交を持ち、弟子に迎えている。サン＝ピエールは、若き日に叔父とともにカリブ海小アンティルのマルチニック島に旅したことがあった。彼が一七六九年四月に執筆し、一七七三年に出版された『フランス島への旅』に次の一文がある。

私はコーヒーと砂糖がヨーロッパの幸福にとって不可欠なものかどうかは知らないが、この二つの植物が世界の二大州を不幸にしたことはよく知っている。まず、二つの植物を植え付けるための土地を得ようとしてアメリカ大陸の森林が伐採された。そして今、この植物を栽培するための民族を得ようとしてアフリカの人口が減らされつつある。〔……〕黒人法は彼らのために作られたと言われる。成る程そうかもしれない。しかし主人たちの無情さは許容された懲罰の限界を超えているし、彼らの吝嗇は黒人たちに与えられる筈の食物、休息、報酬を窃取している有様である。〔……〕私は世の悪弊と勇猛果敢に戦っている哲学者たちが、黒人奴隷制についてはからかい半分に口にするだけで、殆ど意見を述べようとしなかったことを残念に思う。彼らの関心はとんでもない方を向いているのである。彼らはサン＝バルテルミーの虐殺や、スペイン人によるメキシコ人の大量殺戮については語るが、この黒人奴隷という犯罪については、それが今日の犯罪、しかもヨーロッパの半分が関与している犯罪ではないとでも思っているかのように振る舞っている。〔……〕ヨーロッパの夫人たちが身につける美しいバラ色や紅色の布地も、彼女らがスカートに綿入れする綿も、彼女らの朝食に供される砂糖やコーヒーやココアも、彼女らの肌の白さを引き立たせる紅も、すべて不幸な黒人たちの手が彼女たちのために生み出したものである。心優しい女性たちよ、あなた方は悲劇を見ては涙していますが、あなた方の快楽に供されているものは、この人々の涙に濡れ血に染まっているのですよ。

（サン＝ピエール 二〇〇二、四〇二－四）

自身が嗜むコーヒーや砂糖をめぐり、カリブ海の島々やアフリカの人々がどれだけ悲惨な目にあっているのか、ルソーが知らなかったはずはない。右の引用文中にあるサン＝バルテルミーの虐殺を書いたのはモンテーニュであり、サン＝ピエールが批判する「彼ら」とは、モンテーニュに続いたフランスの思想家たちのことである。ルソーもまた、フランスの他の思想家たちと同じく現実におきている問題に関わろうとせず、パリの社交界に辟易したあとは郊外の貴族の館に引きこもって、「哲学上の思考実験」という架空の世界に没入したのである。

ルソーの言動をみても、彼の近くにもいたであろう貧しい民衆や、こき使われる黒人奴隷への「憐れみの情」を感じとることはできない。彼は『エミール』や『新エロイーズ』において農村でつつましく生きる人々を描いているが、その「まなざし」は、牧歌的生活への憧憬であって、農村の現実をみつめたものではない。現実をみようとしないルソーによる農村への「まなざし」は、見たことも会ったこともない「未開人」や「カライブ人」の生活を、自由で平等で平和で健康的な人間の理想像として称揚するのと通じている。

ルソーが「カライブ（カニバル）人」に興味をもつきっかけとなった十六世紀のモンテーニュは、自身の興味の赴くままに、フランスにやってきた三人の「カニバル人」と接見している。一方、十八世紀の国際都市パリに生きたルソーは、十七世紀の文献のなかに「カライブ人」を探すばかりで、現実のカリブ海地域には興味を示さず、また、現実のカリブ人に会おうとも知ろうともしなかった。ルソーは「カライブ人」を、「同じ世界を生きる人間」とみなそうとせず、文献の中の「世界の果て」に閉じ込めたのである。

ルソーが生きた十八世紀半ば、フランス領カリブ海は、ハイチとともに、マルチニックやグアドループといったフランス領小アンティルの砂糖プランテーションも軌道にのり、宗主国フランスに莫大な富をもたらしていた。ルソーが、『人間不平等起源論』を執筆していた一七五四年前後のパリには、役人、軍人、宣教師、商人、植民者として小アンティルでの滞在経験をもつ人々がおり、その家族や使用人などとしてやってきたカリブ人が多少なりともいたはずである。また、小アンティルを含むフランス植民地の動向は、すでに普及をはじめていた新聞などにより、フランス社会に伝えられていた。

にもかかわらず、ルソーは、一世紀前の文献のなかに「カライブ人」を探すばかりで、現実のカリブ人を知ろうとしなかった。ルソーは『エミール』のなかで、当時のパリの文化人を批判して「人々は、読んだことは知っているのだと思い、自分はもうそれを学ぶ必要はないと思いこんでいる」（一九六四、二一二頁）と書いているが、この言葉はルソー自身を表わしている。

ただし、十八世紀中盤のフランスの知識人のなかで、なにもルソーだけが現実のカリブ海諸島でなされている大規模かつ過酷な黒人奴隷の状況を黙殺していたわけではない。『百科全書』の執筆者の一人であるモンテスキュー（Charles-Louis de Montesquieu, 1689-1755）は、主著『法の精神』〔1748〕で奴隷制を批判しているものの、その議論の中心は、古代の奴隷制にもとづいた奴隷の起源に関する哲学的考察である。カリブ海諸島の奴隷制を念頭においた第三部第五章「黒人奴隷制について」では、「砂糖を産する植物を奴隷に栽培させるのでなかったら、砂糖はあまりに高価なものとなるであろう。現に問題となっている連中は、足の先から頭まで真黒である。そして、彼らは、同情してやるのもほとんど不可能なほどぺしゃんこの鼻の持主である。〔……〕われわれがこうした連中を人間であると想定するようなことは不可能である」（一九八七b、二六頁）と述べる。

現在では完全に否定されているこうした白人中心の人種主義思想が、イギリスのヒューム（David Hume, 1711-76）やドイツのカントの思想に引き継がれ、ヒトラー（Adolf Hitler, 1889-1945）をはじめとする人種差別主義の理論となる。

『百科全書』第五巻の「奴隷制」の項は、ジョクール（Louis de Jaucourt, 1704-74）が担当した。彼はモンテスキューの議論を要約しつつ、奴隷制の歴史については古代から十六世紀にスペインが新世界の住民を隷属させたことを批判するまでで話を終えた。しかし、十八世紀中頃にあっては、サン・ドマングをはじめとするカリブ海の植民地の過酷な奴隷制こそがフランスに繁栄をもたらしていたこともあり、現実におこなわれているカリブ海域の奴隷制を批判することはフランスの繁栄に対する敵対行為とみなされ、タブーにされていたのである。

フランスで現実におきていた大規模で過酷な奴隷制にたいする批判が起きるには、一七七二年の「サマーセット事件」や一七八一年の「ゾング号事件」をきっかけにイギリスで始まる奴隷制度廃止運動の影響をうけるまで待たなければならなかった。

四、人間の歴史から個人の成長へ

ルソーは『人間不平等起源論』のなかで、「未開人が頑丈な子供であるかどうかはまだわからない」（一九三三、七〇頁）、あるいは「人間はいつまでも子供のままであった」（同八〇頁）と、「未開人」を「子ども」になぞらえている。そして「自然人」を、言語をもたず、集団をつくらず、争わず、他人と交際することもなく、友だちをもとめず、必要とするものだけを欲求し、虚栄心も羞恥心もない、人間の「乳児」のような存在だと設定した。彼は『学問芸術論』や『人間不平等起源論』を執筆していた頃に五人の子をもうけている。身近にいた「乳児」を「自然人」のモデルにしたのだろう。

彼は『エミール』で、「人間を通して社会を、社会を通して人間を研究しなければならない」（一九六三、五八頁）とし、前作『人間不平等起源論』で構想した「人間の歴史」を、『エミール』における「個人の成長」に重ねて考えたことを明らかにしている。『人間不平等起源論』で実際の「乳児」や「子ども」をモデルに「自然人」と「未開人」を設定したルソーは、次作『エミール』では、「自然人」と「未開人」をあらためて「乳児」や「子ども」に当てはめて類推することによって、本来関係のないはずの「人間の歴史」と「個人の成長」を結びつけた。つまり、ルソーによる「自然人」と「乳児」の関係、「未開人」と「子ども」の関係、「人間の歴史」と「個人の成長」の関係は、それまでヨーロッパでなされてきた「野蛮な人食い人種」と「高貴な野生人」の言説と同じく、実態と乖離したところで無限につづく合わせ鏡になっているのである。

『エミール』と同じ一七六二年に、ルソーは後のフランス革命（一七八九〜）の思想的支柱となる『社会契約論』を著している。これは現実の不平等な社会がつくられていく過程を構想した『人間不平等起源論』の続篇といえるものであり、不平等な社会を平等で公平な社会に立て直す過程が構想されている。ルソーはここで、国民すべてが合意する一般意思のもとに社会契約を結ぶことによって自由と平等を取り戻すのだ、と主張する。ルソーのこの考えは、「民主主義」のはじまりであるとともに、「全体主義」のはじまりでもあった。つまり、教育論の『エミール』と社会改革論の『社会契約論』は、「人間／社会の再建」という同一のテーマに基づいているといえよう。

ルソーは、『エミール』の執筆を終えて出版をまっていた一七六二年初めに出した友人への手紙に、「あの木の下で十五分のあいだに天啓のようにひらめいた無数の偉大な真理のうちで、記憶にとどめえた限りのものは、私の三つの主要な著作、つまり、あの最初の論文と不平等論と教育論のなかに、ごく薄められた形でちりばめられています。この三作は分けられないもので、あわせて一つの全体をつくっているのです」（一九八一、四七二―三頁）と書いている。ルソーは、『学問芸術論』［1750］を書き始める段階で、すでに『人間不平等起源論』と『エミール』、すなわち、「人間の歴史」と「個人の成長」を結びつけて考えていたことになる。ルソーの言葉をそのまま信じることはできないにせよ、少なくとも彼は、『エミール』執筆後においては、そのキャリアのかなり早い段階で、自分は「人間の歴史」と「個人の成長」を結びつけて考える構想をもっていたと感じていたのである。

五、実感がないという実感

ルソーが『人間不平等起源論』において構想した「人間の歴史」とは、あくまで「哲学上の思考実験」であり、実際の人間の歴史とは別ものであることは本人自身が承知していた。ルソーは、神が創造したままの「自然人」を設定する一方で、人間の歴史に関する事実を知ろうとはしなかった。ルソーは、当時のキリスト教徒のたいていがそうであったように、「人間の起源」に関する考察をタブーの領域に押し込めて、思考を停止させていた。そして、神が創造したという「自然人」を、「文明人」である自らの「他者」として位置づけた。

ルソーは『エミール』で自ら事実ではないと認めた「人間の歴史」をもとに、さらなる「哲学上の思考実験」を重ね、本来は「人間の歴史」とは関係ないはずの「個人の成長」を構想した。彼は、「自己観察から着想をえた」（一九六五b、二〇三頁）といって、自分の心をみつめる内省から得られた「実感」をたよりに、「人間の歴史」から「個人の成長」を類推した。

彼は『エミール』に、「幼いころのなつかしい日々をわたしに描いて見せる。〔……〕好んで十歳のときにしたことを思い出す」（一九六二、二二四頁）と書き、その一例として、肝試しの思い出のような少年時代の記憶を盛り込んでいる。別のところでは「記憶と推論とは本質的にちがう二つの機能であるとはいえ、それらはあいともなわなければほんとうに発達しない」（同一六三頁）とも記しているが、内省という研究手法をとるルソーにとって、自らの記憶と推論が『エミール』における「個人の成長」の構想を支えていたのである。

「五、六歳の時まで、〔自分が〕したことは覚えていない」（一九六五a、一五頁）とルソーはいう。人間だれしも生後数年間の記憶をもたない。そのために人間は、自分自身がかつてそうだったはずの生後数年間の自分と現在の自分とが同じである、という実感をもつことができない。

本書序章で述べたように、ルソーは『エミール』の冒頭で「人は子どもというものを知らない」（一九六二、一八頁）と書いている。この有名な一節は、同書の第三編にある「わたしたちは子どもの状態に自分をおいて考えることはけっしてできない」（同二九五頁）という一文と結びついている。彼は「自分は生まれたときの自分と同じ人間であるという実感がないという実感」のもとに、「わたしたちはだれひとりとして、子どもの状態に自分をおいて考えることができるほどすぐれた哲学者にはなれない」（同一八〇頁）と規定した。つまり、ルソーの内面における「実感」と「実感がないという実感」こそが、彼の研究方法と議論を形づくっている。そして、どれだけ内面をみつめてみてもたどり着くことのできない自身の「乳児期」を、やはり事実の追求をタブー化されていた「自然人」と比定することで、自らの「他者」とみなすのである。

六、『エミール』のなかのカライブ人

ルソーによる「カライブ人」に関する記述は、一七五五年に出版された『人間不平等起源論』には頻出するが、以降の著作にはあまりない。というのも、『人間不平等起源論』執筆時に、「未開人」に関する「十分な根拠」を求めて『テルトル神父の博物誌』などを参照したのと異なり、その後の『社会契約論』や『エミール』の執筆にあたっては、個別具体的な事例を検することなく、一般論として「未開人」や「自然人」を扱っているからである。「わたしはとうとう旅行記をほうりだしてしまった。そして、それらを読んでなにか学ぼうとして時間をついやしたことを残念に思った。観察すべき事実はどんな種類のことでも、読んではならない。〔……〕旅行家のうそと不誠意のなかから真実をみつけださなければならないとしたら、どういうことになるか」（一九六四、二一三頁）と『エミール』には書かれている。

一七六二年に刊行された社会改革論の『社会契約論』、教育論の『エミール』、恋愛小説の『新エロイーズ』は、パリの喧騒を嫌った四十代後半のルソーが、郊外の瀟洒な館で執筆したものである。この頃のルソーは、ディドロを中心とした百科全書派との交流を避けており、彼らが重視していた「十分な根拠」をかなぐり捨てようとしていた。

ルソーは『エミール』について、「人々にとって真に有益な一冊の本、人々に与えうるもっとも有益な本のひとつとさえなりうると、十分な根拠をもって考えていた」

（一九六五b、二〇三頁）と述べている。百科全書派が求める「十分な根拠」を念頭にこの一文を書いたのだろう。ただし、ルソーの研究方法は自らのこころをみつめる内省的なものであり、「十分な根拠」と呼びうるものではない。ルソーがいう「十分な根拠をもって考えていた」とは、百科全書派に対する皮肉をこめた啖呵であり、彼らがいちいちうるさくいう「十分な根拠」など内省によって得られる実感があればそれ以上必要ない、という意味である。

そうしたなか、『エミール』では一カ所だけ「カライブ人」が言及されている。

> カリブ〔カライブ〕人のほうがわたしたちよりずっとしあわせだ。〔……〕こういうむちゃな用心をしないところでは、人間はみな大きく強く、均整のとれた体をしている。子どもを産衣でくるむ国には、せむし、びっこ、がに股、発育不全、関節不能など、あらゆる種類のできそこないの人間が、うようよいる。〔……〕わたしたちよりも分別のある民族のあいだでは、子どもは手足を完全に自由にすることができる状態で養育されているが、そのたくさんの子どものなかの一人としてけがをしたり、かたわになったりする者は見られない。子どもは危険になるほどはげしい運動をすることができない。たとえはげしい運動をする姿勢をとったとしても、すぐに苦痛を感じて、やめてしまう。
>
> （ルソー一九六二、三三－三七、傍点引用者）

カライブ人のほうがフランス人より「ずっとしあわせ」で「分別のある民族」であると語るこの一文は、『人間不平等起源論』に書かれたルソー④（一九五頁参照）の延長線上にある。そしてこのルソー④は、彼が『テルトル神父の博物誌』のなかのテアトル④をもとに書いたものだった。なお、「子どもを産衣でくるむ国」はフランスのことである。ルソーの時代、乳児は危険にさらされないようにと布に巻かれて身動きができないようにされていた。

『人間不平等起源論』では、テルトル神父が記録した「子どもに力がついてくると、立ち上がって、転んだり、歩いたりする」（二〇二〇a、一一七頁）という一節が無視され、人が二本足で立つには「われわれの手本とわれわれの教えが必要」（一九三三、一三五頁）だとしていた。『人間不平等起源論』執筆時のルソーは、動物によって育てられた野生児に強い関心をもっていた。発見された野生児が動物のように四つん這いで歩いていたとの報告から、彼は「自然状態」の人間はそうやって歩くものだと考えた。だが、『聖書』では「神は、神に似せて人間をつくった」と説いており、人間の「自然状態」が四足歩行であると明記することは「神への冒瀆」を意味していた。そのため、『人間不平等起源論』では「自然人」の四足歩行説は仄めかす程度に抑えられていた。

しかし、『エミール』では、『人間不平等起源論』では無視したテルトル神父の「子どもに力がついてくると、立ち上がって、転んだり、歩いたりする」というさきほども引用した観察記録をもとに、「子どもは危険になるほどはげしい運動をすることができない」と説いた。どういうことか。ルソーは『エミール』で、人間が生まれながらにもつ「自然」を育むことによって健全な身体がつくられる、という「自然の教育」を掲げた。仮に四足歩行が人間の「自然状態」だとするならば、ルソーが人間の「自然状態」に最も近いとした「カライブ人」もまた四足歩行でなければおかしいことになる。しかし、『テルトル神父の博物誌』によると、乳児をのぞけば、カリブ人は二足歩行をしている。世界のどこにも四足歩行の民族など存在しないのである。そこでルソーは、二足歩行が人間の「自然」な歩き方である、とそれまでの考えを変えたのである。ルソーが『エミール』で「自然の教育」を説くためには、「自然人」は二足歩行でなくてはならず、そのほうが『聖書』とも整合し、「自然の教育」を説くのに都合がいいからだ。

こうして人間の「自然」な歩行に関する自説を四足から二足へと変更したルソーは、四足歩行説ではその存在を無視していたテルトル神父の一文を、『エミール』では自説に都合のいい事例として議論を展開したのである。

七、『エミール』のなかの人食い人種

『エミール』には、「人食い」について語る文章もある。

他人のものをなにもほしがらない未開人は、自分の土地のほかにはどこの土地も知

らないし、知ろうともしない。〔……〕けれども、わたしたちは文化生活を必要としているし、人間を食わずにすませられないことにもなっているので、わたしたちはみんな、むさぼりくえる人間がいちばんたくさんみつかる地方をうろついているほうが得になる。こういうわけで、すべてはローマへ、パリへ、ロンドンへ殺到する。

（ルソー一九六四、二二九頁）

右の引用で、ルソーは「他人のものをなにもほしがらない未開人」と「ローマやパリやロンドンに住んで文化的生活し人間を食わずにすませられないわたしたち」とを対比させている。むろんこの「人食い」はあくまで比喩であって、字義どおりの意味ではない。ただしこの一文は、すでに言及したように、モンテーニュが『エセー』所収の「人食い人種について」のなかで、ヨーロッパにおける残忍な殺戮を「私は死んだ人間を食うよりも、生きた人間を食うほうがずっと野蛮だと思う」（一九六五、四〇四頁）と表現したことを踏まえている。

『エミール』の執筆にとりかかる頃、ルソーはディドロ、ダランベール、グリムといったパリを拠点とする百科全書派のメンバーと論争を起こし、地方都市のエルミタージュやモンモランシーの貴族の館に暮らしていた。彼がいうような、ローマ、パリ、ロンドンで文化生活をおくる「人食い人種」とは、在パリの百科全書派を念頭にしたものである。フランス社会を支配する貴族の庇護を受けて郊外の瀟洒な館で快適に文筆をすすめるルソーが、身分制の解体を唱え、パリで学問に励むかつての仲間を「人食い人種」呼ばわりするのは、人を人と思わない、「人を食った」態度といえよう。

一七五七〜八年、ルソー四十六歳の頃、彼は長年交友をつづけてきたディドロをはじめ、グリム、デピデ夫人たち、そしてそれまで彼を支え、互いに切磋琢磨してきた友人たちと決別した。

八、ルソーの『言語起源論』とフランス

ルソーは『人間不平等起源論』とともに『言語起源論』を書いている。『言語起源論』は、当初『人間不平等起源論』の一部として書かれたが、そこだけが抜き出され、彼の没後に出版された。

『言語起源論』の冒頭で、ルソーは「ことばを話すことによって、人間はほかの動物から区別される」(二〇一六、一一頁)と語っている。このルソーの一文は、古代ギリシャのアリストテレスから脈々とひきつがれてきたヨーロッパ思想の根幹である。

ルソーに限らずとも、ヨーロッパの思想家たちにとって言語の起源を説明することは重要なテーマであった。ルソーも『人間不平等起源論』で、未開人は人間的な情念をもたないから言語を必要としない、だから未開人には言語がない、と論じている。

実際には、言語を持たない民族は世界のどこにもいない。当然、ルソーが「未開人」

の典型としたカリブ海小アンティルのカリブ人やアフリカのホッテントット人も言語をもっていた。ルソーが「カライブ人」像を作り上げるうえで典拠とした『テルトル神父の民族誌』には、テルトル神父とカリブ人との会話がいくつも紹介されているし、テルトル神父の同僚であるブルトン神父はカリブ語の辞書、文法書、公教要理《カテキズム》をパリで出版しているが、ルソーはそれらの存在を無視した。

古代ギリシャでは、ギリシャ語のみが言語とみなされ、それ以外の言語は「野蛮人」が口にするわけのわからないものとされていた。そして、詩歌の朗読を重視した識字教育が古代ギリシャでおこなわれていたことから、文字は詩歌を書きつけるために生まれたものと考えられるようになった。『言語起源論』においてルソーは、「情念から自然に発声される詩や歌を残そうとしたことに文字の起源がある」と論じているが、それはルソー独自の考えではなく、当時の常識を反映したものだった。

しかし、事実は異なる。世界初の文字であるシュメールの楔形文字の数字や表意文字は、保存食料を管理するために発明された。そして、楔形文字の一部が、文字によって表わされる意味を離れて音を表わす表音文字となり、それをもとにギリシャ語のアルファベットが生まれ、ラテン語へと引き継がれた。このラテン語がローマ帝国の拡大とともにヨーロッパ各地に伝わり、ヨーロッパ諸言語の表記にアルファベットが使われるようになったのである。

ルソーは、文字の種類とそれらの文明度について「事物の描写は野生人に適しており、語や節の記号は野蛮な国民に、アルファベットは文明化された国民に適している」(二〇一六、三四-五)と記している。なんとも偏見に満ち溢れたヨーロッパ中心主義的な思考である。実際には、アルファベットの「A」の起源が「牛」であり、「B」の起源が「家」であるように、アルファベットは、漢字、エジプト文字、マヤ文字などの表意文字と同じように「事物の描写」に発している。現代では、中国文明、エジプト文明、マヤ文明などの表意文字をもつ文化は文明とみなされているが、ルソーはそれらの文化を「野生(未開)」に分類した。

言語の「国語化」は、近代国家の成立と一にしている。ヨーロッパの諸語の場合、それは一四九二年に「国土回復運動《レコンキスタ》」と新世界「発見」を同じ年に成し得たスペインにはじまる。奇しくも同じ一四九二年、後に「近代文法学の祖」とされるネブリハ(Elio Antonio de Nebrija, 1441?-1522)が、『カスティリャ語文法』を出版した。そもそもはスペインの一地方言語の文法書として企画された書物であるが、カスティリャ王国によるスペイン統一によってカスティリャ語がスペイン国家の言語となり、スペインの新世界進出によってスペイン帝国の言語となった。

スペインの次に、「国語化」の道を進んだのがフランスであった。一五二二年に『新約聖書』がフランス語に訳され、以後、中央集権化の過程とともにフランス語の「国語化」が進み、ルイ十四世による絶対王政のもと設立された王立科学アカデミーによる『アカデミー・フランセーズ辞典』[1694]によって確立した。フランス語はフランスの中央集権体制を支えるとともにフランス植民地の言語となり、また、フランスの威勢の広がりとともにヨーロッパの外交の言語となって、フランス語の覇権はルソーが生きた十八世紀を通じて拡大していった。

フランス生まれのカルバン（Jean Calvin, 1509-64）による宗教改革の拠点になったのが、ルソーの故郷スイスのジュネーブである。カルバンは教会でのフランス語の使用を推し進めて、フランス語がジュネーブの言語となった。また、一六八五年の「ナントの勅令の廃止」の際には、フランスを脱出した多くのプロテスタントがジュネーブに流入した。十八世紀のジュネーブ共和国で生まれ育ったルソーは、フランス語を母語とし、生涯を通じてフランス語以外の言語を習得することはなかった。

『人間不平等起源論』［1755］や『社会契約論』［1762］で、わざわざ自分を「ジュネーブ人」であると主張したルソーであるが、実態としては、年を重ねるとともにフランスという世界一強大な国家にアイデンティティを重ねるようになっていった。

ルソーは、『エミール』のなかで「世界のすべての国民のなかで、フランス人はいちばん旅行する国民だ」（一九六四、二一四頁）と述べている。実際、彼が生きた十八世紀半ばのフランスは、北米大陸のヌーベル・フランス（現在の米国ルイジアナからカナダのケベックにかけての広大な地域）、カリブ海のサン・ドマング（ハイチ）、小アンティル、南米ギアナと、新世界に広大な植民地をもち、本国と新世界との往来が盛んで、新世界に関するかなり正確な情報が母国フランスに伝えられていた。ルソーは、フランスこそが世界でもっとも豊かで、広大な領土をもち、先進的な国家であることを理解していたからこそ、その「文明」を批判したのである。

一七六二年に『エミール』が出版されると、そのなかの「サヴォワ助任司祭の信仰告白」が、カトリックとプロテンタントの双方から無神論であると問題視され、パリとジュネーブで焚書となり、ルソーに逮捕状が出された。彼はスイスの山村やイギリスで逃亡生活を送るが、やがて被害妄想にさいなまれるようになった。

一七七〇年、五十八歳のときパリに戻ってきたルソーが、しばらくして自己弁明のために書いたのが『ルソー、ジャン・ジャックを裁く――対話』である。この書は、「ジャン・ジャック」について「ルソー」が「フランス人」と対話するという設定で書かれている。はじめは「ジャン・ジャック」に対して批判的な「フランス人」だが、「フランス人」が「ジャン・ジャック」をよく知る「ルソー」との対話を重ねるうちに、「ジャン・ジャック」のことを理解していくというストーリーである。対話は、両者が互いの人間性を認め合うことによって成り立つ。ルソーが本書に登場する「ルソー」の対話の相手を「フランス人」にしたのは、ルソーがそのアイデンティティをフランスに重ねていたからである。ルソーにとって「フランス人」こそが、自らと同じ言語をもち、自らと同じ社会にいきる「人間」だったのだ。

一方、ルソーは、「カライブ人」を「未開人」の典型とみなし、言語、社会、未来の観念、美意識、恋愛といった人間性をもたない、人間であって人間でない存在だとすることによって、『人間不平等起源論』を書き上げた。しかし、もし、「カライブ人」が言語や社会をもっていて、「人間的」だとすれば、ルソーにとってそれは「不都合な事実」となる。そして、事実は、ルソーにとって不都合なものであった。おそらくルソーはその「不都合」を察していたのだろう。だから、おそらくパリに何人かはいたであろうカリブ人に会おうとせず、カリブ人との対話を避けた。ルソーにとって「カライブ人」は「世界の果て」にいるべきものであって、自分と同じ社会にいてはならない存在だったのである。その『ルソー、ジャン・ジャックを裁く――対話』は著者の没後、一七八二年に出版された。

九、デフォーの『ロビンソン・クルーソー』と文化帝国主義

ルソーは『エミール』のなかで、ダニエル・デフォーの『ロビンソン・クルーソー』[1719]を子どもへの唯一の推薦書としている。この書は、ロビンソン・クルーソーという冒険家の体験記として出版された。

南米大陸北部オリノコ川河口沖、つまりカリブ海小アンティルで遭難したイギリス人が、難破船から、ペットのイヌ、ビスケットや小麦といった食料、食器類、刃物や工具、銃や爆薬、衣類などを運び出し、一人、無人島で暮らし始める。ロビンソンは、毎日、木に傷をつけて日付と曜日を確認する。食料が尽きてきたころ、野生のヤギを捕まえて

飼うようになり、その乳からチーズやバターをつくる。そして難破船から運び出した小麦を土に撒いて収穫し、パンを焼く。やがて相棒のイヌが亡くなる。

ある日、カニバル人の一行がこの島に上陸し、彼らのうち一人を殺して食べようとしていた。ロビンソンは銃でカニバル人を殺して、食べられそうになっていた青年を助け出す。彼はその青年に、出会った曜日にちなんでフライデーと名付けると命の恩人と慕われることとなり、二人で共同生活をはじめる。ロビンソンは、フライデーに英語やキリスト教を教える……といった物語である。

ロビンソンは、洋服を着て、小麦のパンにバターを塗って食べ、工具や銃を使いこなす、というようにヨーロッパ人としての生活様式を維持する（実際には、小麦は小アンティルのような熱帯雨林帯では育たないが）。そして、毎日、日付と曜日を確認することによってヨーロッパと時間を共有しながら、いつの日かイギリスに帰る日を待つ。ロビンソンは服を脱ぎ捨てることはなく、小アンティルの人々の主食であるキャッサバ・パンを焼くこともない。この地域に住むイグアナやナマケモノを捕まえて食べることもなければ、挨拶の域を超えたカリブ語をフライデーから学ぶこともせず、カリブ人女性と恋に落ちることもない。自らを島の支配者とし、出会ったカニバルの青年から、カニバル人としての名前や生活様式、信仰を捨てさせて、ヨーロッパ風の名前と宗教を与えて自分の従者にする。ロビンソンは何人ものカニバル人を殺害するが、「人食い人種」を殺すことに罪の意識をもたない。

『ロビンソン・クルーソー』の初版タイトルは、『ヨークの船乗りロビンソン・クルーソーの生涯と奇妙な驚くべき冒険――彼はオリノコ大河の河口近く、アメリカの海岸の無人島で、八年と二十年の間たった一人で生きた。難破船から海岸に投げ出され、彼以外の全員が死亡した。そしてついに海賊によって奇跡的に救われたことの報告』である。「たった一人で生きた」というように、ペットのイヌと同じく、カリブ人を「人間」に含んでいない。

なぜルソーは『ロビンソン・クルーソー』を子どもに勧めるのか。「ロビンソン・クルーソーは、かれの島にあって、ひとりで、仲間の助けをかりることなく、どんな技術の道具ももたず、しかも生きながらえ、自分の身をまもっていくことができ、さらに、快適な生活といえるようなものさえ手にいれることができた」（一九六二、三二五‐六）からだという。ルソーにとって、難破船から運び出したささやかな品々は「技術の道具」と呼びうるものではないようである。現地の人々の生活様式をとりいれることもなく、あくまでヨーロッパ的な生活を貫くことが「快適な生活」なのだ。小麦のパンや食器、工具、銃などは「人間的」に生きるための「必要なもの」であって、それらを捨て去る生活など「恥辱」でしかないのである。

ルソーは、ロビンソン・クルーソーとおなじく、ヨーロッパ社会に「征服」されるべきものとしてそれ以外の世界をみなした、文化帝国主義者だった。

十、ルソーと文字

人間は、言語や文化の違いにかかわらず、一歳くらいで言葉を話しはじめ、五歳頃には、日常会話がだいたいできるようになる。言語の習得に教育制度はいらない。一方、文字を読み書きする識字能力を獲得するためには、系統だった教育が必要である。文字は長らく、食料、モノ、土地を管理したり王朝史を残したりする一部のエリートのみが扱うものだった。

ヨーロッパにおいて一般の人々に識字教育が普及したのは、十六世紀からの聖書普及運動と、十九世紀以降の国家教育によるところが大きい。ルソーが生きた十八世紀半ばのパリでは、半数ほどの人々が読み書き出来たようだが、フランス全体ではそれに遠く及ばなかった。

ルソーは『告白』のなかで、「五、六歳の時まで、〔自分が〕したことは覚えていない。どんなふうにして読み方を覚えたかもわからない。ただ最初に読んだ本のことと、それがわたしにあたえた影響のことしか思い出せない」（一九六五a、一五頁）と書いている。読み書きの習得には、何年ものトレーニングが必要である。ルソーが最初に読んだ本を覚えていても、読み書きのトレーニングのことを覚えていないとは、なんとも不可解である。

また、『エミール』では、「わたしは書物がきらいだ。書物は知りもしないことについて語ることを教えるだけだ」（一九六二、三三四頁）といい、子どもには、ただ一冊『ロビンソン・クルーソー』を与えればよしとしている。この架空の少年エミールは、識字教育を受けないままに『ロビンソン・クルーソー』を読むという、ありえない設定になっているのだ。

ルソー自身は、七歳の頃にはプルタルコスの『英雄伝』に熱中していたという早熟の読書家であり、文筆を生業とした。晩年、精神を病み、語り合える仲間を失いながらも『告白』、『ルソー、ジャン・ジャックを裁く——対話』、『孤独な散歩者の夢想』のように自身を題材にした書物を書き残し、没後に出版されたことは、空間と時間を超える文字の力を知り尽くしたルソーだからこそなせることであった。ルソーは、徹頭徹尾「文字の世界」を生きる「文字の人」だったのだ。

文字は、膨大な情報の蓄積とともに、それを読みとることで高度な論理展開を伴う議論を可能にする。ルソーの著作群は、ルソー自身に高い識字能力がなければ、彼の考えが生まれることはなかったはずである。

三十歳の頃、社会的成功をもとめてパリに出てきたルソーは、書物で読み知った前世代のホッブズやロックを批判し、『百科全書』に寄稿する同世代の書き手たちを友人にした。しかし、『エミール』の執筆の頃から猜疑心や被害妄想にさいなまれ、精神を病むようになると、百科全書派の仲間たちと絶縁したうえに彼らを「敵」と呼び、さらには「人食い人種」呼ばわりまでするようになる。というのも、ルソーが生きる「文字の世界」の中心を担い、「文字の世界」を主体的に形成していたのが、当時、ヨーロッパを代表する知識人集団の百科全書派だったからであり、ルソーはそのことを充分に意識していたからである。

「万能の天才」と呼ばれ、ルネサンス期に活躍したレオナルド・ダ・ビンチ（Leonardo da Vinci, 1452-1519）は、絵画や工学の分野で多くの功績を残しながらも、哲学や文学の分野での仕事はあまりない。彼はスケッチをともなった数々の手記を残しているが、その文字内容は、議論ではなく、短い言葉と寓話そして技術的なメモである。レオナルドは、現代では文字の読み書きに困難をかかえるディスレクシア（失読症）であったと考えられている。一方、ルソーは、彼より二五〇年ほど前を生きたレオナルドについては何も語っていない。どれだけの偉業を残そうとも、文字で議論をしなかったレオナルドを、ルソーは議論の俎上にのせなかった。

ルソーは三十歳のときから交際を続けたテレーズと、五十六歳になって結婚した。テレーズは、貧しい家に生まれ育ち、読み書きは苦手だった。ルソーは、テレーズとのあいだに五人の子どもをもうけるも五人とも孤児院に送った。そして、テレーズに食事などの身の世話をしてもらい、幾人もの貴婦人との恋愛を重ねた。

晩年のルソーは、テレーズと暮らしていたにもかかわらず、遺作の『孤独な散歩者の夢想』を、「こうしてわたしは地上でたったひとりになってしまった。もう兄弟も、隣人も、友人もいない。自分自身のほかにはともに語る相手もない」（一九六〇、一一頁）と書き出している。「地上でたったひとりになってしまった」というのは、あくまで社交界や学問上の議論から身を引いたということでしかない。彼は自著のなかで孤独ぶるのは、読み書きのできないテレーズが「文字の世界」に入れないことを知っていたからである。文字をもたない人は、「文字の世界」の客体として扱われることはあっても、主体として参加することはない。

ルソーにとっても、文字をもたない人は、社会生活を営む知的な存在としての「人間」ではなかった。文字をもたない人の人間性を認めず、「人間であって、人間でない」存在とした。ルソーが「文字の世界」において読み書きが苦手なテレーズの存在を無視したのは、文字を持たない「カライブ人」を「未開人」と蔑み、言語や社会をもたない「人間であって、人間でないもの」とみなしたことと通じている。

第四章 カリブからの問い

一、文字を必要としない社会

ルソーは「カライブ人」を、言語も社会ももたない「未開人」の典型とみなした。実際のカリブ海小アンティルのカリブ人は、言語をもっていたし、『テルトル神父の博物誌』に記録されているように、村の長、戦争の指導者、船長、シャーマンと複数の指導者が存在する社会をもっていた。ルソーが生きた十八世紀半ばのフランスと、カリブ海小アンティルのカリブ人との違いは、言語や社会の有無ではなくて、文字の有無であり、定住型の農耕社会か移動型の狩猟採集社会かという違いである。

人類初の文字は、紀元前三〇〇〇年代のシュメールの楔形文字であり、つづいてエジプトの象形文字であった。これらの地では定期的な大河の氾濫によって農耕に適した土壌が流れ込み、備蓄可能な穀物であるムギを中心にした定住型の農耕社会が発生した。灌漑の発達にともない農産物の生産量が増大すると、人口が増加し、身分や職業が分化して都市国家が誕生した。そして、生産物の備蓄と分配、土地の管理、農耕具の管理なごに必要となる、モノの種類を示す絵文字やその量を示す数字が発明された。都市国家では、国を代表する王、王のもとで土地、水、人、モノ、食料を管理する貴族層、農業などをおこなう一般人、戦争捕虜などとして連れてこられた奴隷、という身分制度が構築された。大河の流域で農耕をするには、いつ雨が降り氾濫が起きるのかを知る必要があり、王こそが天候を統制する力をもつ神だとみなされた。こうして神格化された王は、王朝史を書き残すことによってその権威を世襲化した。

一方、移動型の遊牧民や狩猟採集民は、そもそも備蓄するものがないので、その保管の必要性もなく、管理に必要な文字や数字が生まれなかった。また、集団を率いる者は、実際の人格と能力にもとづいて決められたので、王朝の歴史を文字にして世襲化する必要もなかった。無文字社会とは、文字を必要としない社会なのである。

約二〇万年前に発生した現生人類は、約七万年前に言語を獲得して以降、ずいぶん長い間、文字を持たずに生きてきた。アルタミラやラスコーの洞窟壁画、ホーレ・フェルスのビーナス像、ホーレンシュタイン・シュターデルのライオン像といった、約三万五〇〇〇年前の人類初の芸術作品の数々は、いずれも文字をもたない人々がつくりだしたものである。日本では、文字を持たない狩猟採集民の縄文人が火焔土器や遮光器土偶といった優れた芸術品を生み出している。狩猟採集民は、五感を研ぎ澄まし、身体能力を発達させて、神や祖先を奉りながら、集団にとって大切な知識や知恵を唄や踊りや儀礼にこめて次世代へと継承した。

カリブ海小アンティルのカリブ人は、魚や動物を捕まえ、木の実や果物を集めて食べる狩猟採集民であったが、また、同時に、キャッサバ芋を育てる農耕民でもあった。キャッサバ芋の栽培は容易で、茎の一部を地中に埋めれば、まもなく成長して収穫できる。出来上がった芋は、必要なときに必要なだけ土から掘り出した。だから、特に備蓄の必要がなく、文字の必要も生まれなかった。カリブ海小アンティルのカリブ人は、キャッサバ農耕はしても定住性はあまりなく、移動性の高い生活をしていた。

二、文明を捨てたインディアン・ワーナー

ルソーは『人間不平等起源論』において、「なんということだろう。社会を打ち壊し、私のものと君のものをなくしてしまい、森へ帰って熊といっしょに暮さなければならないだろうか。これは私の敵たちの流儀による結論だが、私は彼らにそういう結論をひき出す恥も残してやりたいが、同じくらいにその結論を予防したいのである」（一九三三、一五七頁）と書いている。彼は、人間が文明を捨て自然人や未開人になることはできないし、もし、それをしたならば、それは恥辱にほかならず、その人はもう人間ではない、つまり「自然に帰ってはいけない」というのだ。だから「未開」な土地にいっても「文明」を保ちつづける『ロビンソン・クルーソー』を高く評価したのである。

ルソーによって「未開人」の典型とみなされたカリブ人が住んでいたカリブ海小アン

ティル諸島は、一五〇〇年前後のコロンブス一行の何度かの上陸の後、十六世紀の中頃にはイギリス、フランス、オランダなどの海賊があらわれるようになり、十七世紀になると、イギリスとフランスが正式に植民をはじめた。カリブ人は進出してきたヨーロッパ人に激しく抵抗するが、次々に殲滅されていった。

十七世紀後半、ドミニカ島のカリブ人による「インディアン・ワーナーの戦い」(一六六四年、一六七四年)が小アンティル一帯を騒がせた。小アンティル諸島の北半分にあたるイギリス領リーワード諸島の初代知事とドミニカ島のカリブ人女性との子であるインディアン(カリブ)・ワーナー(Thomas "Indian" Warner, 1630-74)は、イギリス貴族の一員としてセント・キッツ島の邸宅で幼少期を過ごした。しかし、継母に虐げられた彼は、青年期になるとヨーロッパ的な生活を捨てて、実母の出身地であるドミニカ島のカリブ人集落に入り、しばらくしてドミニカ島のカリブ人の酋長になった。一六六四年、ワーナーは、ドミニカ島のカリブ人を率いて、当時フランス領だったセント・ルシア島を攻めた。イギリス官憲はこの件をイギリスへの功績とみとめ、彼をアンティグア島の副知事として迎えることになり、ワーナーはドミニカ島の数百人のカリブ人を引き連れてアンティグア島に暮らしはじめた。一六七四年、彼はカリブ人約三〇〇人を率いてアンティグア島からイギリス人を追い出し、「カリブ人の島」にするための暴動を起こした。この暴動は、彼の兄が率いるイギリス軍によって鎮圧され、ワーナーは兄によって処刑された。「インディアン・ワーナーの戦い」とは、ヨーロッパの貴族として生まれながらも、あえてカリブ人として生きようとした人物によって繰り広げられた戦いだったのである。

「インディアン・ワーナーの戦い」は、ルソーが「カライブ人」をもとめて文献をあたった『テルトル神父の博物誌』［1654］と、ほぼ同地域、同時代の出来事である。しかし、ルソーはこの戦いについてはいっさい触れていない。ルソーが「インディアン・ワーナーの戦い」のことを知っていたかどうかはわからない。だが、『エミール』のなかで「わたしたちは文化生活を必要としている」（一九六四、二一九頁）と書いたルソーがこの蜂起について何かで知ったとしても、ヨーロッパ的な生活を捨てることなどあり得ないとして無視したことだろう。

三、無文字社会の文明

一六三五年、フランスはカリブ海小アンティルへの正式な植民をはじめた。職業軍人が知事を兼ねた一六五〇年代、フランスによる小アンティル諸島への進出は暴力的であった。フランスが拠点をおいたマルチニック島とグアドループ島では、すべてのカリブ人が殺害されるかカヌーに乗って他の島に逃亡するかした。グレナダ島では、カリブ人との抗争が一六五〇年から四年間ほど続いた末、生き残ったカリブ人たちは岸壁から飛びおり、集団自決して絶滅した。

小アンティルの島々のカリブ人が次々に死滅してゆくなかで、火山があり平地の少ないセント・ビンセント島とドミニカ島は、英仏の進出が遅れ、カリブ人の島として残った。小アンティルでイギリスとフランスのせめぎ合いがつづいた一六六〇年に、両国はセント・ビンセント島とドミニカ島を中立地帯と定め、植民活動をおこなわないとする取り決めをした。ただし、非公式な進出は続いた。

一六七〇年からカトリックのドミニコ会がセント・ビンセント島で布教活動をするようになり、カリブ人とフランス人との交流がはじまった。セント・ビンセント島のカリブ人は、カヌーに乗ってフランス官憲のあるマルチニック島と行き来して、木材やタバコやハンモックなどを売ったり、銃や刃物、釣り具、装飾品、酒などを買ったりして交易し、刃物や銃で武装するようになった。こうしてセント・ビンセントのカリブ人は、銃や刃物のほかにも貨幣や数字

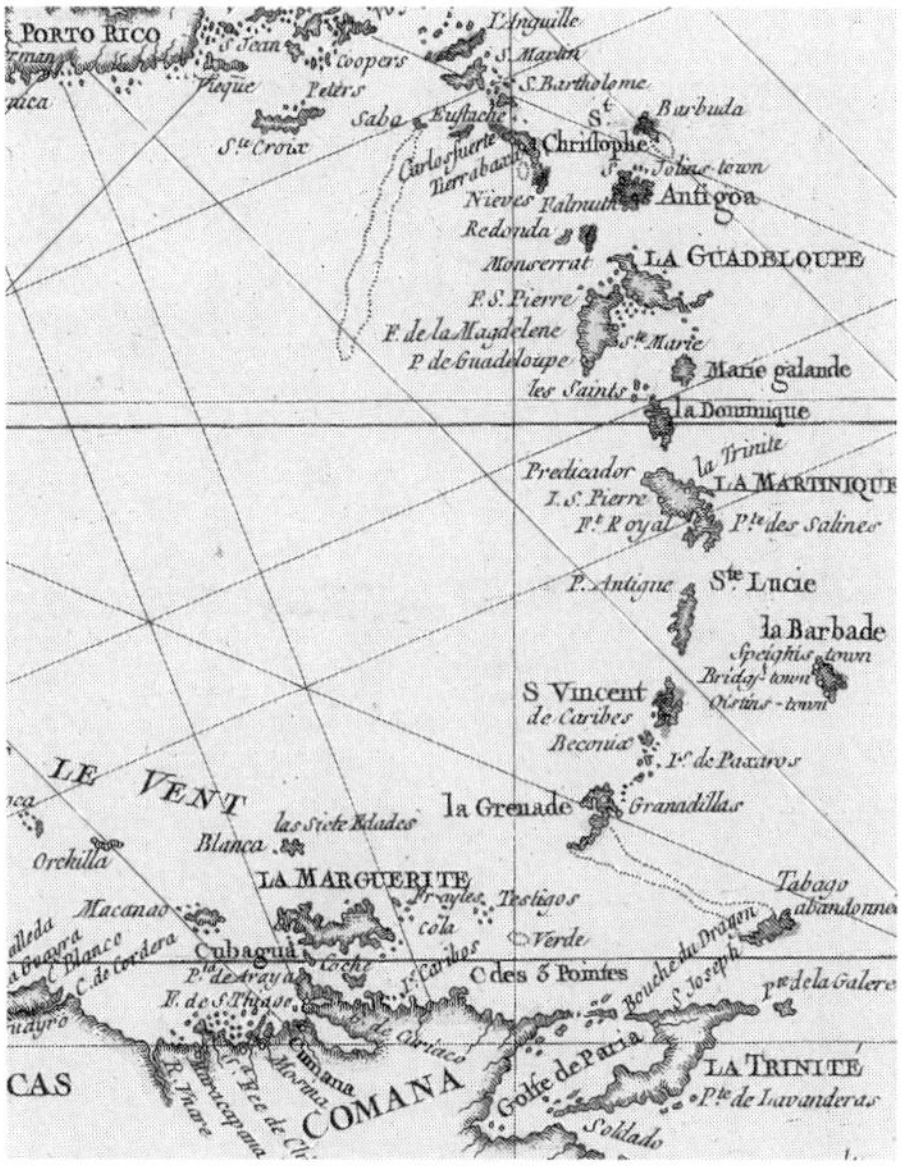

カリブ海小アンティル諸島。
18 世紀はじめのフランスの地図の一部。

といったヨーロッパ社会の「文明」を自らの社会に取り入れるようになった。

火山島が連なる小アンティル諸島であるが、東端のバルバドス島には火山はなく、島全体が平坦である。一六二七年にバルバドス島を占領したイギリスは、黒人奴隷を労働力にした砂糖プランテーションを開始し、一六五〇年代に本格化した。奴隷たちは隙あれば逃亡をはかり、いかだにのって一五〇キロメートルほど西方にあるセント・ビンセント島を目指した。この海域の風は東から西へと吹き、標高一二三四メートルのセントセント・ビンセント島のスフリエール火山をバルバドス島から目視することができる。

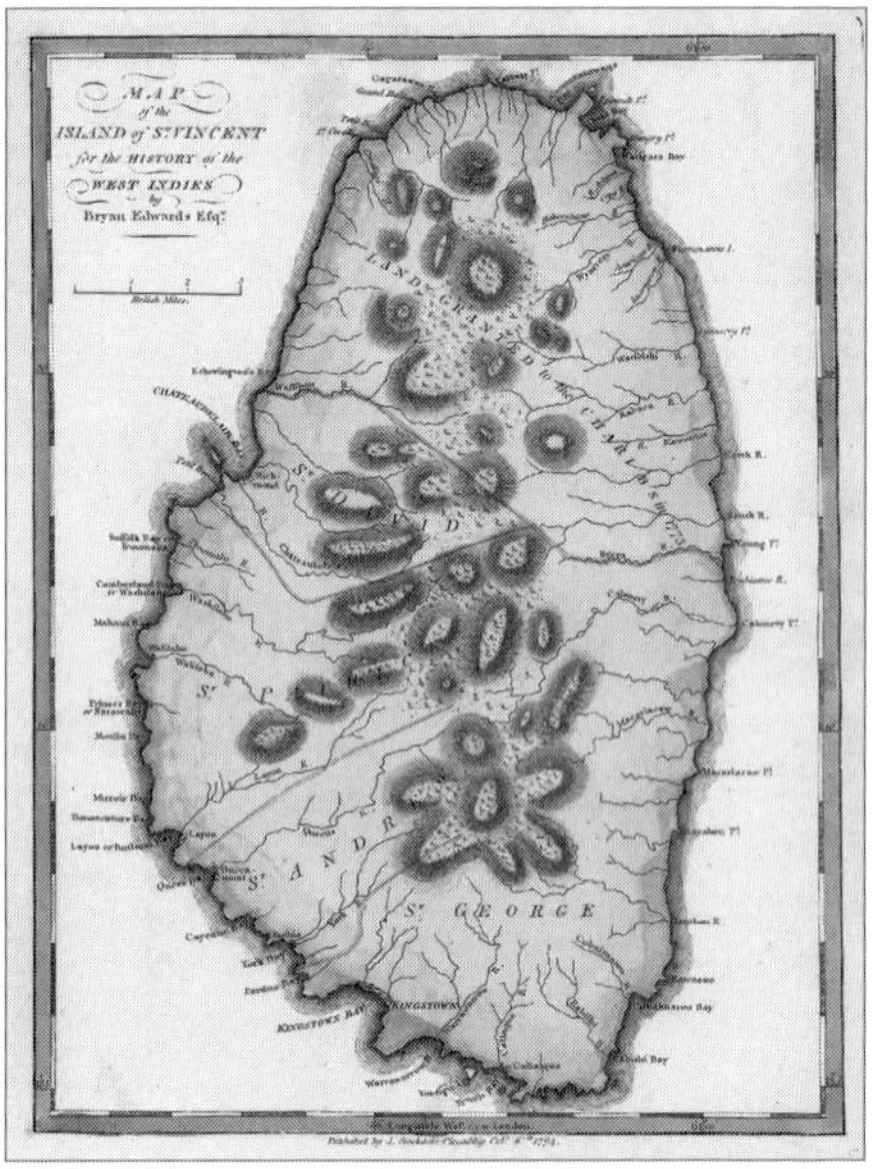

セント・ビンセント島の地図（1794年）。

セント・ビンセント島の東海岸にバラバラにやってきた黒人たちは、先住のカリブ人（アイランド・カリブ）の言語や文化を身に着け、カリブ人の集落に溶け込むことによって生き延びた。こうして十七世紀後半から十八世紀にかけて、セント・ビンセント島ではカリブ人と黒人との混血がすすみ、外見的には黒人であるが、アラワク語系のカリブ海先住民の言語をもち、カリブ人としてのアイデンティティをもつ民族集団が形成された。ヨーロッパ人は彼らを「ブラック・カリブ」と呼び、島の西側に住み黒人と混血してない「レッド・カリブ」（もしくは「イエロー・カリブ」）と区別した。ブラック・カリブとレッド・カリブは、それぞれの酋長のもとに集団をつくり敵対した。

次々に逃亡奴隷がセント・ビンセントにやってくるなかでブラック・カリブの勢力は拡大を続け、レッド・カリブの居住域は浸食されていった。一七〇〇年、レッド・カリブの酋長がマルチニックのフランス官憲に依頼して島を東西に二分割し、レッド・カリブとブラック・カリブの居住域を分ける境界が策定された。

一七一九年、マルチニック島から約四〇〇人のフランス人が黒人奴隷を引き連れて、レッド・カリブの居住域であるセント・ビンセント島の西部に入植した。フランス人はレッド・カリブを仲間につけてブラック・カリブの居住域を奪おうとするが、抵抗に阻まれ断念した。また、島の西側にいた黒人奴隷が東側のブラック・カリブの居住域に逃げ込んだ。

島の東部に住むブラック・カリブは逃げ込んでくる逃亡奴隷を受け入れ、家族や奴隷にしながら勢力を拡大していった。彼らは島の西側に出入りし、フランス人植民者から農業や畜産を習い、トウモロコシ、綿花、インディゴ、タバコ、サトウキビ、カカオ、コーヒーなどの換金植物を栽培し、ニワトリやブタを飼って、フランス人と交易した。

やがてブラック・カリブはフランス的な名前をもつようになり、独自の言語とともにフランス語を扱うようになった。外交は男性の役割だったので、フランス語は主に男性が身につけ、なかにはフランス人植民者のもとで育てられフランス語の読み書きができるカリブ人も現れるようになった。

ルソーが『エミール』などを出版した翌年の一七六三年、パリ条約によってセント・ビンセント島はイギリス領になった。

四、無文字社会の文字

一七六三年、イギリス領となったセント・ビンセント島では島の南西部に首都キングスタウンが建設された。キングスタウンを拠点に島中にサトウキビ畑をつくろうとするイギリス官憲と、島の東側に居住域をもつブラック・カリブは対立した。ブラック・カリブが居住域に侵入してきたイギリスの測量隊を急襲し、「第一次カリブ戦争 First Carib War」（一七六九－七三）がはじまった。イギリスは、北米大陸に駐留する約二〇〇〇人の軍隊を投入するが、地形を知り尽くしたゲリラ戦を展開するブラック・カリブを攻めきることができずに戦況は膠着した。

そして、セント・ビンセント島のイギリス官憲とブラック・カリブとの間で交わされたのが、一七七三年十二月の「平和条約」である。この「平和条約」に、四三人のカリブ人酋長がサインを入れている。条約の文面は、ジャマイカで起きた「第一次マルーン戦争 First Maroon War」（一七三一－三九）終結の際にイギリス側が用いた文面をもとに英語で作成したものであり、懸案の土地問題をブラック・カリブの意向にそって決めるとともに、逃亡奴隷の逃げ込みやフランスとの結託といった、イギリス側が抱えていた懸念を規制して、ブラック・カリブにイギリスへの忠誠を誓わせるものであった。おそらくほとんどのブラック・カリブの酋長は、そこに何が書かれているのか理解しておらず、サインも誰かが代筆したのだろう。実際、ブラック・カリブはこの条約を無視して逃亡奴隷の受け入れやフランスとの関係をつづけた。

ただし、ブラック・カリブの全員がこの条約を理解していなかったわ

「第一次カリブ戦争」（1769-1773年）の平和条約の調印式。アゴスティーノ・ブルニアスによる油彩。

けではない。少なくとも、この条約の署名にかかわった酋長の一人ジョセフ・サトゥエ（Joseph Chatoyer, 1750?-95）は、幼少期にマルチニック島のフランス人植民者のもとで育ち、フランス語の読み書きができた。彼は英語やフランス語の通訳を交えるなどして、条約の内容を理解していたであろう。ジョセフ・サトゥエはその後三十年以上にわたり、酋長としてセント・ビンセントのブラック・カリブを率いた。

一七七五年に北米のイギリス植民地で独立戦争がはじまり、一七七六年には「自由」「自主」「平等」を謳った米国の独立宣言が出された。世界各地でイギリスの覇権が衰えるなか、フランスは一七六三年のパリ条約によってイギリス領となったカリブ海小アンティル諸島の島々の奪還を目指した。一七七八年八月、マルチニックのフランス官憲が、セント・ビンセントのジョセフ・サトゥエの元に八〇〇丁のマスケット銃など各種武器弾薬を秘密裏に運んだ。一七七九年六月に約七〇〇人のフランス軍がセント・ビンセント島に上陸して、ジョセフ・サトゥエ率いる約五〇〇人のブラック・カリブ軍と合流し、イギリス側は交戦することなく降伏した。こうしてセント・ビンセント島はフランス領になった。

一七八三年のベルサイユ条約で、セント・ビンセント島は再びイギリス領となった。イギリス官憲は、ブラック・カリブの居住域に学校を建てて英語の読み書きを教えようとしたが、そこに通うブラック・カリブは現れなかった。一方、「第一次カリブ戦争」の平和的解決のために本国に戻り、イギリス政府と交渉したセント・ビンセント島の大地主ウィリアム・ヤング卿(Sir William Young I, 1725-88)とブラック・カリブの酋長ジョセフ・サトゥエは、家族ぐるみの交流をした。サトゥエの家族はしばしばヤング卿の邸宅を訪れ、彼の息子の一人はヤング卿の邸宅で暮らした。さらに一七八六年十一月、ヤング卿はジョセフ・サトゥエとその家族を、海軍将校として視察にやってきたイギリス王子ウィリアム・ヘンリー(William Henry, 1765-1837、後のイギリス国王ウィリアム四世)に引き合わせ、サトゥエは記念の銀の鎧を授かった。ジョセフ・サトゥエをはじめとするブラック・カリブの酋長たちは、イギリス式の農具を手にいれて、奴隷や使用人を使った近代農業をおこなった。

米国独立戦争(一七七五~八三)への参戦によって財政危機に陥ったフランスでは、絶対王政を敷くブルボン王朝に民衆の不満がぶつけられるようになり、一七八九年七月十四日、パリの民衆がバスティーユ牢獄を襲撃してフランス革命が勃発した。革命軍はルソーの主張「自由」「平等」「友愛」を表わすとされる青、白、赤の三色旗のもとに団結し、ブルボン王朝と戦った。革命はカリブ海へと飛び火し、一七九一年八月二十二日にはフランス領サン・ドマング(ハイチの旧名)で大規模な黒人奴隷の暴動が発生し、ハイチ革命が勃発した。一七九二年、ブルボン王朝が打倒され、その翌年にはルイ十六世が公開処刑された。権力を掌握した最左翼のジャコバン党は奴隷制廃止を決議し、「革命の輸出」を図った。一七九四年、「荒くれども《ブリガンズ》 brigands」と呼ばれるフランス共和国軍がカリブ海小アンティルに到着し、一七六三年のパリ条約以来イギリス領になっていたグアダループ島などを占領して奴隷制度廃止を宣言した。ブリガンズを率いるビクトル・ユーグ将軍（Victor Hugues, 1762-1826）は、偉大な酋長として近隣の島々にまで名を馳せていたセント・ビンセント島のジョセフ・サトゥエのもとに密使を送り、サトゥエと弟のデュバリエに将軍の称号を与え、その証として軍服、サーベル、フランス共和国の三色旗を渡した。現在、中米諸国のガリフナ人が「ガリフナ旗」としている黄、白、黒の三色旗は、このときのフランス三色旗から派生したものと思われる。

一七九五年三月四日、フランス軍が秘密裏にセント・ビンセント島に上陸し、ブラック・カリブ軍と合流して、「第二次カリブ戦争 Second Carib War」（一七九五－九七）が勃発した。「本日中に我々と合流しないものは、この国の敵として扱われることになる。私たちは、彼らを全滅するために火と剣の両方をつかって彼らの土地を焼き払い、彼らの妻と子を殺すことになる」（CO. 260/13, f. 16）とフランス語で記された、サトゥエによる手書きの宣戦布告文がイギリス国立公文書館に残されている。

セント・ビンセントのカリブ人（ブラック・カリブ）は、その内部においては文字のない無文字社会である。ただし、自分たちのリーダーに文字の読み書きができる人物をおくことによって、列強諸国との難しい外交をこなし、自分たちの土地と自由を守り続けた。三〇年以上にわたりセント・ビンセントのブラック・カリブを率いたジョセフ・サトゥエは、宣戦布告を執筆した数日後の一七九五年三月十四日、イギリス軍特殊工作隊の急襲により陣没した。

「第二次カリブ戦争」の勃発時に優勢だったブラック・カリブおよびフランス連合軍であったが、サトゥエの戦死によってブラック・カリブの士気は衰え、膠着状態になった。

イギリスはセント・ビンセント島の暴動を鎮圧してフランスに奪われたカリブ海の島々を取り戻し、さらには混乱下にあるサン・ドマングを手に入れようと、イギリス帝国海軍最強の一万二〇〇〇人の大軍をカリブ海域に派遣した。

一七九六年六月、イギリス軍がセント・ビンセント島に上陸するとまもなくフランス軍は降参した。残されたブラック・カリブは苦戦を強いられ、七月二十一日、ブラック・カリブ最大の集落サンディ・ベイが陥落した。

「第二次カリブ戦争」開戦前には一万人ほどだったブラック・カリブの人口は、約一年半の戦闘で半減した。イギリス軍は、島にいたほぼすべてのブラック・カリブ約四五〇〇人を狩り集めて、ごく狭小で岩石しかな

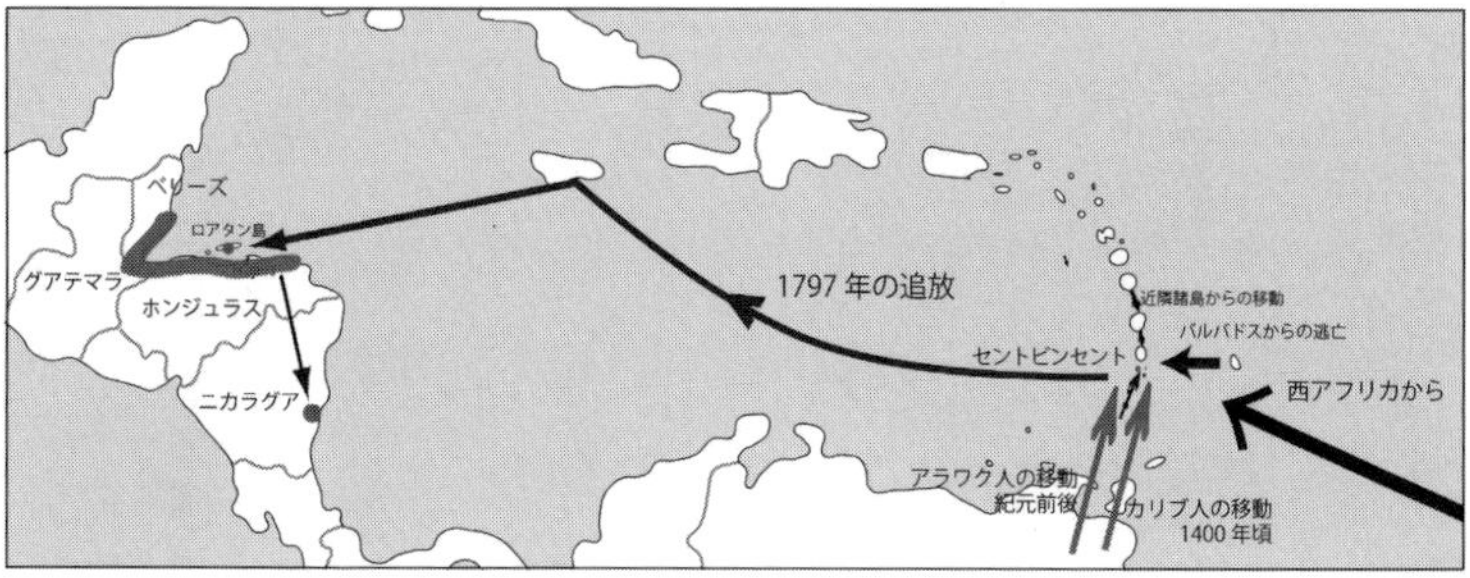

1797 年のガリフナの「追放」と「上陸」。
（筆者作成）

いバリゾー島に幽閉した。バリゾー島は地獄と化し、約半年間の幽閉期間にさらに約半数のブラック・カリブが死んだ。

一七九七年三月九日、ブラック・カリブ二〇二四八人を乗せた移送艦隊が出航し、約一カ月後の四月十二日、中米ホンジュラス沖のロアタン島に着いた。五月一日、二〇二六人（男六六四人、女一三六二人）のブラック・カリブを残して、イギリス艦隊は出港した。

五、ガリフナの集合的記憶

ルソーは「未開人」について「技術は発明者とともに滅びるのがつねであった。教育も進歩もなかった。世代はいたずらに重なっていった。そして各々の世代は常に同じ点から出発するので、幾世紀もが初期のまったく粗野な状態のうちに経過した。種はすでに老いているのに、人間はいつまでも子供のまま」（一九三三、八〇頁）であると書き、文字をもたない人々には進歩も歴史もないと説いた。ルソーに限らずともヨーロッパ社会では、古代ギリシャ・ローマの時代から、歴史とは文字資料の蓄積であって文字をもたない人々に歴史はない、としてきた。

人間は、文字がなくても神話を語り継ぐことによって、自分たちと自分たちをとりまく世界がどのようにつくられてきたのかを説明してきた。神話はまったくの作り話だけでなく、何かしらの事実が含まれていることもある。

文化人類学者の川田順三は、一九七六年に『無文字社会の歴史』という挑発的なタイトルをもつ書籍を著した。川田は、西アフリカのモシ人を対象にした現地調査をもとに、「口頭伝承」「楽器の音」「儀礼」などが、人々の過去についての認識のもと組織的に作られた文化的記録であるとし、文字を用いることなしに「歴史」を生成していく社会のありようを明らかにした。モシ社会の太鼓演奏は、意味内容をもつ「言語」であるとともに遠隔伝達性や反復参照性があり、「音の文字」とも呼びうるもので、祭りの際には熟達した太鼓奏者が何十代にもわたる王の系譜を「読み上げる」という。

フランスの社会学者モーリス・アルヴァックス（Maurice Halbwachs, 1877-1945）は、記憶は集団によって生まれ、集団は記憶によって生まれるものととらえ、そうした記憶の在り方を「集合的記憶」と呼んだ（一九八九［1950］）。彼によれば、人間は文字をもつはるか以前から、「われわれ」という共同体意識を核にして集団を形成することによって生き延びてきた。この「われわれ」を形成するのが、言語、口頭伝承、音楽、踊り、儀礼など、生きている身体をもって想起と記銘を続ける集合的記憶である。

ルソーが「未開人」の典型とみなし、テルトル神父が記録したカリブ海小アンティルのカリブ人の文化を現在まで継承しているのが、中米諸国のカリブ海沿岸に住むガリフナ人である。本書で何度も言及してきたが、ガリフナとは、一七九七年に、カリブ海小アンティルのセント・ビンセント島から中米ホンジュラス沖のロアタン島に追放させられた約二〇〇〇人の人々の子孫である。現在は、ホンジュラス、ベリーズ、グアテマラ、ニカラグアおよび米国に少数民族として存在し、総計で六〇万人ほどのガリフナ人がいるものと推測される。中米のガリフナ人が文字を扱うようになったのは、この地域での国家教育が浸透する一九七〇年代からである。それまでガリフナ人は文字のない社会に生きていた。

現代ガリフナ語は、アラワク語の文法体系の上にカリブ語、西アフリカの諸語、スペイン語、英語、フランス語の語彙を混成させた独自な言語である。ガリフナ語の語彙には、スペイン語起源の「ガバユ」（馬、スペイン語の caballo）、「ガユ」（ニワトリ、スペイン語の gallo）、英語起源の「テンキー」（ありがとう、英語 Thank you）、フランス語起源の数字「アバン、ビアマ、ウルア、ガドゥル……ガドルバン」（1, 2, 3, 4……4 × 20 = 80）というように、十六世紀から十八世紀にかけて小アンティルのカリブ人が接触したヨーロッパ人の諸言語が取り込まれている。ガリフナの祖先にあたる小アンティル諸島セント・ビンセント島のブラック・カリブは、換金作物を栽培し、貨幣と数字を使いながら、ヨーロッパ人としたたかな交易をし、ヨーロッパ「文明」のさまざまな成果物を自らの文化に取り込んでいた。

一方で、ガリフナは二十世紀後半に至るまで「文字」を自らの文化に取り込むことはなく、セント・ビンセント時代には識字教育のためにやってきたイギリス人を自分たちの居住地から追い出している。ガリフナは、長いあいだ「文字を必要としない社会」であったとともに「文字を拒絶する社会」であったのだ。それは、豊かな口承文化を伝えたヨーロッパのケルト人が、文字の文化と接し続けながらも文字をもつことを拒んできたことと似ている。文字は物事を詳細に記録し、それを固定する。だが、身体に記憶される口承伝承、音楽、踊り、儀礼といった集合的記憶が伝えるものは、物事の詳細ではなく大局的な世界観である。そして、先人から受け取った世界観を、自らの想像力と身体をもって次世代へと引き継ぐ。こうした絶え間ない人間の創造があってはじめて文字によらない集合的記憶は継承される。

現在、ホンジュラスをはじめとする中米諸国のカリブ海沿岸に暮らすガリフナ人は、ブジェイ（buyei）と呼ばれるシャーマンのもと、祖先霊を子孫に憑依させて、祖先の望みをかなえる「ドゥグ dugu」という祖先崇拝儀礼をおこなっている。ブジェイとは、『テルトル神父の博物誌』［1654］にも登場するカリブ人の霊的職能者である。鳴り響く太鼓とマカラスのなかでダンスをしながら憑依するドゥグ儀礼のありようはハイチのブードゥーに通じる。

一七九七年にホンジュラスにやってきた約二〇〇〇人のガリフナ人は、その約一年前にスペインがハイチから連れてきた約三〇〇人の黒人と合流した。そして、カリブ海小アンティルからもちこんだシャーマニズムとハイチのブードゥーを習合させて、ガリフナ独自の宗教体系を形成した。

四日間にわたっておこなわれるドゥグは、演劇的なシーンを持つ儀式アドゥガハニからはじまる。朝日とともに徹夜で漁をしてきた男たちを乗せたカヌーが沖にあらわれる。海岸では、マラカスを振るブジェイのもと、太鼓が鳴り響き、親族たちが体を振って踊る。波打ち際にカヌーが着くと一人の少年が下ろされる。彼は砂浜で待ち構える青年に大切に抱きかかえられ、聖殿に吊したハンモックに寝かされる。漁師たちがカヌーから降りる。親族たちが魚の入ったたらいやカヌーを漕ぐ櫂を大切に受け取る。そして、マラカスを振るブジェイと太鼓奏者たちを先頭にみなで村を練り歩く。

このようにドゥグでは、「海の向こうからやってきたわれわれ」というガリフナの集合的記憶が再現され、その後、二晩にわたって徹夜でダンスをおこなうことで、祖先の霊が子孫に憑依し、三日目の晩には聖殿のハンモックで全員が長い睡眠をとる。

ガリフナの祖先崇拝儀礼ドゥグにおいて
海岸で祖先を迎えるアドゥガハニ。（筆者撮影）

ガリフナ語でセント・ビンセント島のことを「ジュルメイ Yurumei」という。この語は、テルトル神父の同僚ブルトン神父による『カリブ語辞典』［1665］にも記されているカリブ語起源の単語である。そして、現在までガリフナ社会に伝えられている伝承曲にも「ジュルメイ」と題されたものがある。

ジュルメイからやってきた我らの先祖
我らは皆で櫂を手にとる
我らと同じガリフナを捜す
カヌーに乗ってやってきた
我らと同じガリフナを捜すため
河口にたどり着いた我らの先祖
我らはハンモックを吊りガリフナを捜す

「ジュルメイ」（伝承曲、拙訳）

ガリフナは国家をもたない。現在もガリフナが存在しているのは、彼らがいるそれぞれの場所の「国民」に同化されることなく、ガリフナという民族アイデンティティを継承してきたからである。そして、ガリフナというアイデンティティの核に、ガリフナが儀礼や伝承曲を通じて継承している「海のむこうのジュルメイからやってきたわれわれ」という集合的記憶がある。ガリフナは、文字に頼らずとも言語、音楽、宗教、踊り、儀礼、神話、民話などの集合的記憶によって、自分たちの民族アイデンティティを今日まで継承しているのだ。

六、無文字社会と子ども

子どもは五歳くらいまでにおのずと言語を獲得するが、文字の読み書きは、系統的な識字教育を受けなければ獲得できない。識字教育は、言語の獲得以降の五歳頃からはじまり、それ以前にはじめても意味がない。現在、世界各国の義務教育は、五歳前後（四〜七歳、日本は六歳）にはじまり、識字教育に大きな比重が置かれている。

しかし、ルソーは『エミール』で、識字教育についてほとんど何も触れていない。識字に関しては、第三編の十二〜十五歳の時期に「わたしは書物がきらいだ」と述べたうえに、前述のとおり、ただ一冊『ロビンソン・クルーソー』を推薦している程度である。つまり、ルソーは、十二歳くらいまでの少年期にあっては、子どもは文字をもつべきではなく、文字をもたないで生きることこそが「子どもらしさ」だと考えていたのである。

文字をもつ前の子どもは、当然ながら無文字社会を生きている。無文字社会は、文字社会とは異なり、論理よりも感覚や直感が重要な世界である。無文字社会では、「大切なこと」は身体に記憶し、口頭伝承、歌、踊りで伝える。身体と精神が一つになった一人一人の生きた「人間」こそが、コミュニケーションのメディアである。そこでは家族や集落といった互いの人格を認めあう直接的な関係が大切であり、「国民」などといった見知らぬ人との繋がりはない。

ルソーは、無文字社会のこうした特徴を、「子どもらしさ」とみなした。ルソーの教育思想の中心は「自然の教育」と「消極的教育」である。ルソーがいう「自然」とは「文字のない世界」のことであり、「消極的」とは「文字を教えない」ことなのだ。ルソーの教育論『エミール』は、常識的には教育の最重要課題である識字教育を避けている。それは、かつて学術界でのデビューを目指したルソーが『学問芸術論』であえて常識とは逆の、「学芸が道徳を腐敗させた」という立場をとることによって議論の独自性を高めたことと通じている。常識的な六歳頃からの識字教育を『エミール』に組み込むと、ルソーの教育論の独自性である「自然の教育」や「消極的教育」が成り立たなくなる。そこで彼は意図的に常識に反したり無視したりすることによって、自らの議論の独自性を高めたのである。

ルソーは、「文字こそが文明であり、人間の証」とみなしていた。そして文字を持たない「未開人」を、「人間になる前の存在」とした。そこで彼は「子ども」を「未開人」になぞらえて「人間になる前の存在」とした。

ルソーの生涯の研究テーマは「人間」であった。「人間よ、人間的であれ。それがあなたがたの第一の義務だ。あらゆる階級の人にたいして、あらゆる年齢の人にたいして、人間に無縁でないすべてのものにたいして、人間的であれ」(一九六二、一〇一頁)といって、人間が人間的であることの大切さを説いた。彼が現在、「近代教育思想の祖」と呼ばれるゆえんは、身分や職業にかかわりなく「すべての人間」を対象にした教育を構想したことにある。

一七六二年、ルソーは『エミール』とともに『社会契約論』を刊行している。この『社会契約論』では、すべての「国民」の共通の意思である「一般意思」による国家建設が説かれている。彼の思想は「国家」の存在が前提にあり、その「国家」をいかに良いものにするかが課題なのである。

ルソーの時代、主権・領土・国民からなる主権国家がすでに成立していたのは、スペイン、ポルトガル、フランス、イギリス、オランダ、ロシアあたりである。イタリアやドイツは統一以前であり、米国は独立以前にあった。ルソーは、「イギリスの人民は自由だと思っているが、それは大まちがいだ。彼らが自由なのは、議員を選挙する間だけのことで、議員が選ばれるやいなや、イギリス人民はドレイとなり、無に帰してしまう」（一九五四、一三三頁）といって隣国の議員制を批判しながら、フランスをどのような「国家」にすべきかを説いた。「国民」一人一人の意思にもとづく直接民主制を説いた彼は、すべての「国民」に、社会全体を考える「理性」を求めた。社会全体を思いやることができる、理性ある「有徳人」をつくることを教育の目的とし「国民」のあるべき姿としたのである。人間がつくった「人為」である「国家」の存在をあらゆる社会の前提におくルソーの考えは、「自然」を称揚するルソーの思想と矛盾をきたしているとともに、現在に至る世界のパラダイムとなっている。

全五編からなるルソーの『エミール』では、十二歳頃までにあたる第二編までで「自然の教育」と「消極的教育」が説かれているが、第三編以降で論じられる十三歳より後は、分業や交換といった社会の仕組みを教え、人を思いやるこころを教え、魂のありかたを説き、異性との交際を経験させて、「大人」にしていく。ルソーは『社会契約論』で求めた「国民をつくること」を、『エミール』における教育の目的、「人間をつくること」に重ねたのである。

ルソーは、『エミール』の十二〜十五歳に関する第三編で『ロビンソン・クルーソー』に触れたあと、十五〜二十歳の第四編で、歴史上の人物の伝記を読書に薦めている。人間が文字を扱えるようになるためには、何年にもわたる系統的なトレーニングが必要であるが、ルソーはそうしたトレーニングについてまったく触れることなく、ある年齢になると、当たり前のように、文字が読めることにしている。ルソーにとって、識字能力とは「人間」が当然もっているべきものであり、識字能力がないものは、ルソーにとっては「人間でない」存在なのである。

七、なぜ、ルソーは「子どもは人間でない」としたのか

ここで本書の問い、「ルソーは、なぜ、子どもは人間でないとしたのか、また、ルソーにとって『人間』とは何を意味しているのだろうか」に戻る。以下が、ルソーの思考過程である。

ルソーは、初期の代表作『人間不平等起源論』［1755］において、イギリスのホッブズやロックが築いた社会契約説に独自性を加えようとした。キリスト教の世界観を背景に成立した社会起源説では、神によってつくられた「自然人」が「未開人」を経て、ごのように「人間」になったのかという「人間の歴史」を構想した。「自然人」とは、あくまで「哲学上の思考実験」のための措定であって、その真偽は問われないものであるにもかかわらず、ルソーは、ホッブズやロックの「自然人」を批判し、「自然人」を人間の「乳児」になぞらえて「自然人」には言語も社会もないとした。

パリに住んだ三十歳代のルソーは、ヨーロッパきっての知識人集団であった百科全書派に参画した。彼は「十分な根拠」を求める百科全書派のなかにあって、かつてモンテーニュが「神の手からつくられたばかりの人々」と記した「カニバル人」の記録を『テルトル神父の博物誌』［1654］にみつけた。「カニバル人」とは、ヨーロッパで古くから語り継がれてきた世界の果てに住む「野蛮な人食い人種」を、カリブ海域の先住民のカリブ人に重ね合わせてコロンブスが想像したものである。

ルソーは『テルトル神父の博物誌』に依拠して「自然人」や「未開人」を語るが、その資料の扱いは、自説に都合のいいところだけを抜き取ったうえに極端な解釈を施す恣意的なものであった。

『人間不平等起源論』の七年後に著した『エミール』［1762］で、ルソーは「個人の成長」を構想した。『人間不平等起源論』では、「乳児」と「子ども」になぞらえて類推した「自然人」と「未開人」をもとに、『エミール』では、あらためて「乳児」と「子ども」を類推した。こうしたルソーの類推に次ぐ類推は、観察によるものでも何らかの教育実践のためでもなく、論争好きなルソーが、仮想の論敵を罵倒するための詭弁として編み出したものであった。「人間になる前の存在」として「未開人」を設定することによって「人間の歴史」を構想したルソーは、同じく「人間になるまえの存在」として「子ども」を設定することによって「個人の成長」を構想したのである。

このように、ルソーは、本来関係のないはずの「人間の歴史」と「個人の成長」を一つのものとして捉え、「人間の歴史」を「自然人」→「未開人」→「人間」とし、「個人の成長」を「乳児」→「子ども」→「大人」として、「自然人」と「乳児」、「未開人」と「子ども」、「人間」と「大人」、を同一視したのである。「人間の歴史」において「未開人」の典型とされた「野蛮な人食い人種・カニバル」と、「個人の成長」において「人間になるまえ」の「子ども」は、ルソーの心のなかの「合わせ鏡」の「虚像」であり、実際のカリブ人や子どもとは関係がない。

ルソーが『エミール』のなかでいう「人間をつくる技術」（一九六二、一八頁）、あるいは「人間は教育によってつくられる」（同二四頁）といった言葉に象徴されるルソーの教育思想は、職業や身分にかかわらず、「すべての人間」を対象にした教育としてその革新性が評価され、現在なお、ルソーをもって「近代教育思想の誕生」とみなされている。

しかし、ここまで検証してきたように、ルソーは「子ども」を「人間」としてみなしていなかったばかりか、非識字者や無文字社会の人々をも「人間ではない」としていたのである。

ルソーは、「文字の世界」に生きる「文字の人」であった。「未開人」にしろ、「子ども」にしろ、その関係は一方的であり、彼が「未開人」や「子ども」について何を書こうとも、「未開人」や「子ども」が何かを書いて「文字の世界」の主体として参加することはない。ルソーと「未開人」「子ども」との関係は、彼が説くような「平等」ではなく、「不平等」そのものである。ルソーにとって識字能力こそが「人間」であることの基準であったにもかかわらず、『エミール』のなかで識字教育について一切触れないのは、「子ども」を「子ども」として「人間」になる前の存在にとどめておくためだったからなのだ。

ルソーの時代、フランスがヨーロッパ随一の先進国であり大国であった。フランス語を母語にしていたルソーはジュネーブ共和国出身であったが、しだいにフランスにアイデンティティを重ねるようになった。そして、フランス語の「文字の世界」の主体である自らが「文明人」「大人」「人間」であることを疑わなかった。彼は「文明人」「大人」「人間」である自らの「他者」として、「未開人」と「子ども」をおいた。その態度は、自らの文化によって「世界」がつくられるべきだとする文化帝国主義にほかならない。

附章 日本のおかしなルソー

一、日本におけるルソーの普及と研究史

同時代においては、熱心な支持者を獲得する一方で、数多の「敵」をもち、時の権力からは犯罪者とされ、「狂人」とも呼ばれたジャン＝ジャック・ルソーは、死後一〇年後に勃発したフランス革命を思想的に支えることになり、「国家英雄」として持ち上げられた。しかし、ルソーの信奉者であった革命指導者ロベスピエール（Robespierre, 1758-94）が政権を掌握すると、独裁政治を敷き、反対者を次々にギロチンにかけたうえに、フランスは四方の王国から攻撃を受けて混乱に陥った。フランスで活躍したルソーであるが、現在のフランスでその知名度はさほど高くない。フランスの中学校や高校の歴史の教科書には、十八世紀フランスの啓蒙思想を代表する人物として哲学・歴史学のヴォルテールと博物学・生物学のビュフォンは記載されるが、ルソーはあまり載らない。ルソーの無神論的な宗教観やルソーを称揚した革命指導者のロベスピエールによる恐怖政治に嫌悪感を覚えるフランス人は多い。

イギリスや米国におけるルソーの知名度は、フランスよりもさらに低い。米国は、イギリスのジョン・ロックが示した自主・独立の精神が十八世紀後半の独立運動を支え、フランスの思想家モンテスキューが提唱した三権分立を国家の基本形態として取り入れたが、ルソーの思想は米国にはさほど影響しなかった。独立後の米国は、資本主義と自由競争を国是としつつ、ヨーロッパからの影響を排した孤立主義をとるようになった。教育においても合理主義、実用主義、能力主義、競争主義のもと、米国独自な思想と制度をつくりあげていった。

一方、日本では、中学校社会科の教科書に肖像画とともに示されていることもあり、ルソーの知名度はきわめて高い。日本におけるルソーの受容史を大雑把にまとめると、明治の文明開化期にはじまり、第二次世界大戦期の中断の後、戦後まもなく左派系知識人により再開され、一九七〇年代から一九八五年までの盛り上がりを経て、現在に至っている。

日本のルソー受容は、明治初期の自由民権運動と結びついた中江兆民（一八四七―一九〇一）による『社会契約論（民約論）』の普及、明治中期の島崎藤村（一八七二―一九四三）や森鷗外（一八六二―一九二二）の文学運動と結びついた『告白（懺悔録）』の普及、そして大正デモクラシーにおける新教育運動と結びついたルソーの『エミール』の普及、と大きく三つの波に分けることができる。

大正デモクラシーの気運のなかで、ルソーの『エミール』は、先行して日本に紹介されていたフレーベルやペスタロッチの教育思想の背景をなすものとして紹介された。ルソー、フレーベル、ペスタロッチが説く、「自由」「感性」「個性」を大切にする教育思想は、明治期からの画一的な教育スタイルを排し、一人一人の子どもの関心を大切にした自由な教育を目指す「大正自由教育運動」をささえた。

戦前の『エミール』の日本語訳は、菅学応訳（一八九七）、山口小太郎＋島崎恒五郎訳（一八九九）、三浦関造訳（一九一三）の抄訳、内山賢次訳（一九二二）、平林初之輔訳（一九二四）、鯵坂二夫訳（一九三二）の全訳がある。

『エミール』は、児童中心主義のもと「自由」「感性」「個性」を尊重する新教育運動をささえるものとして、左派的な教育関係者に受け入れられた。なかでも「ほとんど自由訳に近い大胆さで『分かりやすく』」（坂倉 二〇〇九、二〇二頁）記された三浦関造訳は爆発的に売れ、「教師たちの、新教育への大衆的熱気が素朴に表現され」（原 一九七八、三〇八頁）た。坂倉裕治は三浦訳を「省略や加工によって原典から大きく姿を変え」た「捏造」（二〇〇九、二〇三‐四頁）とし、その受容のされ方とともに「自分が望ましいと思うことだけを受けとめ、そのほかのことには無関心」（同一九四頁）だと指摘している。

「大正自由教育運動」は、山本鼎《かなえ》（一八八二‐一九四六）の自由画運動、雑誌『赤い鳥』（一九一八‐三六）を中心とした児童文学、あるいは自由学園、玉川学園、成城学園といった私学の設立などとなって形になった。このように、明治、大正期の日本ではルソーの思想を好意的に受け止める大きな潮流があったとともに、「ルソーは空想に耽りて、極端なる自由平等論を唱へ、大いに人心を惑わせり」（箕作 一九一一、一五七頁）と当時の世界史の教科書にあるように、保守的な勢力からは国家を転覆させうる危険思想として警戒された。そして、昭和に入り、国体が全体主義へと変容していくなかで、「自由」「感性」「個性」などが否定されるようになり、ルソーの著作は遠ざけられた。

戦後日本のルソー研究は、フランス文学者の桑原武夫《くわばらたけお》（一九〇四‐八八）が一九四九年に京都大学人文科学研究所ではじめたルソー研究会によって開かれた。研究会は、桑原を代表に、やはりフランス文学の多田道太郎（一九二四‐二〇〇七）、生島遼一（一九〇四‐九二）、政治思想史の樋口謹一（一九二四‐二〇〇四）、哲学の野田又夫（一九一〇‐二〇〇四）、森口美都男（一九二一‐九三）、鶴見俊輔（一九二二‐二〇一五）、社会学の杉之原寿一（一九二三‐二〇〇九）、法学の恒藤武二（一九一九‐九八）、田畑茂二郎（一九一一‐二〇〇二）、歴史学の前川貞次郎（一九一一‐二〇〇四）、河野健二（一九一六‐九六）が参加し、研究成果は桑原武夫編『ルソー研究』岩波書店（一九五一）にまとめられた。この研究会は、フランス語を中心とした海外のルソー研究を参照しながら、ルソーの著作をフランス語原典からの読解、邦訳、分析をすすめ、その後の日本のルソー研究のメルクマールとなった。こうした堅実な学術研究の流れは、社会学の作田啓一（一九二二‐二〇一六）、政治思想史の福田歓一（一九二三‐二〇〇七）、フランス文学の小林善彦（一九二七生）、吉岡知哉（一九五三生）、桑瀬章二郎（一九六八生）、フランス思想史の淵田仁（一九八四生）へと引き継がれている。桑瀬の『嘘の思想家ルソー』（二〇一五）は、「プロメテウスのように変幻自在な『嘘』という視点からルソーの作品を読みなおすという試み」（二〇一五、ix頁）であり、淵田の『ルソーと方法』（二〇一九）は、「啓蒙期の哲学が称揚した方法に対するルソーの批判を明確にし、この批判がルソーの諸テクストにおいていかなる形で表出しているかを明らかにする」（二〇一九、二六頁）ものである。

ドイツの哲学者エルンスト・カッシーラー（Ernst Cassirer, 1874-1945）は『ジャン＝ジャック・ルソー問題』（*Das problem Jean-Jacques Rousseau*, 1932）のなかでルソーの著作にみられる矛盾、齟齬、分裂、謎、特異性、奇妙、重層性、多様性、内的対立、虚構、混交、パラドックスといった多義性を指摘し「ルソーの人格とその思想世界とがわれわれにとってたんに単純な事実性においてとらえることができ、記述することができる歴史的事実とはなりきっていない」（一九七四、二頁）という。カッシーラーが指摘する「ルソー問題」に、桑瀬は「嘘」、淵田は「方法」と呼ぶ視点から切り込んだが、それら研究内容に特段の新規性は見られない。戦後まもなく桑原が道を開いたルソーに関する学術研究の流れは、現在、新たな視点と切り口をもとめてさまよっているようである。

一方、戦後日本におけるルソーの受容は、桑原らによってはじまった学術研究とは別に、教育界関係者による普及・紹介的なものがある。

二、ルソーの「子どもの発見」言説の状況

日本の教育界では、十八世紀フランス語圏の思想家ルソーを「子どもの発見者」と表すことがおよそ定着している。ルソー自身は「子どもを発見した」といってないし、いずれかの公的機関がその「発見」を認めたこともない。切れ目のない人間の生涯を「子ども」と「大人」に分けることは、あらゆる文化でおこなわれてきたことであり、誰かが「発見」しなくても「子ども」はいる。そして、ルソーの教育思想を「子どもの発見」で表わすことは、日本以外では、あまりみられないことであり、日本においても教育界以外ではほとんどない。では、一体、いつ、誰が、なぜ、ルソーの教育思想を「子どもの発見」の言葉で表現し、どのようにしてその言説が日本の教育界に定着したのだろうか。

ルソーの教育思想は、ドイツとドイツ語圏のスイスにおいて、教育者のペスタロッチとフレーベルや哲学者のカントとヘーゲルによって引き継がれた。ただし、ペスタロッチ、フレーベル、カント、ヘーゲルのいずれもルソーを「子どもの発見者」と呼んでいない。

日本の教育学の事典や概説書には、必ずルソーの教育思想の要約が記され、その多くに「子どもの発見」の言葉が使われている。以下、教育学関係の事典類からルソーの「子どもの発見」に関する記述を発行順にあげる。

「世界の教育史上では、ルソーを『子どもの発見者』と呼んでいる」（荘司雅子「保育の思想」、『保育学事典』初版、光生社、一九七六、三頁）

「近代教育思想のなかで十八世紀の『子どもの発見』（J・J・ルソー）や『子どもの権利』として芽ばえ」（「権利としての教育」、兼子仁＋神田修『教育法規事典』初版、北樹出版、一九七九、一三八頁）

「自然権思想の系譜におけるルソーらのいわゆる人間としての『子どもの発見』」（「子ども」、同前、一五六頁）

「『子どもの発見と子どもの権利の宣言の書』といわれるルソーの『エミール』」（杉村美紀「子どもの権利を守る」、『教育学キーワード』初版、有斐閣、一九九〇、一三四頁）

「『子どもの発見』はルソーの教育の革新性を特徴づけるものとされる」（原聡介「ルソー」、『新教育学大事典』六、初版、第一法規出版、一九九〇、五三五頁）

「教育史上、一般に『子どもの発見』と言われる」（原聡介「ルソー」、『現代学校教育大事典』六、初版、ぎょうせい、一九九三、四九一頁）

「ルソーは『子どもの発見者』と呼ばれ」（坂倉裕治「ルソー」、『教育思想事典』初版、勁草書房、二〇〇〇、七二〇頁）

「『子どもの発見者』ともいわれるルソー」（中野光「児童中心主義」、『新版　学校教育辞典』教育出版、二〇〇三、三八七頁）

「子どもの発見＝構築に大きく寄与したのは、ルソーである」（高橋勝「子どもの発見」、『教職用語辞典』初版、一芸社、二〇〇八、二一二頁）

いずれも、いつ、誰が、ルソーがしたことを「子どもの発見」の語のもとに語りはじめたのか示していない。ルソーの「子どもの発見」を所与のものとするこの傾向は、教育関係の学術書、一般書、論文、エッセー、教員採用試験にもおよそ共通する。

こうしたなか、教育思想史の森田伸子は『教育名言辞典』のなかで「教育関係者の間では、しばしば『子どもの発見』という一種の歴史的事件と結びつけて引用されてきた」（一九九九、五〇五頁）と、ルソーの「子どもの発見」の所与性に疑義を示している。森田は「近代教育学は、きわめて多様性に富む近代の様々なテクストの、これまたきわめて画一的な『誤読』からなっている〔……〕近代教育思想から近代教育学への道筋をめぐる研究とは、教育学に固有の『誤読』のあり方を解明することになるかもしれない」（一九九二、三八頁）とも語っている。

原聡介は、一九七八年にルソーの「受容史を考察する際の関心事は、その多様な解釈の可能性の中からどのような特定の解釈が選ばれたのか、という事実と、なぜそれが選ばれたのか、という歴史的意味」（一九七八、三〇四頁）の検証を目的とした論文の考察対象を戦前のみとし、戦後を外した。

以下、この章では、ルソーの「子どもの発見」の所与性にメスを入れ、戦前、戦後の双方を視野に入れて「教育学に固有の『誤読』のあり方を解明する」。

三、ルソーを「子どもの発見者」と表わすことは妥当か

「発見」とは、知られていなかった物事を見つけることである。ルソーはときに「子どもの発見者」と呼ばれる。ルソーが「子ども」に関してしたことは「発見」の語にふさわしいのか。『エミール』岩波文庫版（一九六三〜二）の訳者である今野一雄は、「ルソーがなにか気のきいたことを言ってるとき、それはほとんどみなモンテーニュにあるような気もします」（一九六二、七頁）という。ルソーは十六世紀のフランスの思想家モンテーニュに多くを依拠した。次はモンテーニュ『エセー』に収録されている「カニバルについて」の一節である。

彼らは野生である。われわれが、自然がひとりでに、その自然な推移の中に産み出す成果を野生と呼ぶのと同じ意味において野生である。しかし実際は、われわれが人為によって変容させ、自然の歩みから逸脱させたものをこそ野生と呼ぶべきである。〔……〕けれども、あの未開の国々のいろんな果実の馥郁たる香気や甘美な味は、われわれの嗜好にさえ、われわれの果実に劣らず、すばらしく感じられる。技巧がわれわれの偉大で力強い母なる自然よりも名誉を得ているというのは不合理で

ある。われわれは自然の作物の美しさと豊かさの上に、あまりに多くの作為を加えすぎて、これをすっかり窒息させてしまったのだ。（モンテーニュ一九六五、三九八頁）

モンテーニュは、新世界に住むという「カニバル人」をヨーロッパにはびこる「悪」や「不平等」と無縁な「理想の人間」とした。モンテーニュは「カニバル人」を「神の手からつくられたばかりの人々」（同四〇〇頁）といって「エデンの園」に住む「最初の人間」に近いものとするとともに、「あまりにも子供」（一九六六、二三七頁）といって生まれたばかりの子どもになぞらえた。

ルソーはモンテーニュにならい、最初の人間は良かったが、文明が人間を堕落させたという設定で「人間の歴史」を構想し、一七五〇年に『学問芸術論』を、一七五五年に『人間不平等起源論』を執筆した。ルソーの「人間の歴史」は哲学上の思考実験であり事実ではない。ルソーが、思考実験としての「人間の歴史」を、本来関係ない「個人の成長」にあてはめたのが『エミール』である。次は『エミール』の要約とされる一文である。

万物をつくる者の手をはなれるときすべてはよいものであるが、人間の手にうつるとすべてが悪くなる。〔……〕人間はみにくいもの、怪物を好む。なにひとつ自然がつくったままにしておかない。人間そのものさえそうだ。人間も乗馬のように調教しなければならない。庭木みたいに、好きなようにねじまげなければならない。

しかし、そういうことがなければ、すべてはもっと悪くなるのであって、わたしたち人間は中途半端にされることを望まない。こんにちのような状態にあっては、生まれたときから他の人々のなかにほうりだされている人間は、だれよりもゆがんだ人間になるだろう。偏見、権威、必然、実例、わたしたちをおさえつけているいっさいの社会制度がその人の自然をしめころし、そのかわりに、なんにももたらさないことになるだろう。

（ルソー一九六二、二三頁）

モンテーニュの一文と見まごうまでに似ている。共に「自然への憧景」「人為の否定」「植物の比喩」といった内容をもつ。ルソーは、モンテーニュから「人間の歴史」と「個人の成長」を同一視することや「自然の教育」「消極的な教育」のアイディアを得て『エミール』を編み出したのである（坂入一九七九、冨田二〇二〇）。

こうしたルソーの構想は、「子ども」のとらえ方において、ある程度の新規性はあるが、「発見」が意味するようにそれまで知られていない事物を見つけたわけではないし、日本の教育界でよくいわれるような、従来の子ども観を大転換したとまでいえるものでもない。世界のあらゆる言語に「子ども」を意味する単語があることからもわかるように、あらゆる文化に「子ども」はいて、「子ども」と「大人」は区別されている。つまり、ルソーの教育思想を「子どもの発見」の言葉で表わすことは、解釈する側の個別性によっては、ありえることなのかもしれないが、それを一般性のある所与のものとして扱うことは妥当ではない。

四、戦前の新教育運動と「子どもの発見」

日本語の格助詞「の」は前の名詞を主格にも対象にもするので文脈を伴わない「子どもの発見」は意味をなさない。「子どもの発見」という字並びは文中で使われるのが通常であり、単独での使用は不自然である。

「子どもの発見」が一つの言葉として使われはじめたのは大正期の新教育運動においてである。一九二三（大正十二）年に根岸喜明は「二十世紀は子供の発見された『児童の世紀』である」（一九二三、五五頁）と、大正児童文学の興隆を「子どもの発見」と表現した。雑誌『教育研究』では、田中豊太郎が綴り方教育を（一九二四、一二五頁）、宮川菊芳が童謡教育を（一九二五、六三頁）、それぞれ「子どもの発見」を使って論じた。

ルソーに関して使われる「子どもの発見」は、「子どもが、発見」でなく「子どもを、発見」の意味である。一方、「子ども」は「発見」しなくてもすでにいるとみなすのが常識なので、「子どもの発見」は語義矛盾である。そして語義矛盾には人の興味を惹きつけ、その言葉の背景を理解させようとする力がある。田中が「あまりに奇矯な言」（一九二四、一二五頁）といいながら「子どもの発見」を使用したのは、この言葉に社会を改革するスローガンの力を感じたからだろう。

戦前のアカデミアにおいてルソーの教育思想を論じたのは稲富栄次郎（一八九七－一九七五）と梅根悟《さとる》（一九〇三－八〇）である。

一九三二（昭和七）年、ドイツ教育思想史を専門とする梅根悟は『教育学研究』創刊号に「教育学自立の創基者とも講すべきものはかのルソーである」（一九三二、八〇頁）と記した。梅根が日本で最初にルソーを近代教育思想の創始者として記したようである。参照文献が示されてないが、梅根はドイツの文献を参考にしたのだろう。「ドイツに於ける教育哲学の趨向」と題した梅根の論考のなかにこの文言がある。ドイツは、日本とともに、特異なまでに、ルソーを高く評価した国である。

稲富は『ルソオの自然観と教育説』（一九三四）で『エミール』を読解した。ただし、この書物では、ルソーを近代教育思想の創始者と記してないし、「子どもの発見」という言葉も使ってない。稲富はルソーの矛盾や限界を示しながら『エミール』を批判的に分析した。一方、稲富が翌年に著した『教育作用の本質』（一九三五）では、「子供は決して単に成人となる為の手段準備としてのみその存在権を認められるべきではない。もっとも中世的な人生観に於ては、子供は大人の縮図としてのみ理解せられた。そこには小なる大人があるのみであって、子供はなかった。しかしながら、すべての近代的な教育思想は子供の発見という事から出発する。『子供の中に大人を見ずして、子供の中に子供を見る』事から出発する」（一九三五、一二八頁）と記した。『　』内はルソーの『エミール』からの引用である。「小なる大人／小さな大人」の語を使いながら、かつて「子ども」はいなかったとするこの語り口は、現在、日本におけるルソーの「子どもの発見」と呼ばれる言説と一致する。稲富のこの一文を、日本におけるルソーの「子どもの発見」言説の起点とみることができるだろう。なお、参照文献は示されてない。稲富はドイツ語を得意としたが、ドイツではルソーの教育思想を「子どもの発見 Entdeckung von Kindern」と語ることがあるようだ。稲富はドイツの文献や梅根の論文を参考にこの一文を記したのだろう。

昭和初期が過ぎ、全体主義化する国体のなかで、ルソーが説く「自由」「感性」「個性」は否定され、ルソーの著作のすべてが遠ざけられた。

五、戦後の『エミール』の普及

戦後日本におけるルソーの学術研究は、一九四九年にフランス文学者の桑原武夫が立ち上げた京都大学人文科学研究所の共同研究によって開かれた。文学、政治思想史、哲学、社会学、法学、歴史学を専門にする研究者が参加し、桑原武夫編『ルソー研究』(一九五二)に成果がまとめられた。ただし、この研究会に教育学者は参加してない。

戦後のルソー受容は、桑原らが開いた学術研究の流れとは別に、教育関係者による普及紹介的なものがある。教育関係者たちはルソーの著作群のなかでも『エミール』ばかりを取り上げた。西洋教育史の梅根悟が『新エミール』（一九五一）と『ルソー「エミール」入門』（一九七一）、教育思想史の寺田弥吉が『母のためのエミール読本』（一九五四）、社会教育者の永杉喜輔が『子どもに学ぶ家庭教育――母親のための「エミール」』（一九七三）、演劇指導者の篠崎徳太郎が『ルソー「エミール」教育講義』全九巻（一九七四－八〇）と、「エミール」の名を入れた書籍が次々と出版された。当時の教育関係者による『エミール』の扱いは、大概が礼賛的評価のもとに、教育の実践に活用しようとするものであり、ルソーの著作がもつ多義性を客観的に分析したものはみあたらない。

戦後、前述の稲富栄次郎は、広島文理科大学、上智大学、神戸大学、国士館大学で教職に就くとともに、教育史学会理事、日本教育学会常任理事、教育哲学会会長といった教育学系各学会の要職、文部省（当時）のいくつもの審議会委員などを歴任し、日本の教育界の重鎮になった。研究面では『教育目的論』（一九五二）、『教育方法論』（一九五八）、『教育原理』（一九五八）によって戦後日本の教育学の土台をつくるとともに、ギリシャ哲学に関する書物を著した。『ルソオの教育思想』（一九四九）を出版したが、その中身は戦前の『ルソオの自然観と教育説』（一九三四）とおよそ同じである。稲富は戦前に『教育作用の本質』で示したルソーの「子どもの発見」言説を、戦後において復唱することはなかった。ルソーの「子どもの発見」言説の誤謬に気付いたのだろう。

また、梅根悟は、川口市助役、東京教育大学教員（東京文理科大学を含む）、和光大学学長、教育史学会代表理事、日本教育学会会長の職とともに、コア・カリキュラム連盟（現日本生活教育連盟）、日本教職員組合、中央教育審議会、日本学術会議などでの活動を通じて新教育の普及に尽力し、「戦後日本の教育界を代表する人物」といわれるまでになった。

一九四八年に大学教員となった梅根は『エミール』を教材に学生指導にあたった。また一九六五年にNHKラジオで『エミール』の連続講義をおこなうなど、『エミール』の普及に尽力した。梅根の『ルソー「エミール」入門』（一九七二）は「自身の『エミール』の読み方」を「手引き」（一九七一、一一－二頁）として示したものであり、『新エミール』（一九五二）は「今日の幼稚園、小学校、中学校を『エミール』の精神によって改革すること」（同二四一頁）を目的にしたものである。

六、戦後の『エミール』翻訳と教育界

戦後の『エミール』全訳は、林鎌次郎訳（一九五九）、今野一雄訳（一九六二）、戸部松実訳（一九六六）、長尾十三二＋梅根悟＋勝田守一訳（一九六七）、平岡昇訳（一九六九）、樋口謹一訳（一九八二）、永杉喜輔＋宮本文好＋押村襄訳（一九八二）がある。新教育運動のなかで一九二九（昭和四）年に設立された玉川学園は、日本の教育界を牽引する存在である。「世界教育宝典」というシリーズの一冊として刊行された永杉＋宮本＋押村訳『エミール』（一九六五）の「訳者序」は次のように記されている。

私たちは、〔……〕ここに加えるべき新訳は、学問的に厳密な翻訳ということを第一義とすべきであるという点で意見の一致を見た。

その結果、翻訳の態度として、同じ単語は可能なかぎり同じ訳語で一貫させること、そのためには、時には日本語としての通りのよさを犠牲にすることがあっても、原文の趣きを厳密に忠実に生かすことを旨としようとした。

（永杉ほか一九六五、一頁）

永杉らが「原文の趣きを厳密に忠実に生か」したという、本書の序章第一節で示した『エミール』の「序」の一文の訳が次である（〔 〕内に原語を補った）。

大人〔on〕は子どもというものをまるで知らない。だから、大人が子どもについて現在持っているようなまちがった考えをもとにして進むならば、進めば進むだけまちがった方向にいってしまうだろう。最も賢明な人たちでさえ、大人〔homme〕が知らなければならないことだけに心をうばわれていて、子どもたちが現在どんなことを学ぶことのできる状態にあるかということを考えてみようとしない。かれらは、子どものなかに、いちずに大人〔homme〕を求めていて、大人〔homme〕になる以前に、子どもがどんなものであるかを考えることを忘れている。

（永杉ほか訳一九六五、八頁）

「大人」と訳された homme の近くには、対比語の「子ども」（enfance / enfant）がある。永杉らは、他の日本語訳書と同様にこの箇所の homme を「大人」とする一方、他の homme はほぼ「人間」と訳している。永杉らは「同じ単語は可能なかぎり同じ訳語で一貫させる」というが、この点の説明はなく、他の訳書と同様に、「子ども」の対比語としての homme を「大人」とする「常識に配慮した意訳」をおこなっている。

homme に続く第二の問題は on をいかに訳すかである。on は一般に「私たち」や「人」と訳出される主語代名詞であり「大人」の字義はない。冒頭の on は、「吾々」（林訳）、「人」（今野訳、樋口訳）、「われわれ」（戸部訳）、「人々」（長尾ほか訳）、「人びと」（平岡訳）と字義に即した訳書が並ぶなかで、永杉らだけが字義にない「大人」としている。それは原文の「趣き」の名のもとに差し込まれた「解釈」である。

「私たち」と訳されるフランス語の主語代名詞に nous と on がある。nous はその場にいない第三者を含むが、on には第三者は含まれず、その場にいる者の仲間意識が投影される。冒頭の文が示す on は「ルソーと読者」を意味するものと理解できる。これを意味する on を「大人」と訳出する「解釈」は、ルソーの原文から遊離した「誤読」といえよう。冒頭の on のみならず、永杉らの訳文全体に、原文にないことが多く含まれている。永杉らは、彼ら独自の「解釈」をもって「訳文」としたのである。

こうした日本の教育界における『エミール』の扱いについて、坂倉裕治は「〔戦前の〕

自らの個人的な信条と合致する主張を古典に求める態度は、後〔戦後〕により学問的な体裁を整えた教育学にあっても、本質的には変わらなかった」（二〇〇九、二〇二頁）と指摘する。二〇一二年に東京で開催された「ルソー生誕三百周年記念国際シンポジウム」の発表者二六名のうち教育学者は坂倉だけだった。また、雑誌『思想』が一九七八年と二〇〇九年に、雑誌『現代思想』が一九七四年、一九七九年、二〇一二年に、ルソー特集を出したが、坂倉以外の教育学者は寄稿してない。坂倉によれば、「〔ルソーら〕『大教育思想家たち』への礼賛は、社会的コンテクストから切り離された閉塞的な空間へと教育関係者たちを閉じ込め」（同二〇三頁）たという。

七、ルソーの「自然に帰れ」の拡散と収束

かつて日本では、ルソーの思想を「自然に帰れ」の言葉のもとに説明することが一般的だった。しかし、ルソー自身は「自然に帰れ」とは書いていない。彼は「なんということだろう。社会を打ち壊し、私のものと君のものをなくしてしまい、森へ帰って熊といっしょに暮らさなければならないだろうか」（一九三三、一五七頁）、あるいは「自然の人間をつくりたいといっても、その人間を未開人にして、森の奥ふかいところに追いやろうというのではない」、「森のなかにいればいつまでも愚かなままでいなければならない」（一九六三、九八頁）というように、「自然にかえってはいけない」と説いているのであ

る。ルソーは「自然」を理想としながらも、「自然」に帰りたくともできないし、それはしないほうがいいことだから、ならば、どうするべきかを説いたのだ。
『ルソー全集』別巻二(白水社、一九八四)の目録や国立国会図書館サーチをみると、日本におけるルソー関係の論文数は、一九七〇年後半から一九八五年までがピークであり、年間八〇本ほどの論文がある。一九八六年に減少に転じ、二〇一五年以降は三〇本以下となる。小林善彦が論文「ルソーの『自然に帰れ』について」を発表したのが、まさにこの一九八六年である。

ルソーの思想はわが国では広く一般に「自然にかえれ」という言葉でいいあらわされている。「わが国では」というのは、昔から現在にいたるまで、フランスの数多くの研究者のなかで、ルソーの思想を「自然にかえれ」と表現した者は、私の見るところではいないからである。そもそもルソーは、その全作品のなかで「自然にかえれ」とは、一度もいっていない〔……〕毎年何冊も出るフランス語のルソー研究書をみても、「自然にかえれ」「自然への回帰」という表現がまったく出てこないのに、一方わが国ではなにかにつけて、ルソーといえば「自然にかえれ」と、合言葉のようにくり返されるのは、なぜであろうか。
(小林一九八六、一頁)

彼はこの問いに、以下のように応えている。

ルソーといえばすぐに「自然にかえれ」と合言葉のように出てくるのは、テクストを読んだ結果の読解とは私には思えない。〔……〕なぜこういうことが起るのかといえば、私の考えでは、中等教育で全国一斉に、ルソーを「自然にかえれ」と教えているからではないかと思う。たとえルソーの著作を、一度も読んだことがない人でも、一般教養として、ルソーという人は「自然にかえれ」といった人だという知識を、学校で教えこまれているのではないか。しかもその人たち――全国で何千万人いることだろうか――は、いつどこでルソーがそんなことをいったのかは、確認しないし、またしようとも思わない。（同前八頁）

ルソーの「自然に帰れ」の初出は、一九〇一（明治三十四）年の高山樗牛『文芸評論』のなかの「ルソーが自然に還れと説きし」（一九〇一、三七八頁）のようである。一九〇八（明治四十一年）に田中豊松が「〔ルソーは〕あらゆる組織の墮落を罵倒し、『自然に還れ』と絶叫して人生の真諦を道破した」（一九〇八、三頁）と記した。三浦訳『エミール』の解説には「『自然に帰れ』と高調し」（一九一三、九頁）とある。その後、西洋史の教科書の大類伸『新体西洋歴史』（一九三〇）に「『自然に還れ』と絶叫して」（一九三〇、一七四頁）、長田新『近世西洋教育史』（一九三六）に「『自然に還れ』といふ彼の教説」（一九三六、一一四頁）と、ルソーの思想が説明された。

この長田新は、戦後、日本教育学会初代会長を務めた。一九四九年に彼の『近世西洋教育史』が再刊され、一九五四年検定済の高校教科書である大類伸の『世界史』には「『自然に帰れ』と叫んだ」と記された。一九五五年に刊行された『広辞苑』初版の「自然」の項には「――に還れ（ルソーの語）」と記載されている。これは、フランス文学者であり『広辞苑』編者の新村猛（一九〇五－九二）によるものだろう。続いて、一九六二年に桑原武夫編『ルソー』（岩波新書）が出版され、そこには「『自然に帰れ』というのがルソーのもっとも有名な言葉だ」（九五頁）とあり、以後、「自然に帰れ」の言葉が一気に高校の教科書に広がった。一九六九年検定済の倫理・社会の教科書には、「『自然にかえれ』と主張した」（実業出版）、「『――。』と叫び」（教育出版）と記され、一九七〇年検定済の世界史の教科書では、「――と叫んで」（山川出版）、「『――』と叫んだ」（清水書院）、「――と訴えた」（好学社）、「――と訴えた」（学校図書）、「――と唱えて」（帝国書院）とルソーの思想が説明されている。

岩波新書の『ルソー』は、編著者の桑原が「一般向きの教養書を〔……〕書くように頼まれ」（ii頁）たものである。専門書であった『ルソー研究』の執筆陣のうち、研究代表の桑原と若手の多田道太郎、樋口謹一、河野健二が執筆している。先に引用した「『自然に帰れ』というのがルソーのもっとも有名な言葉だ」は、多田の分担部分であるが、「まえがき」に「桑原が全般にわたって修正、加筆」（同前）とあり、この一文を多田と桑原のどちらが書いたのかはわからない。

かくして戦後日本の「知」を牽引した岩波書店の出版物や京都大学人文科学研究所などの「お墨付き」のもと、ルソーの「自然に帰れ」は高校の教科書に載り、日本人の「教養」となり、「常識」となった。教科書作成者たちは「いつどこでルソーがそんなことをいったのかは、確認しないし、またしようとも思わな」(小林一九八六、八頁)かったのである。

新堀(一九五七)、平岡(一九六六)、小林(一九七二)、森田(一九七三)といった、ルソーの著作を読み込んだ研究者たちが「自然に帰れ」の誤謬性を示した。すると世界史の教科書から「自然に帰れ」の文字が消えていった。一九八二年検定済以降の高校世界史の教科書に、「自然に帰れ」の文字はない。

一方、高校倫理の教科書は「自然に帰れ」を掲載し続けた。一九八七年改訂検定済の『現代倫理』(清水書院)に「自然に帰れ・ルソー」の見出しのもと「人間はその根源の本性を取りもどし、人間の存在の固有の根拠にたちかえって、再出発せよ、というのである。これが『自然に帰れ』という言葉の真の意味である。かれは、当時の腐敗した旧制度の社会を否定し、自然法の理念を実現する社会の建設を目ざした」(一九八七、六七頁)とある。これは小林善彦への反論として記されたのだろうが、論理性を欠いたこじつけである。教科書という権力装置を使って「真の意味」なるものを示すことは、内心の自由を蹂躙する暴力といえよう。

二〇二二(令和四)年検定済高校公共の教科書では一一種中一種が、倫理の教科書では五種中五種が、ルソーに関して「自然に帰れ」と言及している。かつてのように「――と叫び／訴え／唱え」としているものはないが、「自然を理想とするルソーの考えをあらわすものとして『自然に帰れ』という標語が使われることがある」（『詳述倫理』実況出版、九七頁）と、あいまいな解説のもとにこの言葉を載せている。坂本雅彦は、「当該研究者の頭の中で組み立てられたにすぎない『体系』をルソーその人に帰し、それを『ルソーの教育思想』の名で呼んでこなかっただろうか」（一九九九、八九頁）という。ルソーの「自然に帰れ」を載せる教科書作成者は、ルソーを特殊なかたちで援用することによって自らの思想を伝えようとしているのだろう。それは彼らが実践する社会運動ではあるが、真理を追究する学問ではない。

戦後日本の学校教科書をみると、ルソーを「偉人」と讃えるものはあっても、「テロリズム」の語源が、ルソーの信望者であったロベスピエールの恐怖政治にあることを示したものはない。ルソーから影響を受けた二十世紀の人物にカンボジアの独裁者ポル・ポト（Pol Pot, 1925-98）がいる。ポル・ポトは、留学先のパリでルソーを読み、同志とともにポル・ポト派をつくった。帰国後、政権を掌握したポル・ポト派は、いわば「腐敗した旧制度の社会を否定し、自然法の理念を実現する社会の建設」をはじめた。ルソーの思想を「自然に帰れ」と解釈し、その実現を目指したのである。政敵はもとより、知識人や専門職従事者、ひいては、メガネをかけている人や時計をはめている人までを「自然でない」として抹殺した。ポル・ポト派が、全権を掌握した一九七四年からの約四年間にカンボジア国民の三分の一におよぶ一七〇万人といわれる人々が虐殺された。あらゆる社会運動は、それをおこなう人にとっては「正義」であろうが、権力者による「正義」の執行は、とてつもない悲劇になりえる。

戦後の日本社会に広がったルソーの「自然に帰れ」言説とは、ルソー自身はそうは言っていないにもかかわらず、ルソーに帰すものとしたある種の社会運動であった。日本で、ルソーの「自然にかえれ」言説を広げた人たちは、ルソーを礼賛するばかりで、ルソーが後世に与えた負の影響から目をそらした。それは、ルソーを一人の実際に生きた人間としてみなさないで、「高貴」な存在へと追いやる差別的な態度といえよう。

八、戦後の新教育運動と「子どもの発見」

終戦まもない一九四七（昭和二十二）年に梅根悟は『新教育への道』を著し、「ルソーこそは実に教育史上、この問題（自由な個人と社会の成員の矛盾）を初めてハッキリととらえた人であります〔……〕彼はこの『問題の発見者』であったのです〔……〕この新教育史上の名誉は永久に彼の頭上に輝くでありましょう」（一九四七、二八一頁）と記した。戦後、「自我の発見」「生活の発見」など「発見」の語の利用が流行するが、梅根のこの一文はそのはしりといえよう。

「子どもの発見」の戦後における初出は、雑誌『教育技術』にある不良防止の論考での

「二十世紀の偉大な発見は婦人と子供の発見である」（石田一九四八、一二頁）のようである。これは戦前に田中豊太郎が綴り方教育を論じた際の「現代に於ける一大発見は、子供と婦人を見出したことでなくてはならない」（一九二四、一二五頁）に依拠したものと思われる。その後、雑誌『教育技術』（関連誌の『小一〜六教育技術』、『幼児と保育』を含む）で、さまざまな論者が別々の文脈で「子どもの発見」という言葉を利用した。また、イタリアの幼児教育者モンテッソーリ（Maria Montessori, 1870-1952）の『子どもの発見』（*Discover of the Child*, 1948）が出版されると、稲垣友美が、教具史を語るのに「子どもの発見」を使った（一九四九、二二二頁）。このように戦後まもなく「子どもの発見」の言葉を使って教育を語ることが流行した。

雑誌『教育』一九六一年一月号は「子どもの発見」をテーマにした特集である。時代は左派運動が高まりをみせていた。巻頭言に「『子どもの発見』とは、このような実践的な概念であり、実践的な過程である」（北田一九六一、五頁）と記された。この号で教育学者の周郷博《すごうひろし》（一九〇七－八〇）が「子どもというものを人間として『発見』した最大の思想家といわれるルソーの『エミール』」（一九六一、七頁）と述べている。周郷が「子どもの発見」の言葉とルソーを結び付けたこと、そして「人間として」と続けたことが、後に影響を与えてゆくことになる。

同じ一九六一年に梅根悟編『近代の教育思想』（岩波書店）が出版された。この本では編者の梅根悟をはじめ、砂沢喜代次、鈴木秀一、太田堯といった教育学者たちが「子どもの発見」の言葉のもとに西洋教育思想史を語った。梅根は「子どもの発見」の見出しのもと「人間的で合理的な教育方法の発見であった。そしてルソーはその歴史の上にそびえ立つ巨峰的存在だった」（一九六一、八頁）と説き、この論文を「近代的教育思想はルソーに、きわだった始点をもっている」（同一〇頁）とまとめることで、ルソーを近代教育思想の創始者とみなす梅根の見解をあらためて示した。「子どもの発見」の見出しをつけたのは出版社の編集者かもしれないが、いずれにせよ、梅根はそれを了承している。

梅根の回顧録に「『エミール』は私の教育思想の育ての親」、「反動文教政策に対する批判活動を展開」、「新教育を防衛するための社会的活動に身を入れることにより」、「自分の研究を自分の社会的活動と表裏をなすものにしなければならなかった」（一九七五、二二三‐四）などの文言をみることができる。梅根は、戦後の新教育運動の主導者として、自らが推進する社会運動のスローガンに「子どもの発見」の言葉を使ったのである。

九、発見から発見者へ

ルソー自身は「自然に帰れ」と言っていないにもかかわらず、日本では「自然に帰れ」の言葉のもとにルソーが語られていた。そして、この間違った「知」の拡大の発信源の一つに桑原武夫編『ルソー』（岩波新書）があった。この本には「子どもの発見」の見出しのもと、「少年時代はけっして成人となるための踏み台ではなく、少年時代はそれとしての独自の価値をもつという主張、それは今日においては常識であろうが、ルソーがこれを唱えたころにおいては、まさに驚くべき新発見であった」（一九六二、四七頁）という一文がある。この箇所は樋口謹一の分担である。樋口は政治思想を専門とし、教育について論じたものはこの本以外にない。『近代の教育思想』（一九六二）に記された梅根悟のルソー論に受け売り的に依拠したのだろうか。桑原の『ルソー』と梅根の『近代の教育思想』は、同時期に編まれた岩波書店の書物である。両書に記された「子どもの発見」の見出しは、共有された編集の過程でつけられたものなのかもしれない。

一九六二年に今野訳『エミール』（岩波文庫）が出版された。解説に「『子どもの発見』ということが教育思想におけるルソーのもっとも大きな功績だといわれています」（六頁）とある。今野訳『エミール』もまた、梅根編『近代の教育思想』および桑原編『ルソー』と同時期に編まれた岩波書店の書物である。今野は、梅根の『近代の教育思想』や桑原の『ルソー』を念頭において先の一文を載せたのだろう。

岩波新書『ルソー』と岩波文庫『エミール』が刊行された一九六二年、教育思想史の鈴木秀勇が「ルソーは、子どもの発見者であり、子どもの権利宣言者である、といわれます」（一九六二、一〇三頁）と述べ、やはり教育思想史を専門とする柳久雄が「『子どもの発見者』といわれるルソーにおいて」（一九六二、二四頁）と記した。こうして、日本の「教育史上では、ルソーを『子どもの発見者』と呼んでいる」ことになった。続く一九七〇年代には教育関係のさまざまな文献に「小さな大人」という言葉を使った解説とともに「子ども発見者」としてルソーが記され、「子どもの発見」は日本の教育界の「常識」になった。

「小さな大人」の言葉を使ってルソーを紹介する語りの形式は大正期にはじまる。一九一五（大正四）年に上野陽一が『小学校 初等教育研究雑誌』に論文「ルソーと現代の教育」を載せ、「子供を以てただ『小さな大人』として取扱って居るに過ぎないのが、今日の現状ではないか」（一九一五、五九頁）の前置きのもとルソーを紹介した。参照した文献は示されてないが、海外の資料に依拠したようである。一九一八（大正七）年に文部省が出版した『時局に関する教育資料』（第十六集）のイギリスの雑誌記事の訳文に「仏国で最も進歩的な小学校に於てすらようやく最近に至り児童を児童として取扱い、小さな大人と考えなくなった」（文部省普通学務局一九一八、一七九頁）とあり、やはり「小さな大人」の言葉を使って従来の教育を批判している。ただし、「既に一五九〇年の昔に於てモンテーヌは『児童の遊戯は単なる遊戯でなく、遊戯以上の重大なる作動である』と書いた」（同前）と続き、ルソーの二世紀前を生きたモンテーニュが「子どもは小さな大人ではない」ことを示したと語っている。

日本の教育界では一般に、ルソーは「子どもは小さな大人ではない」と説いたとされているが、ルソーは反対に「子どもを小さな大人と呼ぶこともできよう」（一九六二、八〇頁）と記している。つまり、ルソーの教育思想を「子どもは小さな大人ではない」と語ることは、当のルソーをも無視した誤った解釈といえよう。

一九七八年に森田伸子はフィリップ・アリエスの仕事を紹介しつつ、『エミール』こそ「近代教育史上の子どもの発見という、かがやかしい業績を代表する作品として、広く認められてきた」（一九七八、一三頁）ことへの違和感をあらわし、「『エミール』はこうした一般的傾向を背景として、むしろそれを理論的に追認したものにすぎない」（同前）と記した。同年、武田晃二は「ルソー教育論の大きな功績が『子どもの発見』にあることが通説的に承認されている」と指摘し、その事情は「『自然に還れ』についても全く同様」（一九七八、四頁）であり、「『子どもの発見』という表現自体がルソー教育論の本質的性格から遊離する可能性をはらんでいる」（同七頁）と記している。

新堀、平岡、小林、森田による「自然に帰れ」の誤謬性の指摘が「圧倒的な大合唱」（小林一九八五、一二頁）によってかき消されたように、森田や武田の「子どもの発見」の誤謬性の指摘もまた、日本の教育界の「大合唱」のなかに霧消したのである。

十、アリエスの「子ども期の発見」と戦後教育学

一九六〇年にフランスのアナール学派の歴史学者フィリップ・アリエス（Philippe Ariès, 1914-84）の *L'enfant et la vie familiale sous l'Ancien régime*（『アンシァン・レジーム期の子供と家族生活』）が出版され、一九六二年に英語版が、一九八〇年に『〈子供〉の誕生』のタイトル

で日本語版が出された。アリエスは、中世から十八世紀までの図像、墓碑銘、日誌、書簡などを分析することにより、人々の日常世界を支配する感情の変遷を描いた。

アリエスによれば、中世では子供はたくさん生まれ、その多くがまもなく死んだから、親が悲しむということはなかった。また、八歳程度で徒弟にでるのが一般的だったため、大人と同等に扱われ、性に関する会話も大人に混じって交わされたという。彼はこうした例を示しながら、「中世の社会では、子供期という観念は存在していなかった。〔……〕子供に固有な性格、すなわち本質的に子供を大人ばかりか少年からも区別するあの特殊性が意識されたことと符合するのである。中世の社会にはこの意識が存在していなかった」（一九八〇、一二二頁）と述べ、その後の近代化における徒弟制度の終焉、学校教育の広がり、核家族化のなかで「子ども」というまなざしが生じたという。「子ども」は近代に作られた概念であるというアリエスのテーゼは、米国の社会学者や教育学者に衝撃を与え、「子ども期の発見 Discovery of Childhood」と呼ばれるとともに、アリエスの研究の不備への批判が続出した。現在では、中世において子ども期という観念がまったくなかったといいきれるものではなく、中世においても、子どもを大切に思う親がいたし、近現代においても、そう思わない親がいる。そもそも中世とか近代とか、一言でくくれるような同質的な状況が存在したことはなく、安易な一般化は避けるべきであり、個々の状況を丁寧にみていく必要がある——という至極まっとうな子ども史観が学問上の主流である。いずれにせよ、欧米では、アリエスをきっかけに、子ども観は時代や状況により変化するという理解が共有されるようになり、子ども観の変化に関する研究が深化した。

終戦から一九九〇年頃までの日本の教育学を「戦後教育学」と呼び、以降の「冷戦後教育学」と分けることがある。下司晶によれば、「戦後教育学とは、第二次大戦の敗戦を契機に、戦前戦中の超国家主義への反省を軸として形成された日本の進歩的教育学の総称であ」り、「戦前／戦後の断絶」史観や「人権等の十八世紀市民社会論の理念を称揚」などを特徴にするという（二〇一六、二五九頁）。いわば「戦後教育学」とは、戦前・戦中とのくびきを断ち、新しい社会をつくることに重心を置いた社会運動であった。「戦後教育学」は、戦前・戦中の「聖典」だった教育勅語を葬るとともに、ルソーをはじめとする西欧近代の「大思想家」の書物を「聖典」として、そこに記された「真理」を伝えることを営みの中心とした。こうした「神学」とも呼べそうな「戦後教育学」の中心として、稲富栄次郎や梅根悟を位置づけることができる。

一九九一年に「近代教育思想を批判的に考察すること」を目的とする近代教育思想史研究会（現教育思想史学会）が設立された。機関紙『近代教育フォーラム』創刊号で安川哲夫は「誰をもって戦後の教育史学を代表させるか〔……〕影響の大きさの点で真っ先に挙げなければならないのは『梅根史学』であろう」（一九九二、七五頁）と書きながらも「少々厄介な問題」（同前）を理由に、考察対象を長尾十三二に変えた。日本の教育界が「梅根のパラダイムのうちにあったため対象化が困難」（下司二〇二〇）だったのだ。梅根に関する研究は、記念・追悼・整理的なものを除けば渡邊隆信（二〇一四）まで待つことになる。稲富を対象にした研究も小笠原（二〇二〇）までなかった。かくして、戦前に稲富と梅根が生み出し、戦後になって日本の教育界の「常識」となったルソーの「子どもの発見」言説は、その誤謬性を正面から問われることがないままに、現在に至るのである。

二十一世紀になってから日本で編纂された教育学関係の事典類をみる。本章第二節で示したように、『教職用語辞典』（一芸社、二〇〇八）にはルソーの「子どもの発見」が記されている。一方、『新教育事典』（勉誠出版、二〇〇二）、『教育用語辞典』（ミネルヴァ書房、二〇〇三）、『教育学用語事典』（学文社、二〇〇六）、『小学校教育用語辞典』（ミネルヴァ書房、二〇二一）、『児童学事典』（丸善、二〇一六）、『教育社会学事典』（丸善、二〇一八）には、ルソーの「子どもの発見」はない。

『教育哲学事典』（丸善、二〇二三）には、「ルソー」の項目のなかに「子どもの発見」の語はないが、「子どもの発見」の項目が別に立てられており、そこにはアリエスとそれに続く研究が示されている。また、「子ども・家庭・社会」の項目があり、「西洋近代における『子ども』の発見」の見出しのもと、「現代にも通じる子ども観が近代の産物であることを明らかにしたのが、アリエスである」（大塚二〇二三、二四頁）と記された後に、「こうした近代的な子ども・家庭教育観の普及に最も影響を与えたのが、ルソーである」（同前）とも述べられている。つまり、「冷戦後教育学」にある現在の教育学者の多くが、ルソーの「子どもの発見」言説の誤謬性に気づいており、「子どもの発見」の語の使用を避けるか、使用するにしても、アリエスの「発見」の背景をなすものとしてルソーを紹介するものになっている。

十一、教育という権力装置

日本の公立学校の教員採用試験は、都道府県や政令指定都市などに分かれておこなわれる。筆記試験は、教職教養、一般教養、専門教養、小論文からなり、うち教職教養にはたいてい思想史に関する設問がある。ルソーは、コメニウス、ペスタロッチ、フレーベル、デューイとともに定番の教育思想家である。また、教職教養のなかの教育原理や一般教養の人文社会分野においてルソーに関する問題が出されることもある。

ルソーに関する問題のほとんどが「エミール」「消極的教育」「自然主義」「自然に帰れ」「子どもの発見」といったキーワードを知っていれば解けるものである。本来複雑であるはずの人間の思想を短くまとめた言葉は、効率的に知識を問う試験問題に便利である。なかには「一七六二年に『エミール』を刊行し、最も偉大な教育思想家の一人となった(答=ルソー)」(一九九一年実施滋賀県)と、出題者の価値観を押し付ける問題もある。また、教員採用試験の過去問題に「『子どもの発見者』ともいわれる。自然主義教育を展開し後の教育学者たちに強い影響を与えた(答=ルソー)」(一九八一年実施岡山県)がある。

その翌年には「与えた」が「及ぼした」に変わった問題が神戸市で出されている。神戸市の出題者は、ルソーの著作を読んだり、ルソー研究の動向を確認したりすることなく、過去の問題をもとに作成したのだろう。ルソーの「子どもの発見」は一九八〇年頃から教員採用試験の定番になっている。

ルソーの「自然に帰れ」は、一九八二年検定済以降の高校・世界史の教科書にはないが、高校・倫理には現在もある。教員採用試験においては、一九九〇年代半ばまでは出題が続いたが、その後はあまり出題されなくなり、二〇一五年実施が最後のようである。一方、ルソーの「子どもの発見」は、二〇一九年実施の埼玉県・さいたま市、二〇二一年実施の岩手県、二〇二三年実施の青森県にみられるように現在も定番である。また、全国共通の保育士試験では、二〇二一年実施前期試験に出されている。二〇二三年実施の青森県の問題は次のものである。

ジュネーブに生まれ、フランスで活動した思想家。教育論『エミール』は、近代教育思想の上で際立った位置にある。理性的能力が芽生える年齢前の子ども期の感性的能力を十分に発達させることが、その後の確かな大人の理性的能力を得るために重要であるとした。こういった子ども期の発達の固有の意味をとらえたことは、教育史上、一般に「子どもの発見」といわれる。

（答＝ルソー）

この問題文は、『現代学校教育大事典』第六巻（一九九三）の「ルソー」の項を一部抜き出し要約したものである。二〇一二〜六年実施の教員採用試験の西洋教育思想史の問題を分析した相馬伸一らは次のようにいう。

知識は要約や体系的な説明をとおすことで社会に広く伝播する。その過程では知識の歪曲や誇張が生じる場合がある。もし教員採用試験に事実の誤認に基づくような内容があれば、それらは是正される必要がある。（相馬ほか二〇一七、一一七頁）

ルソーの「自然に帰れ」と「子どもの発見」の言説が日本に定着する一因となった岩波新書版『ルソー』を著した桑原武夫たちは、それらの言葉が自分たちの想像を超えて広がったことに戸惑いを覚えただろう。桑原たちは、すでにルソーと絡めて使われることがあったからそれらの言葉を載せたのであって、とりたてて、ルソーを「自然に帰れ」の思想家として位置づけようとしたり、「子どもの発見」をその教育論のキーワードとして普及したりしようとは思っていなかっただろう。同書の執筆者である桑原武夫、樋口謹一、多田道太郎は、この『ルソー』のほかでは「自然に帰れ」「子どもの発見」の語を使っていない。

ルソーの「自然に帰れ」言説は、現在、およそ消滅したようだが、高校・倫理の教科書には残っている。ルソーの「子どもの発見」言説は、現在、一線に立つ教育学者たちは既にその誤謬に気づき、使用を避けているようだが、教員採用試験においては、未だ存在している。そして、それは教育という権力装置の中で発生、定着し、そして閉じられている。

十二、「子どもの発見」という「虚構」と「人間」

ルソーの「子どもの発見」言説の発生と定着の過程をまとめると次のようになる。

一、「子どもの発見」という言葉は、大正期の新教育運動のスローガンとして生まれた。

一、一九三二年に梅根悟が日本で最初にルソーを近代教育思想の創始者として記した。

一、一九三五年に稲富栄次郎が「子どもの発見」の言葉のもとに、ルソーの『エミール』を示して、日本におけるルソーの「子どもの発見」言説が発生した。

一、戦後、稲富と梅根は日本の教育学を担う存在になった。

一、梅根悟編『近代の教育思想』（一九六一）においてルソーを近代教育思想の創始者とみなす見解をあらためて示し、その見出しを「子どもの発見」とした。

一、梅根悟編『近代の教育思想』をもとに、桑原武夫『ルソー』（一九六二）と今野一雄訳『エミール』（一九六二）に「子どもの発見」が記され、まもなく、「ルソーは

『子どもの発見者』と呼ばれる」ことになった。

一、一九七〇年代、教育関係のさまざまな文献に「小さな大人」という言葉を使った解説のもとに「子どもの発見者」としてルソーが記され、ルソーの「子どもの発見」言説は日本の教育界の「常識」になった。

一、一九八〇年代にルソーの「子どもの発見」が教員採用試験の定番問題となった。

一、一九九〇年頃、それまでの「戦後教育学」が「聖典」としてきたものを批判的に検証する「近代教育学批判」が興った。しかし、戦後日本の教育界の重鎮である稲富、梅根を批判的に検証することは控えられ、両氏に発するルソーの「子どもの発見」言説は、現在に残った。

戦後のルソーの「子どもの発見」言説は、一九六一年に周郷博が「人間として」、梅根悟が「人間的で」といって発生したが、彼らの理解は正しかったのだろうか。ルソーは「子ども」の反対概念を「人間」とし、「子どもは人間でない」としていたのである。日本におけるルソーの「子どもの発見」言説は、その発生の時からボタンをかけ違えていたのだ。この「虚構」のつくられ方は、真理の追究よりも、社会運動の場となってきた「教育学に固有の『誤読』のあり方」(森田一九九二、三八頁)であった。カッシーラーがいうように、ルソーを読むということは、常に新しく重要な問題をわれわれに突きつける。しかし、われわれは、未だルソーを読むことができていない。

おわりに

S. Jean
Coopers
Vieque
Peters
Saba
S.te Croix
S. Martin
S. Bartholome
Eustache
S.t Christophe
Barbuda
Carlos fuerte
Tierrabaxa
S.t Johns-town
Nieves
Falmuth
Antigoa
Redonda
Monserrat
LA GUADELO
F. S. Pierre
F. de la Magdelene
P de Guadeloupe
S.te Marie
Marie gala
les Saints
la Dominique
la Trinite
Predicador
LA MART
I. S. Pierre
F.t Royal
P.te des S
P. Antigue
S.te Lucie
la Ba
Speightis
Bridgs-town
Oistins-tow
S Vincent
de Caribes
Beconia
I.s de Paxaros
la Grenade
Granadillas
las Siete Edades
Blanca
LA MARGUERITE
Frayles
Testigos
Cola
Verde
Cubagua
Coche
I.s Caribos
Bouche du Dragon
S Joseph
C des 3 Pointes
G. de Cariaco
Golfe de Paria
COMANA
Cumana
LA TRINI
P.te de Lavan

以上、本書では、『テルトル神父の博物誌』［1654］とルソーの著作に間にあるズレに注目することにより、ヨーロッパのカリブ／カニバルに対する思考と支配のありようを示し、そのズレを引き起こしたものこそが、「近代」という時代の暴力であったこと、その暴力の起点の一つにルソーがいること、そして、この暴力にあやかることによって形成されたのが日本の近代であったことを明らかにした。

ルソーは、「文字の世界」に生きた「文字の人」であった。そしてルソーが扱った文字は、当時、世界一の先進国であり大国の言語であるフランス語であった。ルソーは革命を志したわけではなく、自ら示した教育法の実践を願ったわけでもないが、ルソーという一人の人間が文字に記した思想は、時と場所を超えて広がり、世界を大きく変えた。「国家」「文字」「教育」「自由」「平等」「友愛」「民主主義」など、ルソーの思想は「普遍性」を獲得し、現在、世界のほぼすべての人がその影響下にある。

ルソーが、「未開人」の典型とみなし「カライブ人」と呼んだカリブ海小アンティルのカリブ人の子孫のガリフナは、現在、ホンジュラスをはじめとする中米諸国および米国にいる。彼らは、コロンブスの時代からヨーロッパ社会とかかわりながらも、文字をもつことを長らく拒否してきた。ガリフナは、文字をもたなかったからこそ、自分たちにとって大切なことを、言語、音楽、宗教、踊り、儀礼、神話、民話などの集合的記憶にして今日まで継承してきたのだろう。国家をもたないガリフナが現在存在しているのは、文字に頼らない集合的記憶を一人ひとりの全人格をもって継承してきたからである。二〇〇一年、ユネスコは、「ガリフナの言語、舞踏および音楽」を、第一回の「世界無形文化遺産」に登録した。

スペイン、フランスにつづいて、十九世紀はじめに「国語化」を果たしたイギリスが、十九世紀最大の世界帝国になった。そして、二十世紀は、元イギリス植民地の米国と、米国の資本主義をアンチテーゼとしたソビエトが世界を席巻した。そして現在、いつ核が炸裂するかわからない世界に、われわれは生きている。おそらくルソーの時代には、世界に数十万の言語があったことだろう。そして、そのほとんどが文字のない言語であった。その後、「国民国家」による「国家教育」が普及するなかで、「国語化」された限られた言語だけが、その話者を増やし、それ以外の言語は消滅の道をたどった。

いま、主要十言語の話者が、世界人口の約半数を占めるとともに、世界経済のほとんどを握っている。言語は文化を運ぶ器である。人間世界の価値を多様性にみるならば、われわれはとてつもなく貧困になったのだ。人間が、文字をもつことによって得られた豊かさの裏で、人間はあまりに多くの大切なものを失ってしまった。「国家」「文字」「教育」「自由」「平等」「友愛」「民主主義」など、現代世界を席巻するパラダイムを疑うべきときが来ている。そして、この問いの「起源」に、ジャン＝ジャック・ルソーがいる。

参考文献

▼欧文

ABLER, Thomas. "Iroquois Cannibalism: Fact Not Fiction," *Ethnohistory*, 27(4),1980

ANCHIETA, José de. *Cartas, informações, fragmentos historicos e sermões, Padre Joseph de Anchieta*, Civilização Brasileira, 1933

ANCHIETA, José de. *Poesias: Manuscrito do séc. XVI, em português, castelhano, latim e tupi, transcrições.* Comissão do IV centenário da cidade de São Paulo,1954

ANDRADE, Oswald de. "Manifesto Antropófago," *Revista de Antropofagia*, 1, 1928

ANDREE, Richard. *Die Anthropophagie: Eine Ethnographische Studie*, 1887

ARAÚJO, Antônio de. *Catecismo na lingoa brasilica*, 1618

ARIES, Philippe. *L'enfant et la vie familiale sous l'Ancien régime*, Plon, 1960

AYROSA, Plínio. *Vocabulário na língua brasilica: Manuscrito Português-Tupi do século XVII*, 1938

BENKO, Stephen. *Pagan Rome and the Early Christians*, Indiana UP, 1984

CASSIRER, Ernst. "Das Problem Jean-Jacques Rousseau," *Archiv für Geschichte der Philosophie*, 41(1-2), 1932

CAYETANO, Roy. *The People's Garifuna Dictionary*, National Garifuna Council, 1993

COREAL, Francois. *Voyages de Francois Coreal aux Indes occidentales 1666-1697*, 1722

FORSYTH, Donald. "The Beginnings of Brazilian Anthropology: Jesuits and Tupinamba Cannibalism," *Journal of Anthropological Research*, 39(2), 1983

FORSYTH, Donald. "Three Cheers for Hans Staden: The Case for Brazilian Cannibalism," *Ethnohistory*, 32(1), 1985

LAGIOIA, Vincenzo. "Jean-Baptiste du Tertre: explorador y misionero de la corte de Richelieu," *Baetica Estudios de Arte, Geografía e Historia*, 35, 2014a

LAGIOIA, Vincenzo. *Un missionario alla scoperta delle Antille. Jean-Baptiste Du Tertre, Esploratore d'Ancien Régime,* Il Mulino, 2014b

LEIGH, R.A.(Ed.) *Correspondance complète de Rousseau*, 21, 2004 [1764]

MONTAIGNE, Michel de. *Les Essais livre 1*, Pleiade, 2007 [1595, 1580]

MÜNSTER, Sebastian. *Cosmographia*, lib. VI, 1554

NAVARRETE, Martín Fernández de. *Colección de los viages y descubrimientos que hicieron por mar los españoles desde fines del siglo XV: con varios documentos inéditos concernientes á la historia de la marina castellana y de los establecimientos españoles en Indias,* Vol. 1-2, 1825

PALENCIA-ROTH, Micheal. "The Cannibal Law of 1503," *Early Images of the Americas: Transfer and Invention*, Arizona UP, 1993

PIGAFETTA, Antonio. *Relazione del primo viaggio intorno al mondo*, Amazon Inc., 2011 [1800,1524]

SAINT-MERY, Moreau de. *Description topographique, physique, civile'politique et historique de la partie française de l'isle Saint-Domingue*, Tome 1, 1797

STEINMETZ, Rudolf. *Endokannibalismus*, 1895

ROCHEFORT, Charles de. *Histoire naturelle et morale des iles Antilles de l'Amerique*, 1658

ROUSSEAU, Jean-Jacques. *Discours sur l'origine et les fondements de l'inégalitéparmi les hommes*, Les Échos du Maquis, 2011 [1755]
ROUSSEAU, Jean-Jacques. *Émile ou de l'éducation*, Garnier, 1976 [1762]
TERTRE, Jean-Baptiste. du *Histoire générale des îles Saint-Christophe, de la Guadeloupe, de la Martinique et autres de l'Amérique*, 1654
TERTRE, Jean-Baptiste du. *Histoire générale des Antilles habitées par les François*, 1-4, 1667-71
VOLHARD, Ewald. *Kannibalismus*, Strecker und Schröder, 1939
WILBERT, Johannes. *Encyclopedia of World Cultures Vol.7(South America)*, 1994

▼邦文

アタリ、ジャック『カニバリスムの秩序——生とは何か・死とは何か』金塚貞文訳、みすず書房（一九八四［1979］）
綾部恒雄（監）『世界民族事典』弘文堂（二〇〇〇）
アリエス、フィリップ『〈子供〉の誕生——アンシャン・レジーム期の子供と家族生活』杉山光信＋杉山恵美子訳、みすず書房（一九八〇）［1960］
アリストテレス『経済学』山本光雄訳、岩波書店（一九六一）
アルヴァックス、モーリス『集合的記憶』小関藤一郎訳、行路社（一九八九）［1950］
アレンズ、ウィリアム『人喰いの神話——人類学とカニバリズム』折島正司訳、岩波書店（一九八二）［1979］
池間栄三『与那国の歴史』琉球新報社（一九七二）
市川光雄「平等主義の進化史的考察」、『ヒトの自然誌』平凡社（一九九一）
稲垣友美『教具と学習指導』牧書房（一九四九）

稲富栄次郎『教育作用の本質』目黒書店（一九三五）
居村匠「オズワルド・デ・アンドラーヂ『食人宣言』分析――三つの分類と法概念を中心に」、『美学芸術学論集』15（二〇一九a）
居村匠「オズワルド・デ・アンドラーヂの批評におけるブラジル性に就て」、『美学』70（2）（二〇一九b）
石田秋三「小学校児童の不良化防止について」、『教育技術』3（4）（一九四八）
岩尾龍太郎「浮遊する食人記号――コロンブスの『日記』を読む」『思想』897（一九九九）
植田めぐ美「キリスト教のトゥピ語翻訳とシャーマンによる再解釈――16世紀ブラジルの事例から」『総研大文化科学研究』15（二〇一九）
ヴェスプッチ、アメリゴ「四回の航海」長南実訳、『航海の記録』岩波書店（一九六五）[1505-6]
ヴェスプッチ、アメリゴ「新世界」長南実訳、『航海の記録』岩波書店（一九六五）[1503]
上野陽一「ルソーと現代の教育」、『小学校 初等教育研究雑誌』20（2）（一九一五）
梅根悟「ドイツに於ける教育哲学の趨向」『教育学研究』1（1）（一九三二）
梅根悟『新教育への道』誠文堂新光社（一九四七）
梅根悟「近代教育思想の理解のために――その系譜と課題」、『近代の教育思想』岩波書店（一九六一）
梅根悟『ルソー「エミール」入門』明治図書出版（一九七一）
梅根悟『小さな実験大学』講談社（一九七五）
大塚類「子ども・家庭・社会」、『教育哲学事典』丸善（二〇二三）
大類伸『新体西洋歴史』冨山房（一九三〇）
小笠原道雄「稲富栄次郎の教育哲学と現代教育学への影響＝作用――ライフヒストリーにみる教育哲学会創設にいたる人間模様」、『続 日本教育学の系譜――京都学派とマルクス主義』勁草書房（二〇二〇）
長田新『近世西洋教育史』岩波書店（一九三六）
落合一泰「『アメリカ』の発明――ヨーロッパにおけるその視覚イメージをめぐって」『ラテンアメリカ研究年報』13（一九九三）

オビエード『カリブ海植民者の眼差し』染田秀藤＋篠原愛人訳、岩波書店（一九九四）［1535］
カー、E・H『歴史とは何か』清水幾太郎訳、岩波書店（一九六二）［1961］
カストロ、エドゥアルド・ヴィヴェイロス・デ『インディオの気まぐれな魂』近藤宏＋里見龍樹訳、水声社（二〇一五［2002］）
カッシーラー、E『ジャン＝ジャック・ルソー問題』生末敬三訳、みすず書房（一九七四）［1932］
川田順三『無文字社会の歴史――西アフリカ・モシ族の事例を中心に』岩波書店（一九七六）
川田順三「文化人類学とは何か」、『文化人類学』71（3）（二〇〇六）
北田耕也「『子どもの発見』ということ」、『教育』124（一九六一）
桑瀬章二郎『嘘の思想家ルソー』岩波書店（二〇一五）
桑原武夫（編）『ルソー研究』岩波書店（一九五一）
桑原武夫（編）『ルソー』岩波書店（一九六二）
下司晶『教育思想のポストモダン――戦後教育学を超えて』勁草書房（二〇一六）
下司晶「戦後教育学における『近代』評価の再検討――1960年代初頭までの梅根悟を中心に」科学研究費助成事業研究成果報告書（二〇二〇）
国分直一『日本民族文化の研究』慶友社（一九七〇）
小林善彦「自由についての二つの考え方――とくにルソーをめぐって」（下）、『思想』565（一九七一）
小林善彦「ルソーと『自然にかえれ』について」、『外国語科研究紀要』33（2）（一九八六）
コロンブス『コロンブス航海誌』林屋永吉訳、岩波書店（一九七七）
コロンブス『コロンブス　全航海の報告』林屋永吉訳、岩波書店（二〇一一）
近藤雅樹「現代日本の食屍習俗について」『国立民族学博物館研究報告』36（3）（2012）
サイード、エドワード『オリエンタリズム』（上・下）今沢紀子訳、平凡社（一九九三）［1978］
坂入明「ルソー教育思想の先駆者を求めて――モンテーニュとの関係を中心として」『東京家政大学研究紀要（一）人文科学』19（一九七九）

坂倉裕治「日本の近代化と『エミール』――三浦關造の抄訳を中心に」、『思想』1027（二〇〇九）
坂本雅彦「坂倉裕治著『ルソーの教育思想――利己的情念の問題をめぐって』」、『教育哲学研究』80（一九九九）
サン＝ピエール、ベルナルダン・ド「フランス島への手紙」[1773] 小井戸光彦訳、『インド洋への航海と冒険 フランス島への旅』岩波書店（二〇〇二）
ジェームズ、C・L・R『ブラックジャコバン――トゥサン＝ルヴェルチュールとハイチ革命』青木芳夫訳、大村書店（一九九一）[1938]
鈴木慎一郎「真正性」、『文化人類学事典』丸善（二〇〇九）
鈴木秀勇「コメニュウスの『教育思想』」、『教育』150（一九六二）
周郷博「子どものヴィジョン」、『教育』124（一九六一）
スタデン、ハンス『蛮界抑留記――原始ブラジル漂流記録』西原亨訳、帝国書院（一九六一）[1557]
相馬伸一＋室井麗子＋椋木香子＋小山裕樹＋生澤繁樹「教員採用試験における教職教養分野の特質と課題――教育思想史分野を中心に」、『広島修大論集』58 (2)（二〇一七）
ターナー、ヴィクター『儀礼の過程』冨倉光雄訳、筑摩書房（二〇二〇）[1969]
タイラー、エドワード『原始文化』（上下）奥山倫明＋奥山史亮＋長谷千代子＋堀雅彦訳、国会刊行会（二〇一九 [1871]）
互盛央『言語起源論の系譜』講談社（二〇一四）
高山樗牛『文芸評論』博文館（一九〇一）
武田晃二「ルソー教育論の超克とその方向（上）」、『岩手大学教育学部研究年報』38（一九七八）
竹田英尚『文明と野蛮のディスクール』ミネルヴァ書房（二〇〇〇）
田中豊太郎「綴り方教育の新潮」、『教育研究』276（一九二四）
田中豊松『ペスタロッチ言行録』内外出版協会（一九〇八）
チャンカ「チャンカ博士がセビリャ市に送った書簡」林屋永吉訳、『航海の記録』岩波書店（一九六五）
都留ドゥヴォー恵美里「『食らう』芸術――『食人』の思想と近代ブラジル芸術」、橋本一径（編）『〈他者〉とし

てのカニバリズム』水声社（二〇一九）
テヴェ、アンドレ「南極フランス異聞」山本顕一訳、『フランスとアメリカ大陸』第一巻、岩波書店（一九八二［1558］）
テルトル、ジャン＝バティスト・デュ「アメリカのセント・クリストファー、グアドループ、マルチニックなどの島々の博物誌」（前後）、冨田晃訳『思想』岩波書店、1153／1154（二〇二〇ａｂ）［1654］
冨田晃「ヨーロッパの鏡像、カリブとカニバル――一七世紀フランス人宣教師テルトル神父の博物誌をめぐって」、『思想』1153（二〇二〇）
中村隆之『野蛮の言説――差別と排除の精神史』春陽堂（二〇二〇）
新堀通也『ルソー』牧書店（一九五七）
根岸喜明「童話私論」、『小学校 初等教育研究雑誌』35（2）（一九二三）
原田明美「授業『保育原理』での研究ノート――先人達の思想から学ぶ」、『桜花学園大学保育学部研究紀要』18（二〇一八）
原聡介「戦前のわが国におけるルソー教育思想のとらえ方――通説的理解及びそれに対する批判的諸論の系譜」『教育学研究』45（4）（一九七八）
ハラリ、ユヴァル・ノア『サピエンス全史――文明の構造と人類の幸福』（上下）柴田裕之訳、河出書房新社（二〇一六）［2011］
ハリス、マーヴィン『ヒトはなぜヒトを食べたか――生態人類学から見た文化の起源』鈴木洋一訳、早川書房（一九九〇）［1977］
ハリス、マーヴィン『食と文化の謎』板橋作美訳、岩波書店（二〇〇一）［1985］
ピガフェッタ「最初の世界一周航海の報告書」長南実訳、『航海の記録』岩波書店（一九六五）
ビトリア『人類共通の法を求めて』佐々木孝訳、岩波書店（一九九三）
平岡昇『ルソー』中央公論社（一九六六）
弘末雅士『人喰いの社会史――カンニバリズムの語りと異文化共存』山川出版社（二〇一四）

ヒューム、ピーター『征服の修辞学――ヨーロッパとカリブ海先住民　1492-1797年』岩尾龍太郎＋正木恒夫＋本橋哲也訳、法政大学出版局（一九九五）[1986]
淵田仁『ルソーと方法』法政大学出版会（二〇一九）
プリニウス『プリニウスの博物誌』（一〜三）中野定雄＋中野里美＋中野美代訳、雄山閣（一九八六）
古谷嘉章『異種混淆の近代と人類学――ラテンアメリカのコンタクトゾーンから』人文書院（二〇〇一）
フレイザー『金枝篇七　穀物と野獣の霊』（下）神成利男訳、国書刊行会（二〇一七）[1911]
ヘロドトス『歴史』（中）松平千秋訳、岩波書店（一九七二）
ポーロ、マルコ『東方見聞録』第二巻、愛宕松男訳、平凡社（一九七一）
増田義郎『新世界のユートピア』研究社出版（一九七一）
松下良平「楽しい授業・学校論の系譜学――子ども中心主義的な教育理念のアイロニー」、『教育と政治――戦後教育史を読みなおす』勁草書房（二〇〇三）
松村圭一郎「不平等の起源――互酬性と所有の進化論」、『思想』1150（二〇二〇）
マルティノル、ペドロ『新世界とウマニスタ』清水憲男訳、岩波書店（一九九三）[1511]
マンデヴィル『東方旅行記』大場正史訳、平凡社（一九六四）[1357?]
箕作元八『西洋史教本』開成館（一九一一）
宮川菊芳「国語教育問題雑誌」、『教育研究』287（一九二五）
モーガン、ルイス『古代社会』（上・下）青山道夫訳、岩波書店（一九五八、六一）[1877]
森田伸子「ルソーにおける発達的自然観の形成と教育関心の成立」、『拓殖大学論集』94（一九七三）
森田伸子『子どもの時代――『エミール』のパラドックス』新曜社（一九八六）
森田伸子「近代的子ども観の形成と『エミール』」、『教育学研究』45（1）（一九七八）
森田伸子「教育学的言説の彼方へ」、『近代教育フォーラム』1（一九九二）
森田伸子「自然は子どもが大人になるまえに子どもであることを望んでいる」、『教育名言辞典』東京書籍（一九九九）

モンテスキュー『法の精神』（中）野田良之訳、岩波書店（一九八七）［1748］
モンテーニュ『エセー』（一、三）原二郎訳、岩波書店（一九六五、六）［1580, 88］
文部省普通学務局『時局に関する教育資料』第十六集（一九一八）
安川哲夫「教育史研究の方法論的再検討――『近代』の把握と位置づけを中心に」、『近代教育フォーラム』1（一九九二）
柳久雄『生活と労働の教育思想史』御茶の水書房（一九六二）
ラウス、アーヴィング『タイノ人――コロンブスが出会ったカリブの民』杉野目康子訳、法政大学出版局（二〇〇四）［1992］
ラス・カサス、バルトローメ・デ『インディアスの破壊についての簡潔な報告』染田秀藤訳、岩波書店（一九七六）［1552］
ルソー「サント＝マリ氏のための教育案」松田清訳、『ルソー全集』第七巻、白水社（一九八二）［1740］
ルソー『学問芸術論』前川貞次郎訳、岩波書店（一九六八）［1750］
ルソー『人間不平等起原論』本田喜代治＋平岡昇訳、岩波書店（一九三三）［1755］
ルソー『社会契約論』桑原武夫＋前川貞次郎訳、岩波書店（一九五四）［1762］
ルソー『人生教室エミール』三浦関造訳、隆文館（一九一三）［1762］
ルソー『人間不平等起原論』本田喜代治＋平岡昇訳、岩波書店（一九三三）［1755］
ルソー『エミール』（上・中・下）今野一雄訳、岩波書店（一九六二－四）［1762］
ルソー『エミール』永杉喜輔＋宮本文好＋押村襄訳、玉川大学出版部（一九六五）［1762］
ルソー「マルゼルブ租税院長官への四通の手紙」佐々木康之訳、『ルソー全集』第二巻、白水社（一九八一）［1762］
ルソー『告白』（上中下）桑原武夫訳、岩波書店（一九六五ａｂ、一九六六ｃ）［1781-8］
ルソー『孤独な散歩者の夢想』今野一雄訳、岩波書店（一九六〇）
ルソー「新世界発見」宮治弘之訳、『ルソー全集』第十三巻、白水社（一九八〇）

ルソー『言語起源論』増田真訳、岩波書店（二〇一六）
レヴィ＝ストロース、クロード『悲しき熱帯』（上）川田順造訳、中央公論社（一九七七）［1955］
レヴィ＝ストロース、クロード「われらみな食人種」泉克典訳、『思想』1016（二〇〇八）［1993］
レリー、ジャン・ド「ブラジル旅行記」二宮敬訳、『フランスとアメリカ大陸』第二巻、岩波書店（一九八七）
渡邊隆信「梅根悟と教育史教育——今『西洋教育史』をどう用いるか」、『兵庫教育大学研究紀要』44（二〇一四）

初出について

序章第一節「ルソーへの問い、『子どもは人間でない』」は、「ルソー『エミール』(1762) 読解のための序説――人食い人種と幼稚園をつなぐもの」(『弘前大学教育学部紀要』125、二〇二一)を改題し、内容を大幅に書きかえたものである。

附章「日本のおかしなルソー」は、「日本の教育界におけるルソーの援用の特殊性――『子どもの発見』言説の発生と定着の過程」(『弘前大学教育学部紀要』131、二〇二四)を改題し、加筆修正したものである。

それ以外は、本書のための書き下ろしである。

冨田 晃
Akira TOMITA

一九六三年、静岡県に生まれる。
東京工業大学大学院社会理工学研究科博士後期課程単位取得退学。
青年海外協力隊員などを経て、現在は、弘前大学教育学部准教授。
専門は、ラテンアメリカ・カリブ研究、芸術教育。

主な著書に、
『楽器は語る――スティールパンから津軽三味線まで』(千里文化財団、二〇一五)、
『祝祭と暴力――スティールパンとカーニヴァルの文化政治』(二宮書店、二〇〇五)、
写真集『ガリフナ　こころのうた』(現代企画室、一九九五)など。

ほかに
映画『ドゥグ――ガリフナの祖霊信仰』(エトノスシネマ、二〇一一)の監督、
「ナショナル・ジオグラフィック・ジャパン第一回フォトコンテスト」(一九九七)で大賞を受賞するなど、
多岐にわたって活躍している。

ルソーと人食い　近代の「虚構」を考える

2024年9月20日　初版第一刷印刷
2024年9月30日　初版第一刷発行

著者
冨田《とみた》晃《あきら》

発行者
下平尾直

発行所
株式会社共和国
東京都東久留米市本町3－9－1－503
郵便番号203－0053
電話・ファクシミリ042－420－9997
郵便振替00120－8－360196
http://www.ed-republica.com

本書の内容およびデザイン等へのご意見やご感想は、以下のメールアドレスまでお願いいたします。

naovalis@gmail.com

印刷
モリモト印刷

ブックデザイン
宗利淳一

DTP
岡本十三

ISBN978-4-907986-27-8　C0039